Pat McCraw
Duocarns – Liebe hat Klauen

Pat McCraw

DUOCARNS

Liebe hat Klauen

Roman

Pat McCraw
DUOCARNS – Liebe hat Klauen

ISBN: 978-3-943764-13-0

Covergestaltung: Norbert Nagy
Korrektorat: Brigitte Mel

Alle Rechte bei:
2012 Elicit Dreams Verlag
Lieselotte Heinrich
Schieferweg 19
56727 Mayen

verlag@elicitdreams.de

Mehr über die Duocarns auf
http://www.duocarns.com

Was in den Bänden 1-4 geschah:

Fünf attraktive, außerirdische Duocarns-Krieger sind mit ihrem Raumschiff in Kanada gestrandet: Meodern, der blitzschnelle Supermann, der muskelbepackte Xanmeran, der fungide Hybrid Tervenarius, Patallia, der Mediziner und der Sternenkrieger und Energetiker Solutosan.

Der duonalische Wissenschaftler Ulquiorra erschuf ein Sternentor, durch das Reisen zwischen der Erde, Duonalia und Solutosans Heimatplaneten Sublimar möglich sind.

Nur Tervenarius, sein Geliebter Mercuran und der Mediziner Patallia mit seinem Freund Smu sind als ständige Bewohner auf der Erde geblieben. Solutosan hat sich mit Frau und Kind an Sublimar gebunden, Meodern und Xanmeran pendeln zwischen den Welten.

Die Probleme mit ihren alten Erzfeinden, den Bacanis, sind gelöst. Zumindest denken das die Duocarns ...

Eine genaue **Personenliste** befindet sich am Ende des Buches.

Jake drehte den Wasserhahn in der Gemeinschaftsdusche zu. Er grinste Michael und Harry an, die immer noch seifenverschmiert unter den heißen Brausen standen. Was gab es Besseres, als sich nach einem harten Training den Schweiß abzuduschen? Nur hätte er an ein Handtuch denken sollen. Jake tappte tropfnass und leise fluchend zu seinem Spind, um es herauszusuchen. Er hatte die Jungs wieder ganz schön rangenommen, aber sie wussten das zu schätzen. Ihm war sogar schon die Bemerkung zu Ohren gekommen, dass man ihn für den besten Fitness-Trainer hielt, den die Polizeischule je gehabt hätte – ein Lob, das natürlich runter ging wie Öl.

Er frottierte sich das kurze, blonde Haar und grinste grimmig. Ob sie das wohl noch sagen würden, wenn er sich geoutet hätte? Garantiert nicht. Keiner seiner Kollegen würde mehr unbeschwert neben ihm in der Dusche stehen. Eventuell würde er sogar den uralten Seifenwitz ertragen müssen. Jake schnitt eine Grimasse zu dem Bild der spärlich bekleideten Marilyn Monroe in der Tür seines Spinds. Nein, er hütete sich, über seine Vorlieben zu sprechen. Alle Welt redete von Toleranz gegenüber Gays. Aber nur, solange sie keinen kannten. Er würde seine gut laufende Karriere bei der Vancouver Polizei sicher nicht auf so eine idiotische Art aufs Spiel setzen.

Sein Handy klingelte im Wirrwarr seiner Klamotten. Eigentlich hatte er ja Feierabend. »Hey Jake! Willst du nicht rangehen?« Harry lief an ihm vorbei, ein gelbes Handtuch um die Hüften. Shit!

Er angelte nach dem Telefon in seiner Jeans. »Hallo! Michaels hier!«

Der Stockfisch der Einsatzleitung knarrte: »Verkehrsunfall mit wahrscheinlicher Todesfolge Cornwall Avenue/Point Grey Road!«

»Wieso meldest du mir einen Verkehrsunfall?«, schnauzte Jake. »Hast dich wohl verwählt!«

»Nee«, näselte der Stockfisch, »könnte auch Mord sein. Mach dich auf die Socken, Großer!«

Verflucht! Jake drückte den Stockfisch einfach weg. Cornwall Avenue lag auf seinem Heimweg – also würde er sich die Sache anschauen. Er zog sich rasch an, schnallte seine Dienstwaffe um und zog den grünen Parka über. Nachlässig stopfte er die verschwitzen Sportsachen und das nasse Handtuch in die Umhängetasche und lief zügig zum Ausgang.

Der blaue Porsche war ein Schrotthaufen. Es war völlig klar, dass die Luxuskarosse explodiert war, denn der gesamte Motorblock und das Dach waren abgerissen. Vom Armaturenbrett war nur noch ein kleines Bruchstück übrig. Seltsamerweise steckte in diesem Teil noch der Zündschlüssel. Wollte jemand mit dem Wagen gerade losfahren, als dieser explodierte? Wo war in diesem Fall der Fahrer geblieben? Jake reckte den Kopf in den demolierten Innenraum – keine Blutspuren. Sehr merkwürdig! Ein Fall für die Spurensicherung. Nachdenklich schlenderte er zu seinem Audi zurück und stieg ein. Welcher Idiot würde so ein teures Auto in die Luft jagen? Okay, es war ein älteres Carrera-Modell – aber trotzdem. Er nahm sein Handy und gab der Spurensicherung einige Details durch. Er fragte nach dem Fahrzeughalter und notierte ihn auf einem der vielen Zettel, die überall in seinem Wagen klebten. David Martinal, Seafair. Dem würde er am nächsten Tag einen Besuch abstatten und ihm ein paar Fragen stellen. Irgendwie kam Jake dieser Name bekannt vor. Er konnte sich nur nicht erinnern, wo er ihn schon einmal gehört hatte.

»Sie werden zu dir kommen und Fragen stellen, Mercuran.« Meodern, auf dem großen Ledersofa im Haus der Duocarns in Seafair hingeflegelt, streckte seine Beine lang aus. Er sah den silbrig-weißen Mann mit den intensiven Augen an. »Die Karre war ja auf deinen Namen angemeldet. Es scheint, als hätten wir in Vancouver Feinde, Leute.« Er verzichtete auf

Telepathie, damit Mercuran und Smu ihn verstanden. Meo schaute in die Runde. Tervenarius, Mercuran und Smu nickten.

Terv kniff die Augen zusammen. »Was für ein verdammtes Glück, dass du in dem Auto gesessen hast, Meo.«

Meodern fuhr sich durch sein blondes Stachelhaar. Ihm wäre es um ein Haar an den Kragen gegangen. Er hatte im Moment der Explosion von null auf Lichtgeschwindigkeit beschleunigt, was er äußerst ungern tat – aber das hatte ihn gerettet.

»Die Polizei wird das Wrack untersuchen«, brummte Smu und fummelte nachdenklich an einem seiner vielen Ohr-Piercings. »Wir müssen versuchen, diese Untersuchungsergebnisse zu bekommen, Jungs.«

Die drei Männer nickten zustimmend.

»Vielleicht hatte es jemand auf mich abgesehen, und die Sache hat nichts mit den Duocarns zu tun«, mutmaßte Meodern. »Ich stehe in der Öffentlichkeit und benutze den Porsche nun schon ziemlich lange.«

Solutosan, der den Wagen ursprünglich gekauft hatte, war bereits Jahre auf Sublimar. Er hatte nie nach dem Auto gefragt. Manchmal vermisste Meo den Anführer der Duocarns.

Nein, Solutosan war ja nicht mehr der Chef der Kaste – er hatte die Leitung an Tervenarius abgegeben, der ihn in diesem Moment prüfend mit seinen goldenen Augen musterte.

»Lasst uns abwarten, was die Vancouver Polizei von sich gibt. Sie werden einige Zeit brauchen, um die Spuren zu sichern und auszuwerten. Smu, versuche herauszufinden, was deren Nachforschungen ergeben haben.« Terv wandte sich zu ihm. »Und du, Meo, holst uns Proben von dem Porsche, die Patallia dann untersuchen kann.«

»Kein Problem.« Er nickte.

»Ich habe schon eine Idee, wie ich das mache«, überlegte Smu. Er hatte aufgehört, sich das Haar in verschiedenen Farbtönen zu färben, und ließ seine natürliche, blonde Mähne über die Schultern wachsen.

Meo nickte den drei Männern zu. Er vertraute ihnen. Wie immer würden sie auch dieses Problem gemeinsam klären.

Er erhob sich und lief in die Küche. Die Kefir-Vorräte gingen zur Neige. Aber Sam, ihr Milchmann, war zuverlässig. Meo öffnete die hintere Küchentür mit seinem Gencode. Sam und seine hübsche, dunkelhaarige Tochter, waren eben dabei, große Mengen an Milchtüten neben die Tür zu stapeln.

Das Mädchen musterte ihn mit errötenden Wangen. »Sind Sie nicht ... sind Sie nicht ...«, stammelte sie und beachtete nicht den scharfen Seitenblick ihres Vaters.

»Adam, der Ägypter?«, grinste Meodern. »Du scheinst Modezeitschriften zu lesen.«

»Sie verschlingt sie«, knurrte Sam und stieß das Mädchen unwillig mit dem Ellenbogen in die Seite.

»Kann ich ein Autogramm haben?«, hauchte sie.

»Jetzt schlägt's aber dreizehn!«, empörte Sam sich. »Du kannst doch nicht unsere Kunden belästigen!«

»Schon gut, Sam.« Meo grinste belustigt, was das Mädchen noch mehr zum Erröten brachte. »Ich habe nur keine Autogrammkarte hier.«

»Auf mein T-Shirt?«, fragte das Mädchen atemlos und reichte ihm einen Filzstift. Sam schnaufte.

»Dreh dich um!« Er würde ihr auf keinen Fall ein Autogramm auf ihre, zugegebenermaßen reizvollen, Brüste geben. Also schrieb er mit großen Lettern »Adam« auf ihren Rücken und beobachtete mit Vergnügen, wie sich dabei eine Gänsehaut auf ihren Armen ausbreitete.

»Jetzt reicht's! Los komm, Mary! Und bedank dich!«

»Danke«, wisperte sie.

Meodern nickte nur und nahm zwei Milchpakete hoch, um sie in die Küche zu tragen, Marys Blick auf seinen bloßen Armen. Hatte er sich an diese Art Bewunderung gewöhnt? Eigentlich nicht. Manchmal war es ihm sogar lästig. Aus diesem Grund war er oftmals recht froh nach Duonalia zu gehen, um mit Trianora in ihrem ruhigen Stadthaus zu wohnen. Vielleicht hätte er den Vertrag mit Terzia doch nicht verlängern sollen, der ihn verpflichtete, noch weitere zwei Saisons für ihre Firma zu modeln. Aber was war schon Zeit, dachte er gleichmütig. Er stapelte die restliche Milch ins Haus. Diese Art Gelassenheit war der Luxus der Unsterblichkeit.

Auf der Anrichte in der Küche drängten sich die Kefir-Behälter. Meo schüttete die Reste zusammen, nahm die Kefirpilze vorsichtig heraus und platzierte sie in ein Sieb. Nachdem er die Gefäße mit kochendem Wasser ausgespült hatte, legte er die Pilze hinein und füllte sie wieder randvoll mit Milch auf. Eine wichtige Arbeit, die den Duocarns auf der Erde die Nahrung sicherte.

Er nahm ein Glas Kefir und setzte sich an den Küchentisch. Kefir schmeckte ihm eigentlich besser als Dona, aber Dona war vielseitiger, denn daraus konnte man sogar Puddings und Kuchen machen. Er hatte Trianora von der Erde Zucker mitgebracht. Seitdem gab es gelegentlich auch süßen Donakuchen, den er besonders mochte. Er lächelte in Gedanken an Trianora. Seine Entscheidung sie zu wählen statt Terzia, war richtig gewesen. Terzia hatte einen regelrechten Theaterauftritt inszeniert, als er ihr seinen Entschluss mitgeteilt hatte. Zuerst war sie in Tränen aufgelöst, was ihr überhaupt nicht stand. Anschließend war sie richtiggehend wütend geworden, aber letztendlich hatte sich ihr Geschäftssinn wieder eingeschaltet und sie hatte sich beruhigt. Er war schließlich ihr Zugpferd. Zumindest momentan noch. Er wusste, wie schnell eine Karriere in der Modebranche vorbei sein konnte.

Gedankenverloren betrachtete er Mercuran, der in die Küche getreten war und den Kühlschrank plünderte. Der schüttelte einen Erdbeer-Milchshake, denn seit seiner Verwandlung vertrug er nur noch flüssige Nahrung.

»Am Grübeln?« Mercuran schüttete die fertige Mischung in ein Glas.

»Nein, es ist alles okay.« Meo runzelte die Stirn. »Schmeckt das Zeug?«

Mercuran nickte. »Ich bin ja froh, dass ich viele Getränke vertrage und nicht nur diesen sauren Kefir trinken muss. Wie ihr Aliens das nur aushaltet.« Er grinste.

Meo knurrte. »Guck mal in den Spiegel, du Thermometer.« Meo fand, dass Mercuran, seit er durch das Sternentor gegangen war und Quecksilber in den Adern hatte, sich ebenfalls zu den Außerirdischen rechnen konnte.

»Was willst du eigentlich der Polizei erzählen?« Meo nahm einen großen Schluck.

»Hm.« Mercuran stellte sein leeres Glas in die Spülmaschine und wischte sich den Mund mit einem Papiertuch ab. »Gute Frage.«

Meo schaute ihn nachdenklich an. »Wenn ich nicht noch den Koffer mit dem Geld mitgerissen hätte, wäre in Vancouver durch die Explosion Zahltag gewesen. Kannst du dir vorstellen, wie sich achthunderttausend Dollar in den Straßen verteilt hätten?«

Tervenarius stand in der Küchentür. »Ihr Götter! An das Geld habe ich noch überhaupt nicht gedacht, Meo! Wir müssen Bill über die Sache informieren.«

Meo nickte. »Der Porsche explodierte sofort, nachdem ich von Bill zurückkam und den Zündschlüssel gedreht habe. Jemand muss mich verfolgt und zwischenzeitlich die Bombe im Auto deponiert haben.«

Tervenarius, der den Arm um Mercuran gelegt hatte, nickte. »Okay, David, ich habe mir etwas ausgedacht.«

Mercuran strahlte ihn an. Meo wusste, dass er es liebte, wenn sein Freund ihn bei seinem alten Namen nannte.

»Wie wäre es mit folgender Geschichte: Bill ist ein Bekannter von dir. Du hast ihn am Vortag besucht, ihr seid in seiner Wohnung einen trinken gewesen, und deshalb hast du den Wagen dort stehengelassen. Dann bist du mit einem Taxi nach Hause gefahren. Mit welchem Unternehmen weißt du nicht mehr.« Terv machte eine Pause. »Wenn die Polizei klingelt, tust du überrascht, als ob du nicht wüsstest, was dem Porsche passiert ist.«

»Eine jämmerliche Story«, grunzte Meo.

»Hast du eine bessere?« Tervenarius runzelte die Brauen.

Meodern dachte nach. Die Sache war verzwickt. »Der Zündschlüssel«, gab er zu bedenken. »Wenn der noch gesteckt hat ...«

»Die Kiste ist explodiert, Meo«, erinnerte Tervenarius ihn. Mercuran schnaufte leise. »Trügt mich mein Gefühl oder habe ich hier die schlechtesten Karten? Ich kann mich letztendlich einfach nur dumm stellen. Sollte die Polizei den Schlüssel in dem Schrotthaufen finden – was sage ich dann?«

»Dass du den wohl aus Versehen steckengelassen hast?«, mutmaßte Tervenarius.

»In einem teuren Porsche? Oh Gott, wenn das mal gutgeht!«

Terv schlang den Arm fester um ihn.

Solutosan stand am höchsten Punkt Sublimars. Er liebte diesen Turm, auf dem die Sonnenenergie-Quader seiner Residenz ihre Kraft tankten. Sein blaues Serica-Gewand flatterte im Wind und drückte sich gegen seinen Körper. Hier war er der Sonne von Sublimar, sowie auch dem grauen Mond, am nächsten. Er betrachtete die Energieblöcke. Obwohl die zweite Sonne nun erkaltet war, zeigte die Farbe der Blöcke, dass sie ausreichend mit Energie gefüllt waren. Sie versorgten unter anderem die Pumpen, die ununterbrochen das Meerwasser durch die Kanäle der Residenz drückten, um den Squali den Zugang zu gewähren. Das seit langem unbewohnte Domizil war von den Anhängern und Gläubigen wieder bewohnbar gemacht worden.

»*Bist du zufrieden?*« Sein Vater saß auf einem der Energiequader. Wie üblich war er einfach erschienen, ohne sich darum zu kümmern, ob er willkommen war. Solutosan sah ihn an. Sternengötter wie Pallasidus scherten sich um keinerlei Formalitäten.

»*Du hast mir eine große Aufgabe übertragen, Vater*«, antwortete er, ebenfalls telepathisch. »*Aber ich denke, ich werde ihr gerecht.*«

»*Das habe ich nicht gefragt*«, grollte Pallasidus, »*sondern wie es dir dabei geht.*«

Solutosan runzelte die Stirn. »*Seit wann interessiert es dich, wie ich mich bei all dem fühle, das mir durch dich widerfährt?*«

Pallasidus stand plötzlich ganz nah neben ihm, wandte Solutosan sein durchleuchtetes Gesicht zu. »*Ich musste dich zeitweise zu deinem Glück zwingen – das ist wahr. Aber nun ist unsere Familie wieder am Wachsen und es ist wichtig, dass du, als Oberhaupt, zufrieden bist.*«

Er runzelte die Brauen. »*Ich halte mich nicht für das Oberhaupt, sondern nach wie vor für einen deiner Befehlsempfänger.*«

Pallasidus seufzte. »*Irgendwann wirst du begreifen, dass mir das Wohl Sublimars und auch deines am Herzen liegt.*«

»*Am Herzen?*«, fragte Solutosan. »*Hast du denn eins?*« Aber sein Vater war schon verschwunden und hatte ihn offensichtlich nicht mehr gehört.

Zügig stieg Solutosan die vielen weißen, in das Riff geschlagenen Steinstufen hinab. Was hatte Pallasidus mit seiner Frage bezweckt?

Tatsache war, sein Vater presste ihn mit all seinen Taten in eine Rolle, die er ursprünglich abgelehnt hatte. Er mochte es nicht sonderlich, in der Öffentlichkeit zu stehen. Aber er hatte dem Druck seines Vaters nachgegeben und war den Auranern bei einem Festakt offiziell als Pallasidus' Sohn vorgestellt worden – ohne irgendeinen Widerstand von Seiten der Auraner. Die zweite Sonne erkalten zu lassen, hatte als Demonstration seiner Autorität genügt.

Nun war er einer der Götter Sublimars und wurde nach der langen, regierungslosen Zeit, von den Gläubigen als das Oberhaupt der Auraner gesehen. Er hatte letztendlich zugestimmt und das Angebot seines Vaters angenommen, war in die Residenz nach Sublimar gezogen und fügte sich in seine Rolle. Nicht um Macht zu demonstrieren, sondern um dem Planeten und deren Bewohnern mit seinem in Äonen gesammelten Wissen zu helfen. Während er mit Vena und der kleinen Marina in den Mangroven lebte, war er wenig nützlich gewesen. Vena hatte ihren Teil zu dieser Entscheidung beigetragen. Sie war so unglaublich stolz auf ihn gewesen und hätte ein Nein nicht verstanden.

Er hatte regelmäßige Tage im Tempel angesetzt. Während dieser Zeit stand er der Bevölkerung zur Verfügung. Viele Auraner waren dankbar für Führung und Ratschläge und liebten ihn dafür. Ihn, der genauso aussah wie Pallasidus.

Mit der goldenen Haut hatte er sich inzwischen abgefunden, aber das wallende, weiße Haar fand er nach wie vor scheußlich. Er hatte es sich ein Mal trotzig abgeschnitten. Nach seinem darauf folgenden Ruhemodus war es genau so lang wie vorher gewesen, und er war sich kindisch vorgekommen.

Solutosan blieb auf einem Treppenabsatz stehen und betrachtete die Residenz von oben, deren glänzendes Dach in der Sonne lag.

Er stieß die Tür des oberen Eingangs auf, spannte den Körper an und sprang, immer zwei Stufen auf ein Mal nehmend, hinunter. Er hatte Arinons Lehren nicht vergessen, war auch nicht faul geworden, sondern trainierte täglich.

Um ein Haar hätte er seinen Adjutanten Gregan über den Haufen gerannt, der bereits am Fuß der Treppe auf ihn wartete.

Gregan war durch seinen Vater zu ihnen gekommen, denn Pallasidus war der Meinung, dass er Hilfe benötigte.

Solutosan hatte den Piscanier von Anfang an nicht gemocht. Er gehörte zu den Fischwesen von Sublimar und war ihm mit seiner glitschigen Haut, den glotzenden Fischaugen, den aufgeworfenen Lippen und seiner schwülstigen Ausdrucksweise sofort unsympathisch gewesen.

Gregan brachte seinen silbern-schuppigen Körper in seiner bizarren Knochenpanzer-Rüstung ins Gleichgewicht und verneigte sich, bereit, ihm wie ein Schatten zu folgen und seine Befehle entgegenzunehmen.

Solutosan hasste seine Begleitung und versuchte, ihn möglichst oft loszuwerden. In seinen privaten Gemächern war ihm der Zutritt ohnehin verwehrt. Hastig trat Solutosan dort ein und schlug Gregan die Tür vor der Nase zu.

Seine beiden Squalis Marlon und Sana paddelten, die Köpfe vorwitzig aus dem Wasser gereckt, in ihrer Bodenöffnung. Sie verdrängten Tan, der ebenfalls neugierig die Nase in das Wohnzimmer recken wollte. Tan protestierte lautstark quiekend.

»*Pst!*« Vena kam in einem bunten Serica-Gewand aus dem Kinderzimmer. »*Tan sei still, Marina ist eben eingeschlafen!*« Tan verstand ohne Probleme ihre telepathischen Befehle – auch wenn er nicht immer darauf hörte und gehorchte.

Sie lächelte Solutosan an, der mit dem Rücken gegen die Tür gelehnt stand. Er schüttelte nachdenklich den Kopf und setzte sich an den schweren Schreibtisch aus weißem Riff-Gestein.

»*Gibt es ein Problem?*« Vena kam besorgt näher.

»*Gregan geht mir auf die Nerven, Vena!*«

Sie rollte die Augen. »*Der nervt jeden. Er hat den Auftrag uns zu helfen, aber ohne seine sogenannte „Hilfe" würde ich mich weitaus wohler fühlen!*«

Er grinste. Vena hatte es auf den Punkt gebracht. »*Ich will nicht, dass er zu viel über mich weiß. Ich traue ihm überhaupt nicht. Ich misstraue seiner ganzen undurchsichtigen Spezies. Wenn Sublimar sie nur nicht so dringend bräuchte. Aber ohne sie als Wächter könnte die Kernwärme für alle zur Gefahr werden.*«

Vena setzte sich auf die Kante des Schreibtischs. »*Ich staune, wie gut sie sich verborgen gehalten haben. Wer weiß schon von ihnen auf Sublimar? Niemand! Keinem ist die Problematik mit der Kernwärme bekannt – höchstens ein paar Gelehrten.*« Sie überlegte. »*Meine Mutter hat mir als Kind mit den bösen Fischwesen gedroht. Ich habe es immer für eine Schauergeschichte gehalten.*«

Solutosan beugte sich vor und nahm ihre Hände. »*Du hältst sie für bösartig?*«

»*Nein, nicht wirklich. Es war damals nur eine Geschichte. Meine Mutter sagte, dass sie kleine Kinder entführen, die nicht brav sind.*«

»*Ich werde bald ihre Stadt besuchen, Vena, überlege jedoch, ob ich nicht Maurus und seine Krieger mitnehmen soll.*«

Sie legte den Kopf schief. »*Ich halte es für keine gute Idee, bei einem freundschaftlichen Besuch in Piscaderia sofort mit einem*

Aufgebot an Bewaffneten zu erscheinen. Das könnte missverstanden werden. Möchtest du wieder Krieger um dich haben? Kann es sein, dass du deine Männer vermisst? Warum lädst du sie nicht einmal nach Sublimar ein?«

»Ich würde einen Duocarn bevorzugen, der mir Gregan vom Hals hält und gleichzeitig ein Auge auf ihn wirft. Dafür käme nur einer in Frage - Xanmeran.« Er kratzte sich am Kinn. »Der sitzt im Moment im Silentium und schreibt an seinen Geschichten. Das könnte er auch hier machen.«

»Eine ausgezeichnete Idee, Solutosan.«

»Gut!« Er sprang auf. »Ich gehe ins Silentium, um eine neue Lehrstunde bei Ulquiorra zu nehmen, und frage bei dieser Gelegenheit Xan.« Er drückte sie kurz an seine Brust, streichelte ihren Kopf mit den kleinen, goldenen Zöpfchen.

»Kannst du nicht Gregan mitnehmen und ihn „zufällig" in der Anomalie verlieren?«, fragte Vena hoffnungsvoll.

Solutosan lachte, dankbar für ihre aufmunternde Art. »Ein anderes Mal!« Er bündelte einen Energiestrahl, formte ihn zu einem rotierenden Ring und wartete ruhig, bis die Anomalie sich in ihrer schwarzen Form zeigte. Er kannte den Weg. Der zog sich durch die Materie wie ein rotes Band. Solutosan dematerialisierte sich, legte seine energetische Hand an das Band und ließ sich ziehen. Seinen Körper in reiner Energieform zu spüren und trotzdem beherrschen zu können, war ein Gefühl, das er liebte. Er empfand die Energie als neu, auch wenn Ulquiorra sie bereits früher in ihm vermutet hatte. Der Sternenstaub war eine machtvolle Waffe, aber diese hatte er von Geburt an. Sie war ihm vertraut. Als Energetiker musste er geschult werden. Er war froh und glücklich, dass Ulquiorra ihm Unterricht in der Handhabung seiner neuen Kräfte erteilte. Er bündelte erneut einen kraftvollen Strang, öffnete das Tor auf der anderen Seite und schritt in Ulquiorras Labor.

Arinon nahm seine graue Lederhose vom Haken an der Wand und zog sie über seinen Lendenschurz. Er blinzelte in den sonnenüberfluteten Innenhof der Kampfschule. Halia saß auf einem Stuhl und schrieb eifrig in ihr Datentablett. Die Sonne flirrte auf ihrem rotgoldenen Haar. Luzifer hockte neben ihr auf dem Boden und reparierte sein Kettenhemd, das er dem Trenarden beim letzten Übungskampf zerrissen hatte. Es war ein vertrautes Bild. Arinon war froh, sich ihrer Gemeinschaft angeschlossen zu haben.

Er dachte daran, wie Tervenarius ihn im Quinaridorf aufgesucht hatte, zu einem Zeitpunkt, an dem er über eine Neuorientierung nachdachte. Das Angebot, die Karateschule zu übernehmen, war deshalb wie gerufen gekommen. Arinon hatte Solutosan ausgebildet. Der war fortgezogen. Danach folgte die immer gleiche Arbeit in der Dona-Fabrik und mit den Warrantz. Er war die Eintönigkeit leid gewesen und hatte mit Arishar gesprochen.

Der König hatte sofort zugestimmt. So wie Arinon verstanden hatte, wollte dieser sich sowieso von seiner Leibwache trennen und die beiden Krieger im Haus der Männer unterbringen. Mit ihm zusammen wäre es dort eng geworden.

Nein, er hatte seinen Schritt noch nicht bereut, auch wenn die Duonalier anfangs mit seinem Äußeren Schwierigkeiten hatten. Besonders seine Blutzeichnungen waren misstrauisch betrachtet worden. Aber er war traditionell. Sie gehörten zu ihm als Krieger und er erneuerte sie ständig. Luzifer und Slarus sahen wahrlich gefährlicher aus als er.

Er sah nochmals aus dem Fenster. Luzifer versuchte heimlich mit seiner langen Zunge unter Halias Gewand zu schlüpfen. Halia, die zuerst so tat, als würde sie es nicht bemerken, trat blitzschnell mit dem Fuß auf die Zunge und nagelte sie so im Staub fest. Arinon schüttelte belustigt den Kopf. Die kleinen Geschlechterkämpfe zwischen der Sternenfrau Halia und dem Trenarden Luzifer waren oftmals amüsant. Er hätte nicht darauf wetten wollen, ob Luzifer sein Ziel immer erreichte. Er hatte auch schon so manche Ohrfeige knallen hören.

Ein Blick auf den Lehrplan, den er neben dem Fenster an die Wand geheftet hatte, sagte ihm, dass in Kürze zwei duonalische Schüler kamen, die bei ihm den Faustkampf lernen wollten. Eine schöne Aufgabe. Es war erfreulich, dass sich die ruhigen Bewohner Duonalias inzwischen für Kampfsport begeistern konnten. Maureen hatte ihm mit ihrer Karateschule diesen Weg geebnet. Da er kein Karate beherrschte, unterrichtete er Faustkampf, aber auch Fechten ohne scharfe Waffen, da es, bis auf die Kriegsgeräte der Quinari und der Trenarden, keinerlei Metallwaffen auf Duonalia gab.

Arinon holte sich aus der Kühlkammer ein Glas Dona und trank es aus. Bis auf eine Kleinigkeit ging es ihm gut.

Langsam lief er durch den langen Gang zur Trainingshalle. Seine Schüler waren noch nicht da. Die „Kleinigkeit", die an ihm nagte, war nach wie vor die Sache mit Smu. Er konnte ihn nicht vergessen – hatte keine Lust mehr auf den westlichen Mond zu fahren, um sich mit anderen Männern zu vergnügen, auch wenn er sich das vorgenommen hatte. Das Erlebnis mit dem Menschenmann verwirrte ihn immer noch – und er hatte bisher keine Lösung für dieses Problem gefunden. Wenn er dachte, er hätte die Sache vergessen, träumte er intensiv von Smu und seine Wunden rissen erneut auf. Er hatte schon alles Mögliche versucht, um diese Träume zu verhindern. Aber es half weder, dass er sich bis zum Umfallen körperlich ermüdete, noch, dass er sich mit einem seiner Quinari-Medikamente betäubte. Die heilende Zeit war seine einzige Hoffnung.

Jake knallte die Kaffeetasse auf die Anrichte in seiner Küche. Jetzt wusste er, woher er den Namen David Martinal kannte! Aus der Zeit, in der er noch für das Drogendezernat gearbeitet hatte. David galt als der Freund des Nachtclubbesitzers John Dalham, der immer wieder im Verdacht gestanden hatte, in seinem Club diese seltsame Designerdroge namens Bax zu verkaufen. Diese war eine kurze Zeit auf dem Vancouver Drogenmarkt aufgetaucht und dann urplötzlich verschwunden. Jake hatte zusammen mit seinen Kollegen den Nachtclub auf Drogen gefilzt, aber sie waren nicht fündig geworden – hatten lediglich etwas Cannabis und Poppers beschlagnahmt. Was sie jedoch fanden, war eine Menge peinlich berührter, prominenter Persönlichkeiten aus Vancouver und sogar Seattle. Jake musste grinsen, wenn er sich an deren ertappte Gesichter erinnerte.

Dalham war zu diesem Zeitpunkt bereits bei seinem Freund David ausgezogen, also wurde dessen Wohnung nicht untersucht. Das war bestimmt ein Versäumnis gewesen, dachte Jake. Soso, und eben diesem David gehörte nun der demolierte Porsche. Mal sehen, was dieser zu der Geschichte zu sagen hatte. Jake überprüfte seine Waffe, zog einen schwarzen Parka mit Pelzfutter über und machte sich auf den Weg nach Seafair.

Er stieg aus seinem Auto und blieb überrascht stehen. Was war denn das für ein Haus? Es glich ja einer Festung! Seine Augen tasteten die wenigen Fenster und Türen ab. Man konnte keine Sicherheitsvorkehrungen sehen, aber Jake spürte die Abwehr des Gebäudes fast körperlich. Er klingelte und war sich sofort darüber im Klaren, dass ihn eine Kamera im Visier hatte. Die Stimme durch die Sprechanlage war männlich: »Ja bitte?«

»Jake Michaels von der Vancouver Kriminalpolizei. Ich möchte gern Herrn David Martinal sprechen.« Er wartete.

»Einen Augenblick, bitte«, bat die Stimme.

Ein Mann öffnete die Haustür, bei dessen Anblick ihm im ersten Moment der Atem stockte, denn dessen silbrig-blaue Augen waren intensiv und schienen ihn durchdringen zu wollen. Die ebenmäßigen Gesichtszüge mit der zartmetallisch wirkenden, weißen Haut und den hohen Wangenknochen wurden zum Kontrast von halblangem, rabenschwarzem Haar umrahmt. Er ließ seinen Blick nach unten schweifen. Augenblicklich war Jake klar, dass dessen schwarzer Pullover und Jeans von Designerhand stammten. Jake schluckte. Er hatte den Mann zu lange angestarrt, was unprofessionell war.

»Herr Martinal? Sind Sie der Halter des metallicblauen Porsche Carrera mit dem Kennzeichen ...«, um seine Verlegenheit zu verbergen, suchte er in seinem Notizbuch das Autokennzeichen des Wagens »281 MJC?«

»Ja, stimmt«, antwortete der Mann. »Den habe ich in Kitsilano stehenlassen. Ist etwas mit ihm?«

Aha, dachte Jake, die unschuldige Tour. »Er ist leider explodiert!«

»Er ist was?« Martinal sah ihn an, als ob er nicht wüsste, ob er lachen oder weinen sollte. »Wollen Sie nicht eintreten?«

Natürlich wollte er! Und er wollte so viel wissen wie nur möglich. Der Mann lief vor ihm her, so dass er seinen Körper gründlich in Augenschein nehmen konnte. Ihm war klar, dass Martinal genau so veranlagt war, wie er selbst, deshalb nahm er sich den luxuriösen Sekundenbruchteil, dessen kleinen, straffen Po zu betrachten. Der Mann war ein Leckerbissen, keine Frage. Kein Wunder, dass eine Berühmtheit wie John Dalham mit ihm liiert gewesen war. Nun gut, deswegen war er ja jetzt nicht gekommen.

Jake setzte sich auf einen braunen Ledersessel in einem großräumigen Wohnzimmer, das außer einer monströsen Couchgarnitur und einem riesigen Fernseher nur noch einen antiken, geschnitzten Schrank beherbergte. »Es ist natürlich etwas außergewöhnlich, dass in Vancouvers Straßen hochwertige Fahrzeuge in die Luft fliegen, Herr Martinal«, begann er. »Haben Sie Feinde?«

Der Mann schloss einen Moment die Augen, als müsse er nachdenken. »Nicht dass ich wüsste, Herr Michaels.« Er schlug die Beine übereinander. Abwehrhaltung, dachte Jake kurz.

»Ich war bei einem Freund, der dort in der Nähe wohnt, Bill Bohlen. Wir haben etwas getrunken und ich bin deshalb mit dem Taxi nach Hause gefahren.«

Jake notierte sich den Namen. »Wissen Sie noch mit welchem Taxiunternehmen?«

David Martinal lächelte sekundenlang – ein Lächeln, das nicht in seinen Augen ankam. »Tut mir leid. Wie schon gesagt, ich hatte getrunken.«

Jake kniff die Augen zusammen. Wenn du Alkohol trinkst, fresse ich einen Besen, dachte er. Okay, nun würde er den Joker ins Spiel bringen. »Wie erklären Sie sich, dass der Schlüssel im Zündschloss steckte?«

Der Mann reagierte kaum. »Tat er das? Meine Güte, wie zerstreut muss ich an diesem Tag gewesen sein? Nun ja, ich hatte viel um die Ohren. Ich glaube, ich sollte meine Versicherung einmal kontaktieren.« Das hatte etwas tuntig geklungen und passte nicht zu dem eisigen Blick, mit dem Martinal ihm geradewegs in die Augen sah. »Ich habe ja nun kein Auto mehr.«

So kommst du mir nicht davon, dachte Jake grimmig, egal wie scharf du auch aussehen magst. »Ich finde, es sind doch noch einige Lücken in ihren Angaben, Herr Martinal. Darf ich Sie bitten, morgen auf die Polizeiwache in die 370 Broadway E zu erscheinen, um ihre Aussage zu wiederholen und schriftlich niederzulegen?«

Der Mann nickte. »Selbstverständlich.« Er erhob sich.

Tja, Jake kratzte sich kurz am Ohr, das war eine Verabschiedung. Was für eine lahme Story. So lahm, dass sie schon fast wieder glaubwürdig war. Aber seine Instinkte schrien regelrecht beim Anblick dieses Mannes! Da war noch mehr, viel mehr! Und er würde es herausfinden!

Beim Hinausgehen warf Jake einen Blick in eine große, tadellos saubere Küche. Das Haus war für mehrere Leute geplant – er würde dort nicht alleine wohnen. Das war alles sehr interessant! Sein Schnüffler-Instinkt meldete sich.

»Bis morgen.« Jake reichte dem Mann die Hand, der sie ohne zu zögern ergriff. Sie fühlte sich kühl und glatt an. Keinerlei Aufregung oder Schweiß. Nun denn. Jake drehte sich um und ging.

Er hatte soeben ächzend die riesigen Aktenberge auf seinem Schreibtisch von rechts nach links geschoben, als Martinal und ein Begleiter von einem Polizisten in sein Dienstzimmer geführt wurden.

Jake musste sich zusammenreißen, den zweiten Besucher nicht zu lange anzustarren. Er fragte sich einen Moment, ob mit der Beleuchtung in seinem Büro etwas nicht stimmte, denn die weiße Haut des Mannes wirkte wie von innen angestrahlt. Sein breitschultriger Körper schien mit seinem schwarzen Armani-Anzug zu verschmelzen. Die silbernweiße Haarpracht hatte er mit einem dunklen Lederband gebändigt.

»Mein Lebensgefährte Philipp McNamarra«, stellte Martinal ihn vor. Das also war der Glückliche, der sich David Martinal als Nächster geschnappt hatte!

McNamarra lächelte ihn an, seine blauen Augen musterten ihn interessiert. »Ich bin nur als stiller Zuhörer hier, wenn Sie gestatten«, sagte er höflich.

Jake biss die Zähne zusammen und nickte. Der Mann wirkte trotz seines guten Benehmens bedrohlich, aber er konnte die Gefahr nicht richtig definieren. Er würde in jedem Fall auf der Hut sein. Mit unbewegtem Gesicht bot Jake den beiden Besuchern Stühle vor seinem Schreibtisch an.

»Nun«, begann er, »die Auswertung unserer Spurensicherung liegt noch nicht vor.« Er zerrte seinen Laptop unter einem Papierstapel hervor. »Eine Sekunde, ich suche den richtigen Vordruck für Ihre Aussage.« Natürlich hatte genau in diesem Moment sein Rechner eine Art Schluckauf und ließ ihn nicht auf seine Festplatte zugreifen. Die beiden Männer warteten geduldig.

Nachdem er endlich das Formular geöffnet und den Ausweis von David Martinal erbeten hatte, konnte er mit dem Ausfüllen beginnen. Er vertippte sich einige Male. Er hasste diesen Papierkram. Außerdem, auch wenn er es sich selbst nicht recht eingestehen wollte, brachte ihn der Begleiter aus dem Konzept. Er musterte den Mann mit einem Seitenblick. Er hatte Martinal zwar zu sich bestellt, um ihn etwas zu verwirren und ihm so vielleicht doch noch eine unüberlegte Aussage zu entlocken, fühlte aber, dass seine Chancen in Anwesenheit McNamarras schlecht standen. Also ließ er sich die Geschichte erneut erzählen, die Martinal fast wortgenau wiederholte. Was hatte er ihm vorzuwerfen? Es war SEIN Wagen, der nun durch den Totalschaden zerstört war. IHN hatte man umbringen wollen! Die Frage war warum. Wusste Martinal vielleicht zu viel von den Geschäften seines Ex-Freundes? Ob er ihn danach befragen sollte? Er druckte das Protokoll in vierfacher Ausfertigung aus und ließ den Mann unterschreiben.

»Eine Frage: Haben Sie noch Kontakt zu John Dalham?«

David Martinal erbleichte, soweit das bei seiner Haut überhaupt möglich war. »In keiner Weise«, antwortete er hoheitsvoll. McNamarra sah seinen Freund prüfend an.

»Warum fragen Sie? Glauben Sie, das hat etwas mit meinem Porsche zu tun?« Martinal kniff die Augen zusammen. Dalham schien ein wunder Punkt zu sein.

Jake machte einen Rückzieher. »Nein, es war nur eine Frage. Ich muss in alle Richtungen ermitteln, da Sie ja offensichtlich jemand umbringen wollte.«

»Ich glaube kaum, dass John Dalham da verdächtig ist«, zischte Martinal. Sein Begleiter legte ihm beruhigend die Hand auf den Arm. »Ich finde, das war eine recht private Frage«, empörte der Mann sich und holte bissig noch weiter aus, »ich frage Sie ja auch nicht, wie Ihr Freund heißt!«

Jake starrte ihn an. Da hatte er wohl in ein Wespennest gestochen! Und, es gab offensichtlich Männer, die ihn, auch ohne Outing, richtig zuordnen konnten.

Er räusperte sich. »Es lag mir fern, Ihnen zu nahe zu treten. Ich habe sie nur im Zuge der Ermittlungen gestellt.« Die beiden Besucher wechselten Blicke.

Martinal hatte sich wieder gefasst. »Tut mir leid, ich habe wohl etwas überreagiert. Dieses Thema ist ein abgeschlossenes Kapitel.« Sein Ton hatte etwas Endgültiges. Martinal und McNamarra erhoben sich.

Jake verabschiedete die Männer mit den üblichen Floskeln und sank wieder in seinen knarrenden Schreibtischsessel. Das war leider in die Hose gegangen.

Er nahm den Telefonhörer und ließ sich die Daten von Philipp McNamarra geben. Der schien sauber zu sein. Keine Akte. Angeblich ein Antiquitätenhändler. Wohnhaft ebenfalls im Haus in Seafair. Wie auch immer. Am nächsten Tag würden die Ergebnisse der Spurensicherung vorliegen. Er hatte die beiden nicht das letzte Mal gesehen – so viel war sicher.

»Warum hat er nach John gefragt?« Tervenarius zog sein Sakko aus und löste das Lederband aus seinem Haar.

»Ich habe keine Ahnung, Terv.« Mercuran lag nur im Slip auf ihrem Bett und starrte wütend zur Decke. »John war schon immer ein halbseidener Kerl, der seine Finger in allen möglichen Geschäften hatte. Aber er hielt sie auch vor mir verborgen. Genau wie sein Fremdgehen. Im Nachhinein frage ich mich, ob ich ihn überhaupt richtig gekannt habe – obwohl ich ein halbes Jahr mit ihm zusammen war.«

Tervenarius zog sich nachdenklich ganz aus, stand dann nackt im hellen Morgenlicht ihres Zimmers. »Dieser Michaels ist nicht zu unterschätzen. Der wird weiter wühlen, bis er irgendetwas gefunden hat. Ihm deinen Ex-Freund zum Fraß vorzuwerfen wäre klug und würde ihn zufriedenstellen. Kannst du dich ganz sicher an nichts erinnern? Hatte er zum Beispiel mit Drogen zu tun?«

Mercuran musterte ihn von oben bis unten und seufzte halb unwillig, halb sehnsüchtig. »In den Séparées des Clubs ist so viel gelaufen. Ich habe wirklich keine Ahnung.« Er streckte die Arme nach ihm aus.

Tervenarius überlegte kurz. Eigentlich hatte er sich ja umziehen und ins Labor gehen wollen, um weiter an seinen Forschungen zu arbeiten. Aber Mercuran stand unter Druck durch diesen Michaels. Er legte sich auf das Bett zu seinem

Geliebten, zog ihn an seine Brust. »Leider müssen wir abwarten, was Smu herausfindet, was die Spurensicherung der Polizei ergeben hat, und wo das Autowrack steht. Erst dann können wir Meo schicken, um die Stücke zu holen, die wir benötigen.«

»Wozu brauchen wir die Teile?« Mercuran richtete sich auf und stützte sich auf den Ellenbogen.

»Wissen wir durch die Ergebnisse, wo sich die Bombe genau befand, können wir von dort Fragmente holen und sie auf eventuelle DNA Spuren untersuchen. Patallias Methoden sind da doch etwas ausgereifter als die der Menschen.« Er grinste und holte Mercuran wieder nah zu sich heran. »Meo muss nur aufpassen, nichts zu beschädigen. Es wäre ungünstig, wenn dieser Michaels den Einbruch bemerken würde.« Er machte eine nachdenkliche Pause. »Wieso hast du eigentlich gesagt, dass du ihn nicht nach seinem Freund fragen würdest?«

Mercurans Kopf kam wieder hoch. »Ich war wütend. – Hast du denn nicht gemerkt, dass der Typ ein Gay ist?«

»Nein. Der Kerl hatte ein ziemliches Pokerface.«

Mercuran kratzte sanft mit dem Fingernagel um seine Brustwarzen. »Ich rieche so etwas Terv. Außerdem hat er mir auf den Po gestarrt, als er im Haus war. Ich habe seinen Blick gespürt.«

Erstaunlich! Die Feinfühligkeit seines Geliebten faszinierte ihn immer wieder! Tervenarius blickte zur Decke. Er hatte dort, sehr zu Mercurans Freude, einen großen Spiegel angebracht. Er betrachtete ihre beiden, strahlend weißen, ineinander verschlungenen Körper.

»Gefällt er dir?«

»Wer denn, David?«

»Na der Bulle – Jake Michaels.«

Ihr Götter! Seit er mit Mercuran zusammen war, hatte er überhaupt nicht mehr auf andere Männer geachtet. Sein Geliebter gab ihm alles, was er brauchte. Ja sicher, der blonde Michaels mit seinen grauen, prüfenden Augen war attraktiv, ein nicht zu unterschätzender Gegner, aber bestimmt kein potentieller Partner für ihn.

»Er interessiert mich nicht«, meinte er schließlich. »Ich halte ihn lediglich für lästig und gefährlich. Ich habe keine Lust, wegen der Sache mit dem Porsche die Zelte in Vancouver abbrechen zu müssen.« Er dachte kurz nach. »Obwohl – uns bindet nichts mehr an diese Stadt, außer vielleicht, dass die Bacanis und Bacanars noch hier sind.«

»Wie geht es ihnen? Du warst doch letztens da. Und wie kommen die ganzen Bacanars klar?« Mercuran hatte die Rundreise um seine Brustwarzen beendet und strich langsam mit den Fingern über seinen Hüftknochen.

»Sie leben isoliert, helfen aber so gut es geht. Soweit ich weiß, hat Chrom das Tierheim nur an einem Tag der Woche für das Publikum geöffnet, so dass sie sich relativ frei auf dem Gelände bewegen können. Ich befürchte jedoch, dass die Bacanars auf Dauer nicht auf der Erde bleiben können.« Er stockte. »Wenn du so weiter machst, kann ich bald keinen klaren Gedanken mehr fassen, David!« Ein Schauer lief durch seinen Unterleib.

»Du denkst sowieso zu viel«, lächelte Mercuran, schob sich ganz auf seinen Körper und begann sein Gesicht mit unzähligen, kleinen Küssen zu bedecken.

Chrom wühlte in seiner Medikamentenkiste. Er fand kein anderes, geeignetes Medikament gegen den Ausschlag der Bacanars mehr. Auch Patallia war mit seiner Weisheit am Ende. Neurodermitis hatte er ebenfalls ausgeschlossen. Chrom sah aus dem Fenster des Verwaltungsgebäudes. Patallia wurde soeben freudig von Adrian, einem Sohn von Lady und einem Wolfshund, begrüßt. Chrom lief vor die Tür.

Der lächelnde Mediziner hatte Smu im Schlepptau, der Chrom grinsend auf die Schulter schlug. »Na, Chrom! Ich muss doch mal wieder deinen Zoo anschauen und besonders der Boa guten Tag sagen. Außerdem wollte ich zu Pan.« Smus zahlreiche Ohr-Piercings blitzten in der Mittagssonne. Wie üblich war seine Erscheinung sehenswert. Den blonden

Haarschopf zu einem Pferdeschwanz gebunden, mit bunten Federn verziert, den schlanken, muskulösen Körper in eine zerfetzte Bluejeans gepresst und mit der speckigen, fransenverzierten Wildlederjacke, wirkte er auf Chrom wie eine Mischung aus Trapper und Indianer.

»Wir haben weitere Schlangen dazubekommen. Komm mit!« Chrom wandte sich zu Patallia. »Bei dem Pferd ist leider keine Veränderung eingetreten. Siehst du bitte noch mal nach ihm? «

Patallia nickte, seine Glatze schimmerte in der Sonne. »Ich stelle sein Medikament erneut um.« Er sah Chrom prüfend an. »Geht es dir besser?«

»Du meinst wegen Lady? Ja, Pat. Sie ist so alt geworden! Ich bin dankbar für die gemeinsame Zeit, die wir hatten. Ich habe ja Pan und Adrian – und werde sie nie vergessen.«

Er sagte Pat nicht, dass er jeden Tag zu Ladys Grab ging und mit ihr sprach. Die Wölfin fehlte ihm sehr! Er schaute Patallia nach, der zum Pferdestall lief. Wo war denn Smu? Der lehnte in einiger Entfernung an einem Gehege und winkte ihm ungeduldig.

Smu tigerte an seiner Seite zu den Terrarien. »Was haben die Bacanars eigentlich für einen Ausschlag? Patallia hat deswegen schon schlechte Laune.«

»Wir bekommen ihn nicht in den Griff, Smu. Selbst wenn wir den Juckreiz stoppen können, heilt er nicht richtig ab und bricht wieder auf.«

Smu blieb stehen. »Seltsam. Es scheint also eine außerirdische Krankheit zu sein. Vielleicht lässt sich das nur mit Medizin heilen, die Pat nicht herstellen kann. Ich erinnere mich, dass ich Solutosan besucht habe, der sich mit einer grauenvoll stinkenden Quinari-Heilsalbe eingerieben hat.«

Chrom sah ihm nachdenklich in die grünen Augen, denen die Sonne ein giftiges Hellgrün verlieh. »Quinari-Heilsalbe? Haben die denn einen Heiler?«

Smu schluckte. »Ich weiß nicht, ob er Heilkunst studiert hat. Soweit ich informiert bin, ist er deren Kampftrainer. Er heißt Arinon.«

Chrom öffnete die Tür zu dem Terrarien-Bereich. »Gut zu wissen. Vielleicht ist das ja ein Hoffnungsschimmer für die Bacanars. Danke, Smu! Schau mal, die Leute haben uns sogar einen Alligator gebracht, der ihnen zu groß geworden ist. Hier eine Kreuzotter. Die Skorpione haben wir seit gestern.« Smu reckte die Nase über die Glasscheibe des Alligator-Beckens. »Ich lasse dich mal allein. Kommst du gleich noch ins Haus?«

Smu ging zum nächsten Behälter und nickte. »Ach so, warte, Chrom! Ich werde vielleicht deine Hilfe brauchen – oder Pans. Es ist nämlich etwas Seltsames passiert. Man hat Solutosans Porsche in die Luft gejagt.«

»Was?« Chrom blieb stehen. »Wurde jemand verletzt?«

»Nein, aber nur weil Meo in der Kiste war, der sich sofort herauskatapultiert hat. Ich brauche Pan, damit er sich in den Polizeicomputer hackt, um die Ergebnisse der Untersuchungen zu bekommen. Ich will herausfinden, wo die Bombe genau platziert war und wo das Wrack steht.«

»Pan ist bestimmt im Haus. Am besten fragst du ihn gleich selbst, Smu. – Hast du jemanden in Verdacht?«

Smu lehnte sich gegen das Terrarium mit der Kreuzotter. »Hm, es könnte sein, dass Meo durch seinen Model-Job einen Feind hat. Es könnte Mercurans Ex-Freund sein, was ich aber für unwahrscheinlich halte, da die beiden sich schon vor längerer Zeit getrennt haben. Wie Terv mir erzählt hat, tendieren die Ermittlungen der Polizei in diese Richtung. Tja, ansonsten würde mir nur unser alter Freund Bar einfallen, der sich für sein vermasseltes Bax-Geschäft rächen will. Oder es war einfach nur ein Irrer, der keine Luxusautos mag. Ohne Beweise tappen wir im Dunkeln.« Er stieß sich am Terrarium ab. »Ich komme sofort mit zu Pan. Wir nehmen das in Angriff!«

Chrom nickte nachdenklich. Wer kam außerdem für den Anschlag in Frage? Vielleicht übersah Smu doch noch jemanden.

»*Entschuldige, wenn ich so einfach bei dir hereinplatze, Ulquiorra!*« Solutosan blickte sich in dem Labor des Energetikers um.

Der lächelte nur und strich sich das schwarze, lange Haar aus dem Gesicht. Maureens Tod hatte ihm stark zugesetzt. Auch wenn er nun schon eine Weile her war, sah man ihm seine Trauer noch an. »*Das ist in Ordnung, Solutosan. Zeit für deine nächste Lektion?*«, fragte er telepathisch.

Solutosan nickte bestätigend. »*Ich brauche mehr Informationen darüber, wie ich es schaffen kann, mich in der Anomalie zu orientieren. Die mir bekannten Wege, wie den zwischen meiner Residenz auf Sublimar und dem Silentium erkenne ich ganz klar. Aber angenommen, ich will zu Arishar auf den nördlichen Mond, wüsste ich nicht, wie ich diesen Weg finden sollte.*«

»*Tja*«, Ulquiorra schob sein Datentablett, an dem er gearbeitet hatte, von sich weg. »*Die Sache ist die, dass ich mir nur neue Wege erschließen kann, wenn mich jemand ruft, der einen meiner Ringe hat. Dann folge ich dem Ruf und mein Weg wird klar erkennbar. Wenn du willst, zeige ich dir alle meine bisherigen Zielorte. Es ist mir nicht möglich, mich in der Anomalie komplett frei zu bewegen.*«

Solutosan, in seinem blauen Serica-Gewand, lief in Ulquiorras Labor auf und ab. »*Wenn ich also beispielsweise zum Jupitermond der Erde wollte, könnte ich das nicht, weil ich von dort noch nie gerufen wurde?*«

»*So ist es*«, antwortete Ulquiorra ernst, »*es sei denn ...*«

Solutosan horchte auf und blieb stehen. »*Es sei denn?*«

Ulquiorra zuckte mit den Achseln und rieb sich die Stirn. »*Angeblich gibt es einen Weg, unbegrenzt zu reisen. Mit dem Buch der Energetiker, dem Energetikon, soll dies möglich sein. Aber es ist schon seit Äonen verschollen. Vielleicht ist das Buch auch nur eine Sage.*« Er sah Solutosan grübelnd an. »*Wir beide sind bereits in der bemerkenswerten Lage zwischen der Erde, Sublimar und Duonalia reisen zu können. Hätten wir eine Niederschrift, in der alle Wege zu sämtlichen Galaxien aufgezeichnet sind ... Kannst du dir vorstellen, was das bedeutet? Es ist fast unvorstellbar, was man durch dieses Buch erfahren könnte!*«

»*Woher weißt du davon?*« Solutosan sah ihn neugierig an.

Ulquiorra seufzte. »*Es wird in einer uralten Schrift erwähnt, die mir einmal in der Bibliothek des Silentiums in die Hände fiel. Als ich nochmals danach gesucht habe, fand ich das Schriftstück nicht mehr. Ich bin mir jedoch sicher, dass ich darüber gelesen habe. Woher sollte ich sonst den Namen des Buches kennen? Aber vielleicht hat die Schrift gelogen und es ist nur ein Märchen.*«

Solutosan setzte sich auf einen der Drehstühle und drehte sich spielerisch. Das hörte sich alles unwahrscheinlich an. Aber seit sich die Prophezeiung der drei Könige erfüllt hatte, war er vorsichtig geworden, was die Beurteilung solcher Überlieferungen betraf.

Er zog einen kleinen Energiestrahl, knäulte ihn zu einer Kugel und schickte ihn mit einem sanften Schlag seines Handballens langsam schwebend zu Ulquiorra. Der lächelte und sandte ihn mit einem Tipp seiner Fingerspitzen zu ihm zurück.

»*Könntest du meine Energie nehmen und sie deiner hinzufügen?*« Er stieß gegen den Ball, der sich wieder auf seinen Lehrer zubewegte.

Ulquiorra nahm die goldene Kugel in seine Hand, drückte sie und sie war verschwunden. »*Beantwortet das deine Frage? Aber warum sollte ein anderer Energetiker das tun? Solange er intakt ist, ist seine eigene Kraft unbegrenzt.*«

»*Und wenn er krank oder verletzt ist? Kann er dann seine Energie mit Fremdenergie aufstocken?*«

»*Ja, sicher. Wir könnten uns gegenseitig helfen. Denk daran, dass wir die einzigen Energetiker auf Duonalia sind.*«

Solutosan stand auf. Er schüttelte versonnen den Kopf. »*Auf Duonalia vielleicht. Aber vergiss nicht, dass mein Vater ebenfalls Energetiker ist. Es muss irgendwo ein Zusammenhang bestehen. Eventuell sind wir nicht alleine. Tervenarius und ich sind als Kleinkinder von Sublimar nach Duonalia entführt worden. Das steht fast außer Frage. Das Rätsel ist, wie das vor Äonen geschehen sein kann. Man weiß, dass die Auraner einmal Raumfahrt betrieben haben, aber genauso gut könnte ein Energetiker mit im Spiel gewesen sein.*«

Er überlegte kurz, sah den ruhigen Mann mit dem feingeschnittenen Gesicht an. »*Noch etwas anderes. – Ich brauche auf*

Sublimar Unterstützung. Ich dachte da an Xanmeran. Ich wollte ihn fragen, ob er nicht Lust hat eine Weile mit mir dort zu leben.«
Ulquiorra lächelte. *»Ich könnte mir vorstellen, dass er das gerne machen würde. Er schreibt eine Menge, was ihm gut tut, aber ich merke, dass das Silentium ihn gelegentlich langweilt.«* Sein Lächeln verblasste. *»Maureens Tod war wirklich nur dazu gut, dass ich mich wieder mit ihm versöhnt habe. Ich vermisse sie so sehr, Solutosan! Unser Glück war viel zu kurz!«*
Solutosan trat zu ihm und nahm seine rechte Hand, wohl wissend, dass die linke eine Prothese war, die er noch nicht einhundertprozentig spürte. *»Ich verstehe gut, was du fühlst. Aber sieh mich an. Auch ich habe wieder eine Gefährtin gefunden. Die Welt ist voller schöner Frauen! Dazu kommt, dass du das Oberhaupt Duonalias bist. Da wird sich doch garantiert eine liebe Partnerin für dich finden lassen.«*
Ulquiorra lächelte gequält. *»Ich brauche vermutlich einfach noch etwas Zeit. Willst du jetzt zu meinem Vater oder soll ich dir zuerst die Wege in der Anomalie zeigen?«*
Solutosan ließ seine Hand los und ging zur Tür. *»Ich gehe zu Xanmeran. Nächste Lehrstunde in drei Zyklen?«*

Aus seinen geplanten zwanzig Minuten in ihrem Bett waren zwei Stunden geworden. Tervenarius lächelte erschöpft und streichelte Mercurans zerzaustes Haar. »Ich glaube, ich werde noch ein Weilchen schlafen«, murmelte Mercuran und kuschelte den Kopf an seine Brust.
»Ja, aber ohne mich als Kissen«, grinste er, schob seinen Geliebten von sich und stand auf.
»Gemeinheit«, nuschelte Mercuran und war sofort eingeschlafen. Terv zog ihm liebevoll eine Decke über den Leib. Er hatte Mercuran immer noch nicht über seine genaue Veränderung durch das Sternentor aufgeklärt. Sie harmonierten und er kam mit Mercurans verführerischen Reizen sehr gut klar. Er hatte in seinem langen Leben nie besseren Sex ge-

habt. Jedoch so befriedigt sein Körper nun war – sein Geist benötigte Nahrung.

Tervenarius wusch sich kurz und schlüpfte in einen bequemen Jogginganzug. Er stand mit seiner Krebsforschung immer noch am Anfang, hatte aber bereits eine Idee, in welche Richtung er sie weiterentwickeln wollte. Leise schloss er die Tür hinter sich und ging barfuß in die Küche, um sich einen Kefir zu holen, als Patallia und Smu durch die Garage ins Haus kamen.

Smu winkte ihm kurz zu und lief sofort die Treppe hinauf, während Patallia zu ihm in die Küche kam. »*Wie war es auf der Polizeistation?*«, fragte Pat telepathisch.

Terv rollte mit den Augen. »*Dieser Polizist, Jake Michaels, hatte offensichtlich vor, David zu verunsichern. Es war ganz gut, dass ich mit dabei war. Ich denke, er wird noch weiter herumschnüffeln.*«

Patallia wiegte bedächtig den Kopf. »*Er sollte die Nachforschungen uns überlassen.*«

»*Tja, es ist sein Job, Pat. Außerdem weiß er ja glücklicherweise nichts von unseren Möglichkeiten.*« Er blickte dem Mediziner in seine tiefgründigen Augen.

Apropos Möglichkeiten, Terv. Kennst du einen Quinari-Krieger namens Arinon?«

Er nickte. »*Ja, er ist der Ausbilder der Quinari. Ich habe ihm die Karateschule angeboten und er lehrt nun dort. Was ist mit ihm?*«

Patallia schüttete sich Kefir in ein Glas. »*Es sieht so aus, als ob er ein Heiler ist. Er hat die Quinari nach ihren Kämpfen wieder zusammengeflickt und scheint auch diverse Medikamente zu haben. Ich mühe mich immer noch mit dem Ausschlag der Bacanars und komme nicht weiter.*«

»*Du willst ihn auf die Erde holen? Einen Quinari? Na ja, ich kenne ihn. Er ist sehr ruhig und ausgeglichen, außerdem hat er keine Hörner.*«

»*Außergewöhnlich*«, staunte Patallia. »*Ein Quinari ohne Hörner ist doch in deren Augen nichts wert. Einer der Rangniedrigsten. Und der hat so einen wichtigen Job?*«

Tervenarius nickte. »*Fragen kann man ihn ja mal.*« Er schaute den Mediziner an. Da war noch etwas. Eine Sache, die Pat ihm verschwieg. Das fühlte er. Sollte er ihn darauf ansprechen? »*Hast du irgendetwas, Pat?*«

Patallia schüttelte mit verschlossener Miene den Kopf. »*Kannst du bitte Ulquiorra rufen? Ich frage den Quinari selbst.*«

Terv legte die Hand auf den Ring in seiner Brust, der sich langsam bewegte und golden erstrahlte. Er konzentrierte sich den Energetiker zu erreichen, der wie immer sein Tor im Wohnzimmer öffnete und lächelnd zu ihnen in die Küche trat.

»*Bin ich auf einen Kefir eingeladen?*«

»*Selbstverständlich!*« Tervenarius umarmte ihn kurz. Er hatte Ulquiorra schon immer gemocht. »*Wie geht es mit Solutosans Unterricht voran?*«

Pat ging zum Kühlschrank, um das Getränk für ihren Gast zu holen.

Ulquiorra nahm von Patallia das gefüllte Glas entgegen. »*Sehr gut! Im Moment ist er bei Xanmeran. Er will ihn wohl bitten, mit nach Sublimar zu kommen.*«

»*Ein erneuter Duocarns-Zusammenschluss?*« Terv grinste. »*Ich wusste, dass Solutosan es letztendlich nicht ohne uns aushält.*«

Patallia und Ulquiorra nickten lächelnd.

Pat wandte sich an den Torwächter. »*Ich müsste kurz in die Karateschule zu einem Quinari namens Arinon. Ich wollte ihn um eine Zusammenarbeit auf der Erde bitten.*«

»*Ein Quinari auf der Erde?*«, staunte Ulquiorra.

»*Wir wollen bei Chrom arbeiten.*«

»*Verstehe – natürlich bringe ich dich hin. Ich trinke nur noch meinen Kefir aus.*«

Er wollte sich auf sein hartes Lager zur Ruhe begeben, als er einen goldenen Lichtschein im Hof der Kampfschule wahrnahm. Dieses Licht kannte er. Jemand kam von einem anderen Planeten! Arinon knüpfte seinen Lendenschurz und ging nach draußen, um nachzusehen. Er erstarrte. Mit jedem hätte er gerechnet, nur nicht mit dem Mediziner Patallia, der nun mit starrer Miene vor ihm stand. Wusste der Mann von ihm und Smu? Das war die Frage.

»Willkommen, Patallia. Willkommen, Ulquiorra.« Arinon nickte kurz. Was konnte Patallia nur von ihm wollen? Er unterdrückte seine Nervosität. »Möchtet ihr nicht eintreten?«

Ulquiorra schüttelte den Kopf. »Ich gehe Luzifer besuchen. Melde dich, wenn du zurück möchtest.« Er entfernte sich in Richtung Stall.

Arinon geleitete Patallia ins Haus, deutete auf einen Stuhl am Küchentisch und setzte sich zu ihm. Er sah seinen Gast schweigend an.

»Chrom hat mir von dir erzählt«, begann der Mediziner das Gespräch.

Arinon verzog keine Miene. »Ja?«

Patallia nickte. »Er sagte mir, dass du nicht nur Ausbilder, sondern auch Heiler bist. Ich habe auf der Erde ein Problem mit den Bacani-Hybriden. Die Bacanars sind krank und ich komme allein nicht mehr weiter.«

Es ging nicht um Smu und ihn! Arinon konzentrierte sich darauf, seine Erleichterung zu verbergen. »Möchtest du von mir Medikamente?«

»Nein, eigentlich wollte ich dich bitten, mit zur Erde zu kommen, um dir vor Ort den Ausschlag der Bacanars anzusehen. Dazu kommt, dass ich noch ein Tier behandle, ein Pferd, das nicht genesen will. Vielleicht kannst du es ebenfalls untersuchen.«

»Ich habe nur eine Grundausbildung«, antwortete Arinon ablehnend.

Patallia legte den Kopf schief. »Und wie lange heilst du schon mit dieser Grundausbildung?«

Arinon schluckte. Er war bereits als Kind von seinem Vater ausgebildet worden. Sein Leben lang war er Krieger und Heiler. »Gibt es auf der Erde kein Problem mit meinem Aussehen?«

Patallia musterte ihn. »Wir werden in einer Tierstation sein, wo sich viele Außerirdische aufhalten. Aber ich möchte mal behaupten, dass du dich mit einigen Veränderungen ohne Probleme auf der Erde bewegen könntest.«

Das war interessant. »Und welche Veränderungen würden das sein? Entschuldige, ich bin unhöflich. Willst du etwas Dona?«

»Nein danke, ich habe vorhin gegessen.«

Patallia kniff die Augen zusammen und musterte ihn durchdringend. »Wir Duocarns haben ja inzwischen Übung, was das Tarnen in der Menschenwelt angeht. Dir würde ich empfehlen: Eine getönte Creme wegen der grauen Haut, einen Hut oder eine Perücke, um die Stirnplatte zu verdecken, dazu farbige Kontaktlinsen und«, er blickte auf seine Klauen, »Lederhandschuhe. Dazu natürlich menschliche Kleidung.«

»So wie die, die du im Moment trägst?«

»Ja, Arinon.«

Sollte er das wirklich tun? Die Chance, dass er Smu wiedersah, war gegeben. Sie war sogar sehr wahrscheinlich. Patallia schaute ihn weiterhin aufmerksam an. Wie gut, dass dieser keine Gedanken lesen konnte. Arinon stand auf – spürte Patallias Blick auf seinem Körper. Sah er ihn als Konkurrenten? Hatte Smu seinen Namen genannt? Er könnte ihn selbst fragen. Er würde sehen, wie es ihm ging. Vielleicht war es ihm möglich, Schnee zu erleben.

Er stützte sich mit den Händen auf den Tisch. »Liegt auf der Erde Schnee?«

»Leider nein. Es ist Sommer und sogar ziemlich warm.«

»Schade. – Ich werde trotzdem mit dir kommen und mir die Kranken ansehen.«

Solutosan schritt langsam durch die weißen, leeren Gänge des Silentiums. Er genoss die majestätische Stille und die kühle Ruhe. Seine Residenz auf Sublimar war ebenfalls alt und ehrwürdig, aber durch die vielen Wasseradern, Brunnen und Becken völlig anders – quirliger, lebendiger.

Er klopfte an Xanmerans Tür im Wohnflügel. Keine Antwort. Vorsichtig öffnete er die Tür. Xanmeran stand in einem weißen Dona-Gewand im Ruhemodus an der Wand. Er schlug die Augen auf, als Solutosan zu ihm trat, brauchte einen kurzen Moment um zurückzukehren und lächelte ihn dann an. »Besuch von einem Freund?«

Solutosan nickte und umarmte Xanmeran kameradschaftlich. Der riesige, rote Krieger hatte sich verändert. Er strahlte Ruhe und Gelassenheit aus. Eigenschaften, die ihm früher völlig gefehlt hatten.

Xanmerans Zimmer war kahl, wie alle Räume, die Solutosan von ihm kannte. Ein Tisch, ein Stuhl, ein Datentablett, wenige Kleidungsstücke an einem Haken an der Wand.

»Möchtest du dich setzen?« Xan deutete auf den Stuhl und schob sich selbst auf eine Ecke der Tischplatte.

Solutosan verneinte. »Ich wollte dich eigentlich nur fragen, ob du nicht Lust hast, mit mir für eine Weile nach Sublimar zu kommen?«

Xanmeran grinste. »Ich höre!«

Während Solutosan Xan die Situation möglichst kurz und knapp schilderte, lief er unruhig auf und ab. Immer, wenn er von Pallasidus und seiner eigenen Position auf Sublimar sprach, fühlte er Unwohlsein und Stress in sich aufsteigen.

»Mein Vater ist ja äußerst sparsam mit Informationen – wenn ich das mal so nennen darf«, begann Solutosan. »Erst kürzlich hat er mir von einer weiteren Völkerschaft erzählt, die auf Sublimar in einer Unterwasserstadt wohnt. Sie nennen sich Piscanier. Dieses Volk ist sehr wichtig für den Planeten, da dieser einen inneren Kern besitzt, der mit vielen, heißen Adern dort verwurzelt ist. Der Kern und die Adern stehen unter hohem Druck. Die Piscanier überwachen diese Adern, reparieren sie bei Bedarf und benutzen deren Wärme um ihre Eier auszubrüten.« Er hielt inne. »Alles auf Sublimar ist symbiotisch, also auch die Piscanier und der Kern. Was ich damit sagen will, ist, dass, gleichgültig wie sie agieren mögen, sie wichtig und nützlich für Sublimar sind.«

»Verstehe!« Xanmeran strich sich nachdenklich über seine rote Glatze.

Solutosan fuhr fort. »Sie sind ein undurchschaubares Volk. Aber sie scheinen meinen Vater als eine Art höheres Wesen anzuerkennen und er hat auf eine mir unbegreifliche Weise Einfluss auf sie. Kürzlich hat er mir einen piscanischen Adjutanten zur Seite gestellt, Gregan, den ich absolut nicht mag und der mir eher wie ein Spion erscheint.« Er kam zum Tisch und stellte sich vor seinen Freund.

»Ich kann es mir schon denken«, knurrte Xanmeran. »Du brauchst Unterstützung, weil dir dieser Kerl sonst auf der Nase herumtanzt.«

Solutosan nickte. »Ich muss außerdem in die Stadt der Piscanier, da deren König mich eingeladen hat. Ich benötige zuverlässige Begleiter. Dich als Freund mitzubringen ist akzeptabel.« Er blickte Xan an. »Ich weiß, dass du nicht mehr kämpfen willst – es soll auch auf Sublimar um der Götter Willen zu keiner Auseinandersetzung kommen! Wir müssen dort in Frieden zusammenleben.« Er setzte sich nun doch auf den Stuhl. »Das Seltsame ist, dass kaum ein Auraner von der Existenz der Piscanier weiß. Es wird höchstens in Ammenmärchen vor ihnen gewarnt.«

Xan hatte aufmerksam zugehört und sah ihn an. »Ich finde es merkwürdig, dass dein Vater dir keinen Auraner zur Seite gestellt hat, sondern einen Piscanier. Hast du ihn einmal zu dieser Wahl befragt?«

»Pallasidus ist allmächtig und benimmt sich auch dementsprechend. Er hält sich nicht für verpflichtet, meine Fragen zu beantworten«, grunzte Solutosan grimmig.

»Hast du denn genug zu essen für mich?«, lächelte Xanmeran.

»Ist das ein Ja?«

Sein Freund nickte.

»Ja sicher, ich habe Kefirpilze, die mit Squalimilch wunderbar funktionieren.«

Xanmeran stand auf, nahm seine wenige Kleidung von der Wand und rollte sie zu einem Bündel. Er klemmte sein Datentablett unter den Arm. »Wollen wir gehen?«

»Verflucht!« Jake studierte den Untersuchungsbericht der Spurensicherung. »Das ist doch alles Müll! Keine Fingerabdrücke, die Bombe aus handelsüblichem Kram und sogar noch so ein primitiver Zünder! Das darf ja wohl nicht wahr sein!« Wütend stapfte er in seinem Büro umher, drehte die Hände ineinander. »Der Bericht bringt mich keinen Schritt weiter! Die Bombe hätte ja jeder Schüler da hineinbasteln können!«

Er setzte sich wieder und legte die Beine auf den Schreibtisch zwischen seinen Laptop und einen der monumentalen Aktenstapel. Inzwischen wusste er, wer im Haus in Seafair wohnte, jedoch das war kaum interessant – eine kleine Gay-Wohngemeinschaft mit vier Männern. Absolut nichts Außergewöhnliches. Na okay, einer von ihnen war dieser Irre, Samuel Goldstein, aber den hatte er noch nie ernst genommen. Er war ihm ein oder zwei Mal begegnet, da er an Tatorten für seine Klienten herumschnüffelte. Für seine Waffe besaß er einen Schein, seine Lizenz als Privatdetektiv war in Ordnung – also hatte er ihn immer wieder laufenlassen. Sich vor dem Haus auf die Lauer zu legen war ebenfalls sinnlos. Der Attentäter würde wohl kaum diese Festung angreifen. Auch er hatte wahrlich Besseres zu tun! Er schaute missmutig auf die vielen Akten. Er wollte trotzdem noch einmal dort hingehen. Es juckte ihn ganz einfach, diesen Männern auf den Zahn zu fühlen. Ich brauche nur die richtigen Fragen, dachte er.

Arinon sah sich um. Ulquiorra hatte ihn vor dem Verwaltungsgebäude des Tierheims abgesetzt und war sofort wieder verschwunden, um Patallia zu holen. Die Sonne der Erde schien wirklich angenehm warm und er war in seiner grauen Lederhose angemessen bekleidet. Den Ledersack mit seinen Heiler-Sachen trug er auf dem Rücken.

Der Bacani, der aus der Tür des Gebäudes trat, lächelte ihn freundlich an. Er hatte erstaunliche violette Augen. »Du bist sicher Arinon. Willkommen!« Er sprach duonalisch.

»Danke. Ich nehme an, du bist Chrom. Ich habe Übersetzermikroben. Du kannst also gern auch die Erdensprache sprechen.«

Chrom nickte. »Gut, denn die Bacanars verstehen nur Englisch. Ah, da kommt Pat! Wir sehen uns ja später noch.«

Ulquiorra erschien mit Patallia und verschwand sofort wieder in seinem Tor. Arinon betrachtete den Mediziner im hellen Tageslicht genauer. Nein, Patallia war bestimmt nicht hässlich. Er war schlank und bewegte sich fließend, besaß eine ruhige Ausstrahlung. Es schien, dass seine Haut nur bei emotionaler Regung durchsichtig wurde und ansonsten weiß blieb. Seine tiefgründigen grau-violetten Augen musterten ihn aufmerksam. Arinon konnte den Blick nicht deuten. Er wollte sich selbst aber auch nicht verrückt machen. Unter Garantie hatte nicht jeder Blick von Patallia mit Smu zu tun.

Arinon folgte ihm zu einem flachen Gebäude, vor dem einige Wesen saßen, die ihn misstrauisch beäugten und ihre Fangzähne bleckten. Ihm fuhr sofort durch den Kopf, wie er nach seiner Ankunft auf Duonalia eine Gruppe Bacanis attackiert hatte. Damals hatte er einem Männchen, das in der Verwandlung begriffen war, den Schädel gespalten. Diese Bacanars erinnerten ihn an dieses halb verwandelte Geschöpf, denn sie sahen aus wie zweibeinige Bacanis mit pelzigen Unterleibern. Die langen Spiralschwänze schlugen heftig. Ihre Arme und Bäuche waren teilweise von roten Pusteln und Blasen bedeckt.

»Ich bringe euch noch einen anderen Heiler«, verkündete Patallia auf Englisch. »Darf er sich den Ausschlag einmal ansehen?«

Die Bacanars begafften Arinon weiterhin feindselig. Besonders seine Blutzeichnungen schienen ihr Missfallen zu erregen. Sie standen auf und verschwanden im Haus.

Patallia war basserstaunt. »Ähm, damit habe ich jetzt nicht gerechnet! Ich werde allein mit ihnen sprechen, Arinon.«

»Ist es in Ordnung, wenn ich mich in der Zeit hier umschaue?« Er blickte zu den Gehegen mit den Tieren.

»Ja, natürlich«, antwortete Patallia zerstreut. »Chrom hat neuerdings sogar einen Alligator.« Er verschwand im Haus der Bacanars.

Der Name Alligator sagte ihm nichts. Er schlenderte gemächlich durch die Ställe und Gehege. Keines der dortigen Kreaturen hatte er schon einmal gesehen. Erstaunlich, was es alles auf der Erde gab! Wie aus dem Boden gewachsen stand ein pelziges Tier vor ihm, das scheinbar nicht eingesperrt gewesen war. Das Wesen fixierte ihn mit gelben Augen. Es war, als würde er in einen Spiegel blicken. Er rührte sich nicht, wartete ab. Das Tier kam langsam näher, die Lefzen leicht gehoben, beschnüffelte ihn, kam mit der Nase an seine Hand. Er spürte dessen weiche Zunge.

»In Ordnung«, bestätigte er auf occabellar. »Wir sind Freunde.« Er setzte seine Besichtigung fort, das Tier lief, nah an sein Bein gedrückt, mit ihm. Er blieb fasziniert stehen. In einem überdachten Kasten, hinter einer Glasscheibe, hing ein langes, dünnes Wesen an einem dicken Ast.

»Eine Boa Constrictor«, sagte Smus Stimme hinter ihm. Sein Herz machte einen harten Satz. »Ich habe gehört, dass du hier bist.«

Arinon drehte sich langsam um, versuchte seine Fassung wieder zu gewinnen. Er hatte nicht damit gerechnet, Smu so schnell zu begegnen. Was sollte er antworten? Eigentlich wollte er vieles sagen, aber nichts hätte in diesem Moment gepasst. Also schwieg er.

»Geht es dir gut, Arinon?«, fragte Smu besorgt.

»Ja, danke«, antwortete er auf Englisch. Er musste Smu unbedingt fragen, solange sie allein waren. »Hast du Patallia von uns erzählt?« Verflucht, das war falsch ausgedrückt. »Kennt er meinen Namen, Smu?« Verzweifelt versuchte Arinon den Satz zu formulieren.

Smu half ihm. »Du meinst, ob er weiß, dass du der Quinari bist, der mit mir auf dem westlichen Mond war? Nein, Arinon.«

Er schaffte es nicht, seine Erleichterung zu verbergen. »Gut! Das würde meine Arbeit hier mit ihm verkomplizieren.«

Smu lehnte ruhig an dem Gehege gegenüber dem Terrarium. Die Sonne glänzte auf seinem blonden Haar. Das stand ihm gut, fand Arinon. Auch die enge, bunte Kleidung, die seinen Körper betonte.

»Warum ist deine Kleidung zerrissen? Hattest du einen Unfall?«

Smu stutzte. Dann lachte er. »Nein, das ist eine Mode. – Ich trage das, weil es mir so gefällt.«

Arinon sah nachdenklich auf sein nacktes Knie, das aus der zerfetzten Hose ragte. Seine weiche Haut ... Er ließ sich gehen! Sofort riss er seinen Blick los und sah Smu ins Gesicht. Seine Augen! Er erinnerte sich an so viele verschiedene Ausdrücke seiner Augen. Neugierig, nachdenklich, leidenschaftlich, wollüstig.

Arinon schluckte. »Und sonst geht es dir gut? Bist du glücklich?« Er klang steif und verkrampft, aber konnte es nicht ändern. Er beugte sich zu dem pelzigen Tier und fuhr ihm mit der Klaue durch den dichten Pelz am Hals, um Smus Blick nicht mehr zu begegnen.

»Adrian scheint dich zu mögen«, bemerkte Smu. Er zögerte kurz. »Ich muss jetzt wieder los. Ich will noch zu Pan.«

Nein, er sollte nicht gehen!

»Ja, gut.« Er konnte nicht verhindern, dass seine Stimme belegt klang. »Ich hoffe, wir sehen uns noch einmal, solange ich hier bin.«

Smu nickte und drehte sich um. War da Trauer in Smus Augen gewesen? Arinon hatte das Gefühl, als würde ihm jemand die Kehle zusammendrücken. Frustriert ließ er sich mit dem Rücken gegen die Glasscheibe hinter sich sinken.

Meodern hatte seine Unterschrift unter den Vertrag gesetzt. Inzwischen reiste er mit seinem kanadischen Pass, der ihn als Pierre Malcolm auswies. Auch seine Verträge lauteten auf diesen Namen. Laut Terzia hatte er es mit diesem Abschluss endgültig in den Model-Olymp geschafft. Die Firma Dreamsun Cosmetics hatte ihn für ihre Herren-Pflegeprodukte verpflichtet.

Er war in sein Pariser Hotel gefahren, um zu packen. Er wollte nach Vancouver zurückfliegen, denn er musste noch die Spuren in dem zerstörten Porsche sichern. Sein Flug ging spät in der Nacht. Meo wollte nach Hause – hatte keine Lust mehr auf Paris. Als er am Flughafen Check-In sein Ticket in Empfang nahm, dachte er einen kurzen Moment darüber nach, sich ohne Flugzeug nach Vancouver zu begeben. Im Grunde wäre die Reise für ihn nur ein Augenzwinkern gewesen. Aber das schüttelnde Frieren, das durch die Temperaturunterschiede von Lichtgeschwindigkeit auf Normalzustand entstand, war einfach zu quälend. Dazu kam, dass ihm dabei die Vibrationen die Kleider vom Leib rissen. Also würde doch nur wieder ein Flug mit der Air France in Frage kommen.

Meodern seufzte und schlenderte die Gangway entlang, um sich von der freundlichen Stewardess zu seinem Platz geleiten zu lassen. Eine hübsche Brünette mit einem runden Hinterteil in einem engen Rock. Wie lange war er nun schon nicht mehr bei Trianora gewesen? Bestimmt drei Wochen. Der Job hatte ihn ununterbrochen um den Globus geführt und er hatte keine Zeit gehabt, sich dem anderen Geschlecht zu widmen. Er war froh, wieder nach Hause zu kommen.

Ja, Vancouver war wirklich zu einem Zuhause für ihn geworden und er sah sich als Kanadier. Duonalia war ihm vertraut, aber dort fühlte er sich wie im Urlaub. Vielleicht lag es daran, dass Trianora ihn ständig verwöhnte.

Die Maschine hob ab und war innerhalb kürzester Zeit über den Wolken. Er sah nachdenklich aus dem Fenster. Bei den Vereinigungen mit Trianora kam er ohne Flugzeug in den Himmel Duonalias. Bei ihrer ersten Kopulation war er sich nicht sicher gewesen, ob es immer so sein würde. Jedoch wurde er auch beim nächsten Geschlechtsakt mit Trianora durch seinen Orgasmus in die Schleier zwischen den Monden katapultiert. In die bunten Schleier, die alle Energie bündelten. Aus seinem Körper geschleudert für einen kurzen Augenblick dort zu verweilen, war das Schönste, das er je erlebt hatte! Diese Momente gab es nur auf Duonalia und gemeinsam mit einer Duonalierin. War das der Grund, warum er sie und nicht Terzia gewählt hatte? Nein! Terzia war einfach wahnsinnig anspruchsvoll und anstrengend. Als Duonalier hatte er eher ein ruhiges Gemüt, und ständig auf einem Vulkan zu tanzen, bekam ihm nicht. Er musste grinsen, als er sich das bildlich vorstellte. Das Einzige, das an der Verbindung zu Trianora etwas nervte, war, dass er keinen eigenen energetischen Ring besaß, um Ulquiorra zu rufen, wenn er nach Duonalia wollte. Er musste immer wieder Tervenarius um den Ruf bitten. Aber solange er als Model arbeitete, konnte er sich unmöglich einen Reifen in die Brust versenken lassen.

Er wählte aus den Spielfilmen im Flugzeug den Film »Watchmen« und grinste über den energetischen John. Was für ein Glück, dass ich nicht strahlend blau bin, dachte er.

Er erreichte Vancouver mitten in der Nacht. Meodern schritt gemächlich zur Gangway, durch den Zoll und fuhr dann hinunter zur bewachten Tiefgarage. Ihn traf so manch bewundernder, aber kaum ein verwunderter Blick. Er verhielt er sich so normal, dass seine zartgoldene Haut und seine ungewöhnlichen grünen Augen von den Menschen akzeptiert wurden. Und nicht nur akzeptiert, sondern von unzähligen seiner Fans auch geliebt. In wie vielen Schlafzimmern junger Mädchen wohl sein Foto hing?

Er lächelte, als er in den weißen Aston Martin Vantage stieg. Hoffentlich würde dieses Auto nicht ebenfalls in die Luft gejagt! Das Prachtstück hatte er erst vier Wochen zuvor gekauft. Er verdiente inzwischen so viel, dass er das Kapital der Duocarns nicht mehr anrühren musste. Halia kam weiterhin regelmäßig auf die Erde, um Platin zu bringen. Die Deals mit Bill Bohlen fanden zwar noch statt, aber gebraucht hätten sie das Geld eigentlich nicht. Tervenarius verwaltete das Duocarns-Vermögen sehr gut.

Wohin sollte er nun hin? Er hatte am Morgen einen Termin mit Terzia. Er blickte auf die Uhr des Tachos. Ein Uhr nachts. Er würde zu Terzia fahren, etwas fernsehen und dann mit ihr frühstücken.

Terzia gähnte. »Meo«, knurrte sie, »weißt du wie spät es ist?«

Er grinste. »Ich mache dafür auch nachher Frühstück und bringe es dir ans Bett.« Ihre braunen Augen blitzen auf.

»Nein, Terzia, **ich** bin nicht das Frühstück, sondern der Kaffee und der Toast«, stellte er sanft richtig. »Ich leiste nur einen kleinen Butler-Dienst.«

Sie trollte sich in ihr Schlafzimmer und er machte es sich im Wohnzimmer auf dem Sofa gemütlich. Er liebte diesen Raum. Wände und Gegenstände waren in Erdfarben gehalten, von Gelb über Braun bis Dunkelrot. Mediterran mit einem Hauch Marokko, wie Terzia immer sagte. Das Fernsehprogramm war einschläfernd. Er sah auf sein Handy. Vier Uhr. Er würde noch drei Stunden in seinen Ruhemodus gehen.

Er hatte Meo auf die Mailbox gesprochen. Smu gähnte, dass die Kieferknochen knackten, und zog sich aus. Die Polizisten in Vancouver waren echte Flaschen. Er hatte den ganzen Abend neben Pan am Rechner gesessen. Der war ein wirklich guter Hacker. Gemeinsam hatten sie sich die Untersuchungsergebnisse der Spurensicherung angeschaut. Lächerlich! Kein Wunder, dass sie auch Bar niemals auf die Schliche gekommen waren. Selbst der anfängliche Totentanz der Bacanis wurde als „Der kanadische Schlachter" ungelöst zu den Akten gelegt. Was für eine Pleite! Dabei hatten sie mit Mitarbeitern wie diesem Jake Michaels eigentlich ganz fähige Polizisten. Pan hatte mit der Klaue auf die vielen ungeklärten Fälle gedeutet und fröhlich gelästert.

Smu war gerne bei Chrom und seinen Leuten. Er verstand, dass Pat sich mit Freude bei ihnen aufhielt. Es war ständig etwas los. Das Tierasyl war ein voller Erfolg.

Und jetzt war Arinon dort. Arinon! Eigentlich hatte er ja mit verursacht, dass der Krieger nun auf der Erde war, indem er Chrom den Tipp mit der Heilsalbe gegeben hatte. Hatte er das extra gemacht, um Arinon wiederzusehen?

Smu putzte sich die Zähne und schlüpfte zu Patallia ins Bett. Er betrachtete ihn liebevoll. Sein Gesicht war gelöst, in seinem Ruhemodus versunken. Smu löschte das Licht und starrte in die Dunkelheit. Kaum vorstellbar, mit welchem Leichtsinn er Patallia damals weh getan hatte. Und der hatte ihm verziehen. Die beiden langen Narben rechts und links auf seinen Po-Backen erinnerten ihn ständig an seinen Vorsatz in Zukunft treu zu sein – Hinterlassenschaften von Wunden, die Arinon ihm in unbeherrschter Wollust beigebracht hatte. Er schloss die Augen.

Smu blickte an sich hinunter. Er trug ein Gewand und stand in der riesigen Eingangshalle des Silentiums auf dem hellen, polierten Boden. Er wollte die Halle verlassen, aber da war keine Tür mehr, sondern nur Gänge – viele Flure, die von der Halle fortführten. Er lief los – rannte, in der Hoffnung einen Ausgang zu finden. Er rüttelte an einigen Türen. Verschlossen. Warum ließ man ihn nicht mehr hinaus? Voller Panik eilte er durch den nächsten weißen Gang, der endlos schien. Er lief und lief – seine nackten Füße tappten auf den Steinfliesen.

Am Ende des Flurs stand jemand. Er blinzelte, konnte die Gestalt nur schemenhaft erkennen. Ging näher. Es war Arinon. Er stand mit dem Rücken zu ihm. Aber wie sah er aus? Er trug menschliche Kleidung, eine Bluejeans und ein schwarzes Hemd, dunkle Stiefel und Lederhandschuhe. Sein bleiches, langes Haar war straff zu einem Pferdeschwanz zusammengebunden.

»Arinon! Wie gut dich zu sehen! Ich weiß nicht, wie ich hier herauskomme! Hilf mir!«

Der Quinari drehte sich zu ihm um und blickte ihn an. Smu erstarrte. Arinon Augen erstrahlten in einem klaren Himmelsblau.

»Aber warum?«, stammelte er.

»Weißt du das nicht?«, fragte Arinon sanft. »Ich bin gekommen, weil ich dich brauche«, lächelte der Mann. »Ich weiß, dass auch du mich nicht vergessen kannst.«

»Nein!« Er wich zurück. »Ich werde ihm das niemals wieder antun! Ich ...«, er kam nicht dazu mehr zu sagen, denn er lag bereits in Arinons Armen. Warum war er plötzlich nackt? Er spürte den Mund mit den gefährlichen Zähnen seinen Hals hinabgleiten. Sein Herz klopfte wild in seiner Brust. Er wird mir die Schlagader durchbeißen, dachte er, aber Arinons Mund war tiefer gewandert und reizte mit sanfter Zunge seine Brustwarze.

Er keuchte. »Hör auf, Arinon!« Er drückte dem Mann mit den Händen gegen die Schultern. Der blieb unverrückbar stehen. Ein Blick nach unten zeigte ihm, dass sein eigenes Glied seine Worte Lügen strafte. Es reckte sich dem Quinari-Krieger entgegen.

»Ich weiß, dass du mich auch willst«, flüsterte Arinon und richtete sich auf. »Ich werde dich nicht mehr verletzen. Du wirst mit mir zusammen sein und niemand wird es wissen.« Seine Hände in den Lederhandschuhen fuhren über seinen Körper, umfassten seine Lenden, zogen ihn nah zu sich heran. Sein Glied presste sich in den harten Stoff von Arinons Jeans. Rieb sich an ihm.

Arinon senkte den Mund auf seinen, küsste ihn tief und verschlingend. Er schmeckte so gut, wild und köstlich! »Ich will dich wiederhaben«, stöhnte er zwischen zwei Küssen und schaute ihm in die Augen. Urplötzlich waren diese wieder gelb. Sein Blick flackerte fiebrig. Arinon drückte ihn mit seinem starken, heißen Leib gegen die kühle Wand des Silentiums. Eine weiße Wand, über und über mit blutroten Schneekristallen bedeckt. Ihm schwanden sie Sinne.

Arinon ging vor ihm auf die Knie. Ja, dachte er, du hast recht, ich will dich! Nimm mich! Verschlinge mich! Sein Glied pulsierte, verzehrte sich nach Arinons Berührung – nach seinem Mund – aber *er war allein. Verwirrt starrte er auf die Steinfliesen des Fußbodens.*

Smu schreckte hoch. Er war in Vancouver, Patallia neben sich, der ruhig und entspannt schlief. Sein Herz klopfte immer noch hart bis zum Hals, sein Glied pulsierte steif und schmerzhaft. Smu fasste unter der Decke hilfesuchend nach Pats heilender Hand.

Irgendetwas passierte mit ihm. Leicht unwillig verließ Meo seinen Ruhemodus. Ach ja, er war bei Terzia. Terzia? Sie saß auf dem Teppich neben dem Sofa in einem dünnen Nachthemd und hatte sich über sein Glied gebeugt. Beim Vraan! Sie wusste, dass er das nicht mehr wollte! Sie hielt ihn nach wie vor für ihr Spielzeug! Seine Hände ballten sich zu Fäusten und sein Oberkörper fuhr hoch.

»Terzia?«

Sie hob den Kopf, blickte ihn mit verschwommenen, braunen Augen an und ließ seinen Penis aus ihrem Mund gleiten. Befreit nutzte er sofort die Gelegenheit, um sich ein Stück hoch und von ihr fortzuziehen. Ihn einpacken und die Hose zu schließen war eine Handbewegung.

Die Wut kochte in ihm. »Was soll das? Hatte ich mich nicht klar und deutlich ausgedrückt?«

Verschwommen blickte sie ihn an. »Aber wenn du hier bist und ...«

»Und was?«, fauchte er wütend. »Dann muss ich als dein Spielzeug herhalten?« Diese Missachtung seiner Meinung regte ihn richtig auf. »Reicht es nicht, dass ich deine Anziehpuppe bin?« Er sprang auf und stierte mit zusammengekniffenen Augen auf sie hinab. Sie hatte doch tatsächlich Bewunderung im Blick, während er sich echauffierte!

»Terzia!« Er blickte auf seine geballte Faust. Nein, er würde niemals eine Frau schlagen, aber irgendwo musste er seinen Dampf nun ablassen.

Er packte eine große, mit Lilien gefüllte, Vase, die neben dem Sofa auf dem Tisch stand, und schleuderte sie durch den ganzen Raum. Im letzten Moment bremste er noch deren Schwung, denn sie hätte sonst die Wand durchschlagen. Die Vase explodierte mit einem Knall in dem antiken, blattgoldverzierten Spiegel auf der anderen Seite des Raumes. Die blitzenden Splitter sprühten und landeten auf dem weichen Teppichboden.

»Ach verdammt!«

Terzia saß mit riesigen, weit aufgerissenen Augen zitternd vor der Couch. Augenblicklich tat ihm sein Wutausbruch leid.

»Du solltest mich wirklich fragen, bevor du mich so berührst«, grunzte er. Er ließ sich auf das Sofa fallen und zog sie zu sich hoch in seine Arme.

»Ich habe dich noch nie so wütend gesehen«, flüsterte sie. Sie machte sich ganz klein in seinem Arm. Alles nur Taktik, dachte er, aber genoss doch langsam das Gefühl, die zarte, zusammengerollte Frau in dem seidenen Nichts zu halten. Drei Wochen ohne Sex waren eine lange Zeit für ihn. Und ihr Mund auf seinem Glied war natürlich nicht unangenehm gewesen. Sein Ärger war verflogen. Warum waren die Frauen immer so willig? Sie machten es ihm zu leicht. Er streichelte sanft ihr dunkles, weiches Haar. Wenn er jetzt mit ihr schlief, handelte er gegen seine eigenen Vorsätze.

Solutosan öffnete sein energetisches Tor mitten im Wohnraum der Residenz und schritt mit Xanmeran hindurch. Er blieb abrupt stehen, sodass Xan gegen ihn prallte. Noch nie hatte er Vena derartig laut und empört schreien gehört. Gleichzeitig brüllte Marina wie am Spieß. Er stürzte vorwärts.

»Du verfluchter Irrer! Wenn du mein Kind noch einmal anrührst, mache ich dich kalt!« Vena war außer sich! Selten hatte er sie auranisch laut sprechen hören, ohne Telepathie zu benutzen. Sie tobte im Kinderzimmer. Solutosan stürmte in den Raum. Vena stand vor Marinas Bettchen, Gregan ein paar Schritte davor, die Hände abwehrend gehoben.

Solutosan fragte nicht, sondern packte den Piscanier sofort an seinem schuppigen Hals. »Was hast du hier in meinen Privaträumen zu suchen? Wieso belästigst du meine Frau?« Vena schnappte nach Luft wie ein Fisch auf dem Trocknen. »*Beruhige dich, Vena!*«, fauchte er telepathisch. »*Was ist passiert?*« Gregan wand sich unter seinen Händen, jedoch wehrte sich nicht.

»Er hat Marina angefasst! Ist einfach allein in ihr Zimmer gegangen und hat sie berührt!« Sie war immer noch außer sich, kam aber zu ihrer normalen Sprechweise zurück. »*Wenn ich nicht durch Zufall gekommen wäre! Wer weiß, was er ihr angetan hätte?*«

»Nichts«, röchelte Gregan. »*Das Kind hat geweint und ich wollte es trösten!*«

»*Sie hat nicht geweint*«, empörte sich Vena. »*Ich war die ganze Zeit im Zimmer nebenan!*«

Solutosan ließ Gregan los. Xanmeran hatte sich in der Tür des Kinderzimmers aufgebaut. Gregan würde im Raum bleiben müssen, bis sie das geklärt hatten.

»*Ich tat dem Kinde wirklich nichts Schlechtes*«, krächzte der Piscanier und betastete seinen Hals.

Solutosan rollte mit den Augen. Er würde Gregan nicht das Gegenteil beweisen können. Aber jetzt hatte er endgültig die Nase voll von dem Mann. »*Gregan! Hiermit entlasse ich dich aus meinen Diensten! Geh zu deinem Volk zurück!*«

Der Piscanier erstarrte. Dann warf er sich vor ihm auf die Knie. »*Bitte Herr, tut mir das nicht an! Ich muss eurem Vater Rede und Antwort stehen! Ich habe nichts Böses getan!*«

»*Du hast deine Kompetenzen eindeutig überschritten. Mein Entschluss steht. Geh jetzt, Gregan!*« Er trat zu Vena, die das heulende Kind auf den Arm genommen hatte. Marina schien erschreckt, aber unverletzt. Xanmeran gab seinem ehemaligen Adjutanten grinsend die Tür frei. Der rappelte sich vom Boden hoch, das flache Gesicht verzerrt, die Augen voller Wut.

»*Das werdet ihr noch bereuen*«, zischte er. Er nahm nicht die Tür, sondern sprang mit einem Satz in die Bodenöffnung der Squalis. Das Wasser spritzte und klatschte auf den Steinfußboden.

Solutosan kniete sich vor die Squali-Öffnung, durch die Tan und Sana im nächsten Moment neugierig die Köpfe hoben. »*Hört mal zu, ihr zwei. Ihr lasst Gregan auf keinen Fall mehr durch die Schleusen. Habt ihr verstanden?*« Die beiden klugen Tiere nickten und blinzelten. Solutosan atmete erleichtert auf.

Meo legte Patallia drei Plastiktüten voller kleiner Metallteile auf den Labortisch. Das Schloss der Polizei-Lagerhalle war quasi durch einen einzigen Blick von ihm aufgesprungen. Er hatte die von Smu bezeichneten Teile aus dem Fahrzeug entnommen, und war blitzartig wieder verschwunden. Eine einfache Aufgabe.

Meo lief in sein Zimmer und zog seufzend den schwarzen Rolli und die enge Hose aus. Mit Terzia im Arm auf deren Sofa zu sitzen und letztendlich nicht mit ihr zu vögeln, war **keine** leichte Sache gewesen, aber seine Selbstbeherrschung hatte gesiegt.

Er ließ sich auf sein Bett im Duocarns-Haus fallen. Na ja, es war ja nicht nur seine Willensstärke, die ihn dazu gebracht hatte, Terzia auf den Boden zu stellen und langsam den Kopf zu schütteln. Er wusste, mit ihr zu schlafen, wäre der Beginn einer erneuten Affäre gewesen. Die üblichen Komplikationen hätten nicht lange auf sich warten lassen. Eifersucht und Kontrollwahn waren bei ihr vorprogrammiert. Darauf hatte er keine Lust mehr.

Nachdenklich erhob Meo sich, öffnete seinen Kleiderschrank und starrte auf die Gewänder – wusste nicht so recht, worauf er da eigentlich sah. Er hatte zwei Tage frei. Danach musste er nach Chicago für sein erstes Dreamsun Cosmetics-Shooting.

Meodern drehte den Kopf, um in die Spiegeltür des Kleiderschranks zu sehen. Er konnte Solutosan verstehen, der urplötzlich eine Pause von seinem Leben gemacht, und sich zu den Quinari in eine eisenharte Ausbildung begeben hatte. Xanmeran hatte ein fünf Jahre währendes Blutbad in diversen Erdenkriegen gebraucht, um wieder zu sich zu kommen. Als Unsterblicher verlor man offensichtlich gelegentlich den Sinn des eigenen Lebens aus den Augen. Wenn er ehrlich zu sich selbst war, war auch er an diesem Punkt angekommen. Er vermisste die Zeit mit den Duocarns in der er eine Bestimmung hatte. Das war einmal. Jetzt war er schön und erfolgreich, fühlte sich jedoch leer. Im Grunde war er zu nichts nütze – außer vielleicht für feuchte Frauenträume. Der Gedanke entlockte ihm ein grimmiges Grinsen. Nein, auch er würde sich neu orientieren müssen. Er ahnte, dass sein Heil auf Duonalia lag, aber wusste nicht wie und wo.

Meo zog eins der Dona-Gewänder vom Bügel und schlüpfte hinein. Er nahm sein Handy und tippte Tervenarius' Kurzwahl, der sich sofort meldete. »Wo bist du, Terv?«

»Bin jetzt im Labor, Meo. Was ist los?«

»Alles Okay. Ich bin zu Hause. Ich komme runter.«

Er sprang die Treppen hinunter zum Labor.

Tervenarius saß im Jogginganzug vor einem der Rechner. Endlose Reihen chemischer Formeln bedeckten den Bildschirm. Meo hatte keine Ahnung von solchen Dingen, nahm aber an, dass Terv seine Forschungen weiter betrieb. Der Chef der Duocarns trug sein silbern-weißes Haar nun länger. Es floss bis an die Schulterblätter auf den Rücken. Er wandte den Kopf und lächelte Meo an.

Ich bewundere ihn für seine Ausgeglichenheit, dachte Meo. Die hat er sicher, weil er so stark liebt. Mercuran tut ihm gut.

Meo setzte sich auf einen der freien Labortische. »*Habe die Autoteile besorgt.*«

Tervenarius nickte. »*Ja super, vielen Dank. Gab es Probleme?*«

»*Nein, keine.*«

»*Gut!*« Terv wandte sich wieder seinem Bildschirm zu. »*Morgen wissen wir mehr.*« Er hob den Kopf und sah ihn an.

»*Ach so, entschuldige, ich habe dein Gewand nicht beachtet. Möchtest du nach Duonalia?*«

Meo nickte. »*Es tut mir leid, dass du jedes Mal Ulquiorra für mich rufen musst.*«

»*Meo*«, Tervenarius drehte sich nun ganz zu ihm. »*Halte dir bitte immer wieder vor Augen, was wir durch das Tor für eine unglaubliche Reise machen! Den Torwächter dafür zu rufen ist eine Kleinigkeit.*« Er legte die Hand auf seine Brust. Der Ring unter seinem Sweatshirt antwortete golden strahlend.

Einige Minuten später flirrte Ulquiorras vertrauter, großer Kreis im Labor, verdichtete sich und wurde klar. »*Wer ist dieses Mal der Passagier?*«, lächelte der Torwächter.

Ulquiorra öffnete die Anomalie in der Eingangshalle des Silentiums. »*Leider kenne ich den Weg zu deinem neuen Haus nicht.*«

Meodern schüttelte den Kopf. »*Das ist nicht schlimm. Ich komme auch so gut klar, Ulquiorra. Ich würde dich gern einladen, uns dort zu besuchen.*«

»*Uns?*«

Meo sah ihn erstaunt an. Er hatte angenommen, dass inzwischen jeder von ihm und Trianora wusste. Wie würde Ulquiorra reagieren? Gut, gleich würde er es wissen.

»*Ja, ich lebe dort mit Trianora. Ich dachte, das wüsstest du längst.*«

Ulquiorra starrte ihn entgeistert an. »*Wie blind bin ich gewesen?*«, stammelte er. »*Ich sah sie das letzte Mal bei meiner Wahl zum Marschall. Damals dachte ich noch, dass sie sich irgendwie verändert hat.*« Ein strahlendes Lächeln breitete sich auf seinem schmalen Gesicht aus. »*Es war also die Liebe. – Ich freue mich für euch!*« Er streckte ihm beide Hände entgegen.

Meodern nahm sie und zog Ulquiorra kurz an seine Brust. »*Ich danke dir!*« Der Mann war ihm ein wirklicher Freund geworden. »*Könntest du mich in zwei Tagen oder drei Zyklen zurückbringen?*« Er schnaufte. »*Diese Zeitangaben machen mich irre. Bin ich hier, weiß ich nicht mehr, wie die Zeit auf der Erde gemessen wird, und umgekehrt ist es genauso.«

Ulquiorra lachte. »Was soll ich sagen? Ich bin zwischendurch auch noch auf Sublimar, wo die Zeit fast stillsteht.«

Meo zwinkerte. »Vielleicht sollten wir auf Duonalia ebenfalls ein Handynetz aufbauen. Dann könnte ich dich anrufen.«

»Ihr Götter! Und uns damit die gleichen Probleme schaffen wie auf der Erde? Nein, besser nicht, Meo. Bis in zwei Tagen also.« Ulquiorra verschwand winkend in einem der unzähligen, weißen Gänge.

In Gedanken versunken, verließ Meo das Silentium, schritt die breiten Steinstufen hinab bis zum ersten Transportband. Nein, Errungenschaften wie das Handynetz zu übernehmen, wäre Wahnsinn. Aber vielleicht gab es Dinge auf der Erde, die dem duonalischen System nützen und nicht schaden würden.

Es war nicht weit bis zu seinem Stadthaus. Die milde Sonne strahlte in die weißen Straßenschluchten. Die Duonalier auf den Straßen grüßten ihn freundlich. Kinder rannten kreischend an ihm vorbei. Ja, Duonalia war wie Urlaub für ihn.

Er öffnete das zweiflügelige Tor zum Innenhof seines Hauses, der lichtdurchflutet vor ihm lag. Trianora hatte etliche Pflanzen in großen Kübeln in den Hof gestellt, denen er mit seiner Gabe gut zugesprochen hatte. Die Gewächse wucherten und reckten nun die duftenden Blüten der Sonne entgegen. Ohne nachzudenken trat er zu ihnen und stimulierte sie mit einer zarten Vibration, bemerkte Trianora erst, als sie hinter ihm stand.

Er drehte sich um und schloss die schöne Frau zärtlich in die Arme. »Liebst du mich noch?« Sie nickte, ihre silbernen Augen schimmerten feucht. «Was ist?« Etwas war mit ihr. Er streichelte ihr sanft über das Haar, bis hinunter zu ihren Lenden, umfasste ihren Po und fühlte sofort Erregung in sich aufsteigen. Drei Wochen waren eine lange Zeit für ihn. Sie würde ihm ihre Probleme danach erzählen müssen.

Ohne Anstrengung hob er sie auf seine Arme und lief langsam mit ihr ins Haus, blickte ihr aufmerksam ins Gesicht. Sie lächelte. Gut! Sanft legte er sie auf dem Bett ab und zog ihr das Gewand aus. Wo würde er dieses Mal beginnen? Er saß auf der Bettkante und betrachtete sie begehrlich. Ihre üppigen, großen Brüste, den verführerischen Schoß. Seine Erregung wuchs.

Trianora nahm seine Hände. Legte diese auf ihren weichen Bauch. Die Lippen halb geöffnet, blickte sie ihn durchdringend und irgendwie erwartungsvoll an. Er erstarrte. Alle lustvollen Gefühle erstarben augenblicklich.

»Nein«, stieß er hervor. Es war ihm unbedacht entwichen.

Trianoras Augen füllten sich mit Tränen.

»Trianora! Ihr Götter! Ein Kind? Ich bin nur so überrascht! Natürlich freue ich mich!« Ein Tränenstrom rann ihre Wangen hinab.

Er zog sie an seine Brust. Wiegte sie, froh, dass sie sein Gesicht nicht sehen konnte. Vater! Er wurde Vater! Ihm wurde heiß und kalt bei dem Gedanken! Panik stieg in ihm auf. Was kam da auf ihn zu? Er hatte über eine Veränderung seines Lebens nachgedacht – aber so etwas hatte er sicher nicht in Erwägung gezogen. Er streichelte Trianoras Haar. Jeder Duonalier wusste, dass die Schleier zwischen den Monden die Seelen der Verstorbenen beherbergten. Er war einige Male während seiner Vereinigungen mit Trianora dort gewesen. Wunderte es ihn, dass sie nun eine Seele geholt hatten? Nein. Aber er hatte befürchtet, dass es passieren würde. Und nun war es geschehen.

Trianora war vermutlich genau so verunsichert wie er. Er musste ihr unbedingt Halt geben – ihr helfen.

»Wir werden ein wunderschönes Kind haben, Trianora«, flüsterte er. »Ich freue mich auf einen kleinen Sohn.« Instinktiv wusste er, dass ein Junge zu ihnen gekommen war. Und er wusste, dass er nicht lange bei ihr im Haus verweilen würde.

Smu schlürfte seinen abendlichen Kakao. Der war ihm so verdammt heiß geraten. Vorsichtig tauchte er die Zungenspitze in die riesige Tasse und sog den duftenden Dampf ein. Nun ein behutsamer Schluck ...
Patallia stand aufgeregt in der Küchentür.
Smu setzte die Tasse ab. »Pat!«
Patallia schwenkte hektisch einen Zettel.
»Jetzt spuck's schon aus!«
»Bacanars! An der Bombe ist Bacanar DNA!«
»Was?« Smu stieß fast seine Tasse um. Kakao schwappte auf den Tisch. Patallia nickte heftig. »Aber wie kann das denn sein?« Er überlegte fieberhaft. Die einzigen Bacanars waren bei Chrom. »Ich fahre zu Chrom, Pat.«
»Jetzt noch?«
»Na klar! Der schläft doch sowieso so gut wie nie.«
Patallia strich sich aufgewühlt über die Glatze. »Ich mache zur Bestätigung einen weiteren Test an den anderen Bruchstücken, aber glaube nicht, dass sich etwas am Ergebnis verändert.«
Smu flitzte die Treppe hinauf, um sein Handy und seine Jacke zu holen. Die milden Sommerabende waren schnell vorbei gewesen. Er schnappte seine bestickte Lammfelljacke und galoppierte wieder die Stufen hinunter, rannte Mercuran fast über den Haufen. »Wir haben News! Lass es dir von Pat erzählen«, schnaufte er.

Er musste an dem großen, abweisend wirkenden, Eisentor des Tierheims klingeln. »Ich bin es, Smu!«, brüllte er in die Sprechanlage, drückte gegen das schwere Tor, das sich sofort öffnete.
Er hatte Adrian vergessen. Kaum war er einige Schritte gelaufen, sprang ihn der große Wolfshund aus der Dunkelheit an. »Himmel! Herrgott!« Die Wucht seines Sprungs warf

ihn um. Er landete auf seinem Hinterteil. »Adrian! Du Rüpel!« Der schlabberte ihm mit der Zunge übers Gesicht. Smu schob ihn angewidert von sich und rappelte sich hoch. »Los komm!«

Der Hund rannte den schwach beleuchteten Weg durch die Bäume bis zum ersten Gebäude vor ihm her – hielt an und wedelte. Da lehnte jemand an der Wand des Hauses. Smu lief langsamer. Ein kleiner Lichtschimmer blieb in den gelben Augen der großen Gestalt haften. Arinon. Arinons Augen in der Nacht. Der Mann lächelte. Arinons Reißzähne im Dunklen. Smu stand wie angewurzelt da und starrte ihn an. Der Abend auf dem westlichen Mond war auf einen Schlag wieder da. Wie an Schnüren gezogen lief Smu näher. Noch einen Schritt und noch einer. Weswegen war er hier? Es war ihm schlagartig entfallen. Der Quinari war nun zum Greifen nah. So nah!

»Ich weiß, dass auch du mich nicht vergessen kannst, Smu«, sagte er. Das war der Satz aus seinem Traum! Smu blickte auf Arinons Hände. Er trug keine Lederhandschuhe. Also war es kein Traum. Erleichtert stöhnte Smu auf.

Arinon legte die Hand auf seinen Arm. Sofort packte ihn das drängende Verlangen. Arinons Körper strahlte wieder diese Hitze aus. Unter keinen Umständen durfte er nochmals in diese verführerische Falle laufen!

»Ich habe dich auch vermisst, Arinon.« Niemals hätte er diesen Satz bei vollem Tageslicht gesagt. Der Quinari zog ihn näher. Ihre Körper berührten sich. »Es ist nur so, dass ...«, er wollte weiter sprechen, aber Arinon verschloss ihm den Mund mit seinen heißen, harten Lippen. Um Himmels willen! Durfte er den Kuss erwidern, oder war das schon wieder fremdgehen? Er versank in Arinons Mund. Warum schmeckte der immer so gut? Der Quinari umschlang seine Zunge und zog sie über die scharfen Zahnreihen, stimulierte ihn mit deren gefährlichen Spitzen. Smu schwanden die Sinne.

Er musste unbedingt an etwas denken. Warum war er zu Chrom gekommen? Die Bacanars! Er löste den Mund langsam und vorsichtig, blieb jedoch noch an Arinons Körper gepresst stehen.

»Ich habe damals meinem geliebten Partner sehr weh getan, Arinon. Du bist unglaublich reizvoll und erregend, aber ich werde Patallia nie wieder so verletzen. Verstehst du das?« Jetzt erst entfernte er sich behutsam von dem Mann.

Arinon seufzte aus tiefster Brust. »Ich dachte mir, dass du das sagen würdest.«

Eine schmale Gestalt näherte sich ihnen. Chrom! »Smu? Wo bleibst du denn? Ich warte schon die ganze Zeit auf dich!« Der Bacani musterte Arinon mit einem Seitenblick.

»Wir hatten nur kurz etwas zu besprechen, Chrom. Ich komme ja! Du wirst dich wundern, was ich für Neuigkeiten habe!«

Psal, Pan und Frran saßen in familiärer Runde vor dem Fernseher, als Smu mit Chrom ins Haus kam. »Ich möchte euch nicht stören«, meinte er.

»Tust du nicht, Smu.« Psal schaltete das Gerät aus und lächelte ihn freundlich an.

Smu konnte sich nicht länger zurückhalten: »Die Bacanars haben den Porsche auf dem Gewissen!« Stille folgte dieser Ansage – die Bacanis und Bacanars schauten ihn mit offenen Mündern an.

»Das kann ja wohl nicht sein!« Chrom fand als Erster die Sprache wieder. »Die Bacanars haben noch keinen Schritt aus der Station gemacht, und Frran und Pan haben bestimmt nichts damit zu tun.« Die beiden Bacanars nickten heftig.

»Ja aber ...«, Smu ließ sich auf einen der mit geblümtem Stoff überzogenen Sessel sinken. »Wieso haben wir dann diese DNA auf den Bombenfragmenten gefunden?«

Nur das Bellen der Hunde in den Zwingern war zu hören, während alle in dem gemütlichen Raum vor sich hin grübelten.

»Bar scheint noch mehr Bacanars gezeugt zu haben«, meinte Chrom bedächtig. »Welche, die Solutosan nicht befreit hat.«

»Natürlich«, sagten Psal und Frran aus einem Mund. Sie schauten sich an und Psal sprach weiter. »Bar hat zwei Söhne, Skar und Ptar.«

»Was?« Smu sprang aus dem Sessel. »Er hat Bacanar-Söhne?«

Psal nickte. »Als Solutosan die Bacanars abholen ließ, waren sie bestimmt halbwüchsig – Teenager.«

»Das heißt, jetzt sind sie erwachsen«, dachte Smu laut nach, »und eventuell hat einer von ihnen mit den Duocarns noch eine Rechnung offen.« Er drehte sich zu Chrom. »Ich muss herausfinden, wo die beiden Kerle stecken. Und dafür werde ich Bar einen Besuch abstatten.«

Chrom fletschte die Fangzähne. »Na dann – viel Spaß!«

Smu hatte auf dem Rückweg von Chroms Haus zu seinem Auto mit laut klopfendem Herzen in die Dunkelheit gespäht, aber keine Spur mehr von Arinon entdecken können. Der Quinari war eine echte Versuchung. Sein Schwanz wurde bereits steif, wenn er nur an ihn dachte.

Smu blieb kurz am BMW stehen, lehnte sich dagegen. Nachdenklich verschränkte er die Arme auf dem glatten, schwarzen Lack des Dachs und legte das Kinn auf den Handrücken. Und was war, wenn er sich Patallia ausmalte? Er stellte sich Pat nackt von hinten vor, rief sich dessen schlanken und wohlgeformten, weißen Leib in Erinnerung, die fließenden Bewegungen, den knackigen Po über den geraden Beinen. Sein Glied erregte sich wiederum. Aber es fiel ihm schwer, sich nur auf Pats Körper zu konzentrieren. Sofort kamen ihm sein sanftes Lächeln und seine tiefgründigen grau-violetten Augen in den Sinn. Ein warmes Gefühl strömte in seine Brust. Das ist die Liebe, dachte er. Arinon war lediglich knisternder, erotischer Reiz. Es war alles in Ordnung. Er war an der Seite des richtigen Partners. Mit dieser glücklichen Erkenntnis stieg Smu in das Auto.

Er durfte nicht einfach zu Bar fahren. Dazu hatte er keinen offiziellen Auftrag von Tervenarius. Es ging bei der Sache um eine Duocarns-Angelegenheit. Auch wenn ihm das im Moment nicht so recht passte. Am liebsten wäre er sofort der Fährte gefolgt!

Arinon blickte dem davonfahrenden Wagen aus seiner sicheren Deckung zwischen den Bäumen nach. Wie gern hätte er in Smus Gedanken geblickt, als dieser minutenlang neben seinem Fahrzeug stand. Er hatte wenig Hoffnung, dass Smu sich nochmals mit ihm einlassen, geschweige denn, Patallia verlassen würde.

Langsam ging er mit gesenktem Kopf in den kleinen Pferdestall, in dem Chrom das kranke Pferd isoliert hatte. Das Tier hob bei seinem Eintritt den Kopf und schnaubte leise. Beruhigend legte er ihm die Hand an den Hals. Das Pferd zitterte und leichte Schauer liefen ihm über den Leib. Der menschliche Tierarzt war mit seinem Wissen am Ende. Arinon hatte ihm einen Kräutersud mit seiner Quinari-Medizin verabreicht. Noch war keine Besserung eingetreten. Das Tier blickte ihn mit seinen großen, dunklen Augen vertrauensvoll an. »Das wird schon«, flüsterte er auf Occabellar. »Ich komme morgen wieder.«

Er ließ das Licht im Stall brennen und lief weiter zu dem kleinen Gästehaus neben der Unterbringung der Bacanars. Er wollte schlafen – würde versuchen, nicht an den Kuss zu denken.

Ein Schatten löste sich aus der Nische zwischen den beiden Häusern. Einer der Bacanars. Bisher hatten diese die Annahme seiner Hilfe verweigert. »Was willst du?«, fragte er, etwas unwirsch, auf Englisch.

Der Bacanar zitterte am ganzen Leib. »Glaubst du, dass du mir helfen kannst?«

»Ich weiß es nicht«, antwortete er. »Ich kann es nur versuchen.«
»Darf ich mit rein kommen?«
Arinon nickte. Der Bacanar folgte ihm in das karge Gästezimmer und setzte sich auf den einzigen Stuhl. Das Licht der Glühbirne in der Mitte des Raumes enthüllte das ganze Ausmaß seiner Krankheit. Der größte Teil seiner Haut, die nicht mit Pelz bewachsen war, hing in Fetzen von seinem Leib. Die darunter liegende, entzündete Fläche musste entsetzlich schmerzen.
»Bitte versuche es«, flüsterte der Bacanar bittend.
Arinon nickte, nahm einen Rest des Kräutersuds und sterile Pads, die Chrom ihm gegeben hatte. Vorsichtig betupfte er die offenen Stellen der Haut. Der Bacanar zuckte vor Schmerzen.
»Hast du ein Schmerzmittel von Patallia bekommen?«
»Ja.« Der Bacanar schaute verlegen zu Boden. »Vielmehr er wollte mich berühren, um es mir zu geben, aber ich habe seine Hand weggeschlagen.« Er schüttelte den Kopf. »Ich weiß, das war dumm.«
Arinon holte seinen Heiler-Sack und kramte ein metallenes, mit einem Korken verstöpseltes, Röhrchen hervor. »Streck deine Zunge heraus!« Er tröpfelte dem Bacanar zwei Tropfen auf die weiß belegte Zunge.
»Ich heiße Parr«, sagte der Bacanar. »Kommst du von dem gleichen Planeten wie die Bacanis?«
Arinon verstaute das Röhrchen wieder und schüttelte den Kopf. »Nein, mein Volk lebte auf einem Planeten namens Occabellar. Die Bacanis haben ihn verpestet und unsere Leute vernichtet. Es sind nur wenige übriggeblieben, die nun auf dem Planeten Duonalia Zuflucht gefunden haben.«
»Also bist auch du heimatlos.« Parr wurde langsam ruhiger, das Zittern ließ nach. »Die Medizin wirkt.«
»Das ist nur das Schmerzmittel«, antwortete Arinon bestimmt. »Ich werde jetzt auf eine Stelle einen Salbenverband anlegen. Wir müssen sehen, wie die Haut darauf reagiert.« Er suchte aus seinem Sack einen Lederbeutel und einen kleinen Holzspatel.

Parr beobachtete ihn genau. Geschickt bestrich er einen handgroßen Bereich am Unterarm des Bacanars dünn mit der stinkenden Emulsion aus dem Beutel, faltete ein steriles Pad auseinander und drückte es auf die Stelle. Mit einem Verband aus Chroms Beständen band er die Kompresse fest.

»Ich muss sparsam mit meiner Medizin sein, denn sie ist aus Pflanzen, die es nur auf Occabellar gibt.« Er überlegte einen Moment. Ob Nala wohl den Weg nach Occabellar zurückfinden würde? Wahrscheinlich schon, denn der Schiffscomputer hatte sicherlich den Weg aufgezeichnet. Aber Occabellar war für sehr lange Zeit vergiftet und verstrahlt. Es wäre sinnlos, darauf zu hoffen, dort noch einmal Pflanzen für Medikamente ernten zu können. Zumindest galt das für seine Lebensspanne.

»Ich danke dir! Wie heißt du?« Der Bacanar erhob sich.

»Arinon.«

»Danke, Arinon!« Parr verbeugte sich steif.

»Komm morgen Nacht wieder. Dann werde ich sehen, ob meine Behandlung geholfen hat.« Der Bacanar-Mann verschwand lautlos durch die Tür.

Arinon ließ sich auf den Stuhl fallen. Auch er war krank. Langsam kroch Wut in ihm hoch. Er war liebeskrank. Und er hasste es! Kurz entschlossen holte er das Röhrchen nochmals aus seinem Sack und träufelte sich drei Tropfen auf die Zunge. Er löschte das Licht und legte sich auf das Bett. Sobald er wieder auf Duonalia war, würde er auf den westlichen Mond fahren und die ganze Nacht dort bleiben. Er wollte andere Männer küssen und mit ihnen kopulieren, bis die Erinnerung an Smu verschwunden war.

Er zog die Lederhose über seine haarigen Beine und schlüpfte in die Stiefel. Nun noch die Handschuhe. Skar wählte schwarze, ungefütterte Lederhandschuhe, die ein Stück über die Handgelenke gingen, und zog sie sorgfältig über seine Klauen. Mit schief gelegtem Kopf musterte er sich im Spiegel. Das war akzeptabel. Das Irokesen-Haar, das bis zum Steiß reichte, ließ er regelmäßig ab dem Nacken entfernen. Verblieb es nur auf seinem Schädel, sah es richtig cool aus. Er hob den Arm und beugte ihn, straffte die Muskulatur. Das Bodybuilding zahlte sich aus. Er war zwar immer noch klein und schlank, hatte jedoch im Rahmen seiner Möglichkeiten seinen Körper aufgebaut.

Skar öffnete den flachen Schrank mit seinen Schlagwerkzeugen. Das waren seine persönlichen Instrumente. Sie hatten keine so mindere Qualität, wie die SM Werkzeuge im Club, die dort allen Gästen zur Verfügung standen. Er wählte eine Reitgerte mit Silbergriff. Darüber würde sich Alice garantiert freuen. Er grinste grimmig. Skar schloss den Schrank und angelte seine Lederjacke vom Haken. Die Vorliebe für Lederkleidung hatte er wahrscheinlich von seinem Vater geerbt, der als junger Mann ebenfalls in Leder herumgelaufen war. Heutzutage bevorzugte dieser Designer-Maßanzüge. Na ja, Bar hatte ja auch nicht sein Handicap!

Er tastete nach seinem verstümmelten Schwanz. Nur fünf Zentimeter hatte man ihm davon gelassen! Er bleckte die Zähne im Spiegel. Sie blitzten weiß und ebenmäßig. Auf seine Fangzähne hatte er gerne verzichtet, aber die Sache mit seinem Spiralschwanz empfand er als Kastration! Nein, er wollte jetzt nicht daran denken, sonst würde er Alice zu sehr malträtieren. Danach sah sie dann immer ekelhaft aus und er mochte sie nicht mehr ficken, bis sie wieder abgeheilt war.

Er zückte sein Handy und schaute auf die Uhr. Mitternacht. Das war eine gute Zeit. Alice wartete unten im Club an der Bar. Er hatte ihr befohlen, ab zweiundzwanzig Uhr den Dildo in ihre Pussy zu schieben. Er nahm noch einmal die Fernbedienung und drückte den Regler hoch. Skar grinste. Jetzt rotierte und vibrierte das Ding wieder in ihrem Körper. Sie war bestimmt schon klatschnass, bevor er überhaupt auftauchte – und er würde sie deswegen verhöhnen! Zufrieden schob er die Fernbedienung in die Jackentasche und verließ seine Wohnung.

»Ich halte es für keine gute Idee zu Bar zu gehen und ihn direkt zu fragen, Smu«, knurrte Tervenarius und tippte grübelnd die Daumen seiner verschränkten Hände aneinander. Er saß auf der massiven, braunen Ledercouch im Wohnzimmer. »Wenn du das machst, warnen wir die ganze Bande. Eventuell verziehen sich Skar und Ptar dann sogar. Du solltest auf anderem Weg herausfinden, wo die Kerle sich aufhalten.«

Smu nickte. »Bar hat fünf Mirrorclubs. Ich bin sicher, er hat seinen Söhnen zwei davon zur Verwaltung übergeben. Ich muss nur herauskriegen welche.« Er erhob sich von seinem Sessel. »Ich fange morgen früh sofort an zu recherchieren. Kann ich das als offiziellen Auftrag sehen?« Terv nickte. »Prima! Die Duocarns sind echt meine besten Auftraggeber.«

Smu grinste zu Patallia, der wenig glücklich aussah. Nein, dachte er, das kläre ich jetzt nicht vor Tervenarius. Er streckte Patallia die Hand hin und zog ihn aus seinem Sessel. »Komm, lass uns schlafen gehen.«

In ihrem Zimmer ließ Patallia dann auch nicht lange mit seiner Ansprache auf sich warten. »Möchtest du wirklich allein die ganzen Clubs abgrasen? Ich halte das für gefährlich. Wenn Ptar oder Skar die Bombe gelegt haben, sind sie keine harmlosen Gegner, sondern hatten ernste Tötungsabsichten, Smu!«

Er ließ sich neben Patallia aufs Bett sinken und legte den Arm um ihn. »Pat, es ist nicht das erste Mal, dass ich mit derartigen Gangstern zu tun habe. Dafür habe ich ja meinen Freund von der Firma Smith und Wesson.«

»Ich weiß, aber mir wäre lieber, einer der Duocarns würde dich begleiten.«

»Wer denn? Terv hat hier seine Arbeit. Xanmeran ist bei Solutosan. Meo ist auf Duonalia und dich will ich nicht mitnehmen.«

Patallia sah ihn besorgt an. »Obwohl es bestimmt gut wäre, ich käme mit.« Er stockte. »Ich sehe schon, meine Vorschläge stoßen auf taube Ohren. Tu mir wenigstens den Gefallen und ruf regelmäßig an.«

Smu warf seine Sneakers von sich, robbte über das Bett und streckte sich auf die ganze Länge aus. Er angelte seinen Plüschhasen Bill unter einem Kopfkissen hervor. »Patallia versteht uns nicht, Bill«, maulte er. »Er denkt, wir wären klein und unselbständig, und führt sich auf wie unser Daddy!«

Pat verdrehte die Augen, erhob sich und begann sich auszuziehen. Smu beobachtete ihn aufmerksam. Seine Haut war nur halb durchsichtig. Ein Zeichen, dass er nicht sonderlich aufgeregt war. Nun allerdings veränderte er sich langsam und wurde transparenter. Ein Warnzeichen. Smu schaute ihm fragend ins Gesicht.

»Was ich dich die ganze Zeit schon fragen wollte ...« Patallia holte einen Bademantel aus dem großen Schrank und zog ihn an. Hm, jetzt kam etwas Unangenehmes.

»Ja?« Er streckte die Hand nach Patallia aus, der sich zu ihm auf das Bett kniete.

»War Arinon *der* Quinari?«

Es war eigentlich klar gewesen, dass Pat irgendwann diese Frage stellen würde.

Er hatte nicht vor zu lügen. »Ja, Pat.«

Patallia schluckte. »Das dachte ich mir.« Er legte sich neben ihn, stützte den Kopf in die Hand und sah ihn prüfend an. »Er ist in dich verliebt, Smu.«

»Ach Pat«, er musste ihn unbedingt beschwichtigen. »Wer weiß denn schon so genau, was die Quinari denken oder fühlen?«

Smu sah ihn zärtlich lächelnd an. Patallia hatte instinktiv mit dem Herzen eines liebenden Mannes seinen Konkurrenten aufgespürt. Er zog Pat nah zu sich. Eine warme Woge breitete sich in seiner Brust aus. »Ich liebe dich, Patallia«, gestand er leise. »Und ich habe aus meinem Fehler gelernt. Also vertrau mir bitte, okay?«

Er würde die nächsten Tage unterwegs sein. Nun hatte er ja den offiziellen Auftrag, die Bombenleger ausfindig zu machen. Soweit er wusste, hatte Bar seine Clubs in Vancouver, Surrey, Seattle, Portland und Tacoma. Besuche in Swingerclubs entsprachen wahrlich in keiner Weise seinen persönlichen Vorlieben. Er würde sich nun bei Pat das seelische Rüstzeug holen, um das alles zu überstehen.

Smu kuschelte sich an Patallia, küsste ihn zärtlich und streichelte ihm die Sorgenfalten von der Stirn. Er mochte es, dass Patallia so gegensätzlich zu ihm war. Seine Ruhe, Besonnenheit und Ausgeglichenheit taten ihm gut. Er fand Patallia in keiner Weise langweilig, da diese Gelassenheit mit dem Selbstbewusstsein und der Kraft der Unsterblichen gepaart war.

Andächtig öffnete er Pats Bademantel und zog ihn über seine durchsichtigen Schultern. Smu wurde nie müde ihn zu betrachten und zu berühren. Die Organe von weiß, über rosa zu rot zu violett, hellblau bis hin zu einem tief dunkelblauen Schwarz, pulsierten unter Pats glatter Haut. Sein Schatz war fürwahr ein absolutes Einzelstück.

»Mich wundert immer wieder, dass du mich nicht abstoßend findest.« Patallia umkreiste mit den Fingern unter dem Shirt seine Brustwarzen.

»Warum sollte ich? Du hast dein bizarres Innenleben ja in eine attraktive, männliche Form gepackt.«

Er richtete sich auf und zog das Shirt aus. Jeans, Slip und Socken ließ er prompt folgen. Ohne störende Textilien konnte er mit Pat Haut an Haut liegen. Er hatte einen Außerirdischen im Bett. Wer hatte das schon?

Er küsste Patallia tief, liebkoste ihn mit seiner gespaltenen Zunge, neckte und reizte ihn. Genießerisch glitt er Pats haarlosen Leib hinab, zog mit der Zunge eine nasse Spur auf der seidigen, glatten Haut. Pats schweres Atmen ging in ein leises Stöhnen über. Die Welt um ihn herum versank. Gierig übersäte er das harte Glied seines Geliebten mit zarten Bissen, massierte seine Hoden. Er war in der Stimmung, Patallia bis zum Wahnsinn zu reizen und richtig fertigzumachen.

Augenblicklich begann Smu sein virtuoses Spiel – setzte Mund, Zunge, Zähne und Hände ein. Sein Knabbern, Lecken und Saugen, zusammen mit den rhythmischen Bewegungen ließen Pat immer lauter werden. Er spielte mit Hingabe mit dessen Seufzen und Stöhnen. Mit erregtem Entzücken spürte er seinen Geliebten zittern und beben, bis sich dessen Körper straffte und durchbog. Auf diesen finalen Erguss hatte er hingewirkt. Patallias heißer Saft floss über seine Lippen und Hände. Er badete in seiner Belohnung, fühlte, wie er selbst verströmte, ohne sich berührt zu haben. Wie kann das sein?, dachte er benommen, als der Orgasmus seinen Schädel fast explodieren ließ.

Den Kopf noch in Patallias Schoß kam er langsam zu sich. Wieso schmeckte er Kakao? Er leckte testweise etwas von Patallias Ejakulat von seiner Hand. Kakao! Er glitt an Pats Körper hoch. »Was hast du gemacht?« Patallia lächelte mit geschlossenen Augen. »Sieh mich an, Pat! Was hast du mit deinem Sperma angestellt?«

Pat öffnete die Augen, den grau-violetten Blick noch etwas bewölkt. »Ich dachte, du magst heiße Schokolade. Das ist natürlich kein echter Kakao, sondern nur das Aroma, aber ...«

Smu entwich ein begeistertes Quieken. Er riss Patallia in seine Arme und drückte ihn mit aller Kraft. »Das war so toll!« Er presste ihn so fest, dass er Pat pfeifend die Luft aus dem Brustkorb quetschte. »Jetzt werde ich nie wieder Kakao trinken können, ohne an dich zu denken, Pat!«

»Du meinst, du denkst dann an den von dir tot gedrückten Patallia?« Pat befreite sich aus seiner Umklammerung und sie lachten sich liebevoll an. Ja, Smu war da, wo er hingehörte.

Solutosan hatte am Abend ein Feuer im offenen Kamin der Residenz angezündet. Marina, die sich längst wieder beruhigt hatte, schlief friedlich. Er saß mit Vena und Xanmeran, die Beine lang ausgestreckt, im Wohnraum und starrte in die flackernden Flammen. Er hatte Xanmeran die ganze Geschichte mit seinem Vater erzählt – von Anfang an.

Xan stützte den blanken, roten Schädel in seine Hand. »Kümmert sich Pallasidus um Marina?«

Vena sah zu ihm und zögerte zu antworten. »Ja, das tut er.« Solutosan hob den Kopf. Das war ihm neu.

»Ich habe es dir nicht gesagt, Solutosan. Ich dachte, es ist dir vielleicht nicht so recht, aber er kommt immer wieder einmal her, sieht nach Marina und spielt sogar mit ihr.« Sie kniff die Lippen zusammen. »Ich denke, es ist sein Vorrecht als Großvater.«

Er sah sie nur schweigend an. Was sollte er jetzt dazu sagen? Sie hatte ja bereits entschieden. Er wusste, dass Pallasidus der Kleinen nie etwas antun würde.

»Und? Mag Marina ihn?«, fragte Xan weiter.

Vena nickte. »Ich denke schon. Sie lacht immer, wenn sie ihn sieht. Manchmal habe ich das Gefühl, dass die beiden eine Verbindung haben, die ich nicht verstehe.«

Das war gut möglich, dachte er. Es gab sicherlich Gründe, warum Pallasidus darauf gedrängt hatte, einen Enkel zu bekommen. Hatte er nicht damals etwas vom Schicksal des Kindes gesagt? Solutosan stützte den Kopf in die Hände. Es war müßig seinen Vater gezielt zu fragen. Der sprach ununterbrochen in Rätseln. Er hatte das Rätselraten so satt!

Solutosan rückte seinen Korbsessel neben die Squali-Öffnung und ließ seine Hand ins Wasser sinken, um Sanas glatten Kopf zu streicheln. Er sollte wieder mit seinen Squalis schwimmen. Am besten mit Vena und Marina zusammen.

Er sah zu Vena. »Was hältst du davon, wenn wir einen Ausflug zu den Riffs machen? Wir nehmen alle Squalis mit. Marina wird sicher auch mordsmäßigen Spaß daran haben. Morgen?«

Vena nickte und strahlte. Er blickte sie nachdenklich an. Er war wieder in sein altes Schema verfallen. Der gleiche Zustand wie bei Aiden. Er hatte keine Lust mehr mit Vena zu kopulieren. Glücklicherweise drängelte Vena nicht so wie Aiden. Sie wartete einfach geduldig.

Auf der Erde gab es Sexualtherapeuten. Einen Moment überlegte er, sich zu so einem zu begeben. Wem konnte er sich anvertrauen? Welcher seiner Freunde würde ihn verstehen? Warum hatte er keine Lust? Er sah zu Vena. Sie war wunderschön mit ihren glänzenden, grünen Schuppen und den riesigen Augen. Sie war sensibel und hatte ein angenehmes Wesen – aber sie reizte ihn nicht mehr.

Vena erhob sich und holte ihre kleine Harfe. Die leise gezupften Klänge standen kurz im Raum und zerplatzten dann wie bunte Seifenblasen. Sana, Marlon und Tan hatten ihre Köpfe an den Rand ihrer Öffnung gelegt und hörten ihr mit geschlossenen Augen zu. Warum sollte er diesen Frieden mit weiteren problematischen Gedanken stören? Kaum hatte er das gedacht, stand Pallasidus vor dem Kaminfeuer.

»Guten Abend, Vater.«

Pallasidus nickte und wehte zu ihm, das filigrane Gewand durchscheinend, so dass Solutosan die Umrisse seines starken Körpers sah. Sein Vater beachtete Vena und Xanmeran nicht. »Warum hast du Gregan zurückgeschickt?«

»Er war meiner Sache nicht dienlich.« Er wollte ihm nichts von Gregans Annäherung an Marina sagen. Er konnte seine Dinge selbst klären.

»Ich habe dir Ersatz mitgebracht. Deinen Halbbruder Troyan. Er besitzt keine deiner Kräfte, wird dir aber gewiss von Nutzen sein.«

Pallasidus streckte die Hand zur Tür, die sich von alleine öffnete. Ein Mann von so blendender Schönheit trat ein, dass Solutosan einen Moment den Atem anhielt. Er war eindeutig mit Pallasidus verwandt, besaß dessen athletischen, starken Leib, allerdings gepaart mit der silbernen Schuppenhaut der Auraner. Langes dunkelgrünes Haar umrahmte sein edles Gesicht. Die Sterne in seinen schwarzen Augen blitzten, als er näher kam und sich höflich vor Solutosan verbeugte.

Solutosan unterdrückte einen Seufzer. Er hatte in Xanmeran genügend Unterstützung. Sollte er jetzt dem Mann vor den Kopf schlagen, indem er ihn sofort wieder fortschickte? Nein! Wahrscheinlich hatte dieser nicht um den Dienst bei ihm gebeten. Also würde er versuchen, Troyan als Sekretär einzusetzen, wenn er in den Tempel ging. Außerdem konnte dieser sicherlich in der Stadt der Fischwesen nützlich sein.

»*Willkommen, Troyan*«, begrüßte er den Auraner. »*Ich habe in Kürze die erste Aufgabe für dich. Du wirst mich in den Tempel begleiten und die mir vorgetragenen Fälle zu Protokoll bringen und helfen sie zu klären. Du kannst doch schreiben?*«

»*Natürlich, sehr wohl.*« Troyan verbeugte sich wieder.

»*Gut, dann darfst du jetzt gehen.*«

Vena hatte sich erhoben. »*Am besten bewohnst du Gregans altes Zimmer. Komm, ich zeige es dir.*« Sie lächelte Troyan an und begleitete ihn hinaus.

Solutosan wandte sich an seinen Vater, der war jedoch längst verschwunden. Er grunzte. »*Da siehst du es, Xan. So ist es immer. Er bestimmt einfach irgendetwas und verschwindet dann. Immerhin scheint Troyan eine gute Erziehung zu haben. Aber, warum zum Vraan, muss er mir so einen Adonis schicken?*«

Smu fuhr mit dem BMW Coupé M6 vorm Marriott Hotel vor, das er von Surrey aus gebucht hatte, stieg aus, und gab dem Boy ein Trinkgeld, der den Wagen übernahm.

Den Club in Vancouver hatte er nicht prüfen müssen. Der war nach wie vor in Bars Hand. In Surrey hatte er eine faule Kirsche in seinem Drink bemäkelt und den Geschäftsführer gefordert. Eine etwas nuttige Rothaarige hatte ihn daraufhin beschwichtigt und ihm ein anderes Getränk gebracht. Er hatte sie im Nachhinein als Geschäftsführerin des Clubs, Rosi Laurence, identifiziert.

In Seattle hatte er den gleichen Film abgezogen. Grinsend war ein Bacani an seinen Tisch getreten, der ihm lediglich zugezischt hatte er solle sich verpissen. Der ‚freundliche Wirt' war garantiert einer der Stammväter, wahrscheinlich Krran. Bar hatte Krran anscheinend Papiere eines Wesley Trum besorgt, denn auf diesen Namen waren Club und Geschäftsführer gemeldet. Also blieben noch Tacoma und Portland. Sein Gefühl hatte ihn zuerst nach Portland geführt, obwohl es am weitesten von Vancouver entfernt war.

Smu schlenderte zum Empfangstresen des Hotels und nahm seine Zimmerkarte in Empfang. Er hatte Patallia, wie versprochen, jeden Tag brav angerufen und bestellte sich, in Erinnerung an ihr letztes Erlebnis, einen Kakao mit Schlagsahne auf sein Zimmer.

Er schlief ein und wachte etwas verwirrt auf. Ach ja, er war in Portland. Ein Blick auf sein Handy zeigte ihm, dass es Zeit wurde, in den Club aufzubrechen. Schwarzes Leder war bei solchen Gelegenheiten immer gut. Also schlüpfte er in seine Lederhose, zog ein weißes, körperbetonendes Muskel-Shirt an und die Lederjacke darüber. Die störrische, blonde Mähne bändigte er in einem Zopf.

Der Boy fuhr den BMW vor und in kurzer Zeit stand er vor dem Mirrorclub. Es war schon beeindruckend, was Bar da aus dem Boden gestampft hatte! Der Club, von außen unscheinbar, vermittelte dennoch den Eindruck von Luxus durch sein dezent verspiegeltes Schild und seine teure Kupfertür.

Er klingelte und wurde sofort durch eine Kamera bespäht. Die Tür öffnete sich und – das Mädel kannte er doch! Alice aus Vancouver. Die kleine Blondine lächelte ihn an und brauchte einen winzigen Moment, um ihn zu erkennen.

»Oh!«, sagte sie nur.

»Hallo Alice!« Er beugte sich zu ihr hinunter und hauchte ihr einen Kuss auf die Wange.

Alice errötete, blickte jedoch sofort voller Panik um sich und flüsterte hektisch: »Die Situation hat sich verändert. Ich habe jetzt einen Freund. Der ist Geschäftsführer hier. Bitte nicht anmerken lassen, dass du mich kennst. Er ist sehr eifersüchtig.«

»In Ordnung«, nickte er und marschierte in den Club. So-so, na dann würde es ja ein Leichtes sein herauszufinden, wer den Laden leitete. Er brauchte nur auf Alice zu achten.

Bei einem Muskelprotz mit Glatze durchlief er den üblichen Waffencheck und bezahlte den horrenden Preis für einzelne, männliche Besucher.

Er stellte sich an die Bar zwischen die leicht bekleideten Gäste. So viel dralle Weiblichkeit! Und auch noch so dekorativ verpackt! Er schluckte trocken und steckte die Nase in seinen alkoholfreien Cocktail.

Dann sah er ihn. Er kam aus einer kleinen Seitentür, ganz in Leder. Der Irokesen-Schnitt verriet ihn auf den ersten Blick. Ein Bacanar! Alice lief sofort zu ihm und fiel vor ihm auf die Knie. Aha! Er hatte sie auf die Sadomaso-Schiene getrimmt.

Stolz blickte der Mann um sich, fing seinen Blick auf und runzelte flüchtig die Stirn. Er zog Alice hoch und verschwand mit ihr in einem den hinteren Zimmer. Smu nahm noch kurz wahr, dass er den Muskelprotz heranwinkte, der ihm sofort nachkam.

Das war interessant! Da er nicht annahm, dass ihm zwischen den Gästen etwas passieren konnte, folgte er dem Pärchen ebenfalls durch den schmalen Gang. Er sah den Bacanar mit dem Dicken sprechen. Der nickte, ging zurück, und presste sich mit vielsagendem Blick an ihm vorbei.

Natürlich hatte der Bacanar, entweder Skar oder Ptar, den SM-Raum gewählt. Er war dabei, Alice an den Handgelenken an einem Holzbalken festzubinden, als Smu das verspiegelte Kabinett betrat. Wollte er wissen, was der Bacanar mit Alice machte? Eigentlich nicht. Aber er musste eine Kunstpause abwarten, um ihn anzusprechen. Also lehnte er sich an die Wand neben einem anderen Kerl, dem fast die Augen aus den Höhlen traten, und der bereits die Hand am Schritt hielt.

Smu bemühte sich ein Pokerface aufzusetzen und betrachtete den Bacanar in seiner Lederhose und dazu passender Lederweste genau. Das Haar hatte er am Rücken entfernen lassen. Er schien auch keine Fangzähne zu haben. Die Lederhandschuhe ließen allerdings Klauen vermuten. Die Hose saß recht eng. Wo war sein Spiralschwanz? Smu spähte, konnte aber nichts entdecken. Sehr eigentümlich. Die Spiralschwänze der Bacanars waren ja ziemlich dick und fast zwei Meter lang. Er schien keinen zu besitzen. Ein seltsamer Vogel, dachte Smu.

Der Bacanar hatte Alice inzwischen geknebelt, die üppigen Brüste mit Seilen abgebunden und die Brustwarzen mit gefährlich aussehenden Klemmen versehen, was ihr scheinbar gut gefiel. Der Kerl grinste und suchte einen passenden Buttplug für Alice aus, hielt sämtliche Größen demonstrativ hoch. Er entschied sich für ein – Smu schluckte – recht voluminöses Exemplar. Routiniert bewegte er den Holzbalken mit einer Fernbedienung nach unten, so dass die gefesselte Alice ihm folgen musste und tief gebückt vor ihrem Meister stand. Verdammt praktisch, dachte Smu noch, als der Bacanar der stöhnenden Frau den Monster-Plug einführte. Na ja, in dieser Beziehung war er selbst ja auch kein Häschen, überlegte er. Was ihn viel mehr interessierte, war, wie er an den Mann herankam. Der Wichser neben ihm ächzte. Es war ihm offensichtlich völlig gleichgültig, dass man sah, was er mit sich tat.

Smu verdrehte genervt die Augen. Das weitere Vorgehen des Bacanars stimulierte ihn in keiner Weise. Im Gegenteil. Sein Magen machte sich unruhig bemerkbar.

Der Bacanar hatte Alices Scheide mit vielen scharfzahnigen Krokodilklemmen zugeklammert und drosch mit der Peitsche ihren Po blutig. Das allein wäre für ihn ja noch einigermaßen erträglich gewesen, aber er nahm nach dem heftigen Spanking lediglich triumphierend eine Klemme ab und presste sein Glied in die winzige Öffnung. Alice schrie! Der Schrei kam nur dumpf durch den Knebel. Smu blickte zu Boden, konzentrierte sich auf seinen Magen. Beruhige dich, sagte er zu sich. Sie will das ja so.

Der wichsende Kerl neben ihm war fertig, drehte sich um und verschwand. Am liebsten wäre er dem Mann gefolgt. Aber nein, er wollte mit dem Bacanar sprechen. Sie waren allein in dem Raum und ewig würde er ja wohl nicht mit Alice ...

Smu schaute sich interessiert die Schlagwerkzeuge an.

Ein brüllendes Stöhnen kündigte das Ende der Vorstellung an. Smu hängte die Peitsche weg, die er lange betrachtet hatte. Der Bacanar hatte Alice losgebunden, die ihm nun auf Knien demütig dankte. Der Kerl grinste ihn voller Hochmut an.

Smu näherte sich ihm blitzschnell. »Ja, hat bestimmt Spaß gemacht«, raunte er. »Genau so viel Spaß wie meinen Porsche hochzujagen.« Die kniende Alice zuckte zusammen, als hätte er ihr ins Gesicht getreten.

Der Bacanar wandte sich ihm mit zusammengekniffenen Augen zu. »Soso, ein Schnüffler. Du kannst Solutosan bestellen, dass ich beim nächsten Mal seine ganze Festung in die Luft jage!«

»Warum?« Smu wich zurück, denn die Hasswoge, die von dem Bacanar ausging, warf ihn fast körperlich um.

Der zog sich die Hose hinten ein Stück herunter, so dass er den Blick auf einen Stummel freigab, der einmal sein Spiralschwanz gewesen sein musste. »Das hier habe ich den Duocarns zu verdanken. Für nichts und wieder nichts!« Verblüfft versuchte Smu diese Aussage zu verstehen. »Amputiert für den Bax-Verkauf, der von den Duocarns zerschlagen wurde. Für nichts!«, brüllte der Bacanar nun.

»Bitte Skar, nicht so laut!«, flehte Alice.

»In meinem eigenen Club brülle ich so laut, wie ich will«, schrie Skar. »Geh, du Arschloch! Und lass dich hier nie wieder blicken!«

Der Muskelprotz stand unvermittelt hinter Smu. Von diesem Moment an ging alles unglaublich schnell. Der Mann zerrte ihn aus einer Seitentür des Clubs. Er hatte keine Chance so rasch zu reagieren. In der Straße vor der Tür blitzte das Messer des Kerls kurz auf. Ein schneidender Schmerz durchfuhr seinen Unterleib. Smu sackte in die Knie. Der Muskelprotz trat ihm heftig gegen den Kopf. Er schlug auf dem Pflaster auf. Dann war der Angreifer fort und die Straße war still und dunkel. Jemand röchelte. Das war er selbst. Er würde verbluten! Er tastete nach seiner Jackentasche. Jede Bewegung schmerzte. Hatte er das Messer noch im Bauch? Er wusste es nicht. Patallias Kurzwahl war die Eins. Mit letzter Kraft drückte er die Taste. Patallia meldete sich sofort. »Club Portland, Hilfe!«, röchelte er – dann war alles schwarz.

Es hatte Trianora gekränkt, aber Meo war regelrecht aus Duonalia geflüchtet und hatte Ulquiorra vor der Zeit gebeten, ihn zurückzubringen. Er musste dringend nachdenken.

Es war Nacht, als er in Seafair ankam. Meo dankte Ulquiorra und lief mit schleppenden Schritten in sein Zimmer, um das Gewand loszuwerden. Mit schwarzer Jeans, Pulli und in Turnschuhen ging er hinunter in die Küche. Ihm war schlecht. Er musste seinen Magen beruhigen. Im Kühlschrank waren sogar noch Milchriegel. Die vertrug er. Außerdem hatte er gelesen, dass Zucker gut für das Ego wäre. Also aß er erst einmal zwei süße Riegel. Die halfen nicht wirklich. Er schenkte sich ein großes Glas Kefir ein und setzte sich an den Küchentisch. Was für ein trauriges Armutszeugnis! Er hatte sich verhalten wie der letzte Flusch! Aber Trianoras Offenbarung hatte seine sämtlichen Fluchtreflexe aktiviert.

Er klammerte sich an sein Glas und überlegte einen Schluck zu trinken, als Patallia zur Tür hineinschlich.

Er sah übermüdet aus. »*Ach Meo, du bist ja hier! Ich dachte, du wärst auf Duonalia.*«

»Ja, dachte ich auch«, knirschte er. »*Kannst du nicht schlafen?*«

»*Nein, Smu ist unterwegs. Ich kriege kein Auge zu. Dieses Mal habe ich richtig Angst um ihn. Er versucht die Bombenleger zu finden und klappert Bars Clubs ab.*«

»*Ist das nicht ein bisschen gefährlich alleine?*«

»*Meo! Das habe ich ihm auch gesagt, aber er hat nicht auf mich gehört!*« Er zog sein Handy aus seiner Bademanteltasche und schaute auf das Display. »*Ich hatte gehofft, er würde sich melden, aber ... - Ah, da ist er ja!*« Patallia nahm den Anruf an und wurde schlagartig durchsichtig. »*Meo! Er ist in Portland! Er braucht Hilfe! Bitte hol ihn! Du bist am schnellsten!*«

Meo sprang auf. »Wo ist der Club in Portland? Zeig es mir!« Er eilte mit Patallia die Treppe zum Computerraum hinunter und ließ sich die Karte von Portland anzeigen. Patallia deutete auf den Club.

Meo sah an sich hinab. Bei dieser Entfernung waren seine Kleider eventuell hinüber. Egal. Er rannte durch die Garage ins Freie und gab seinen Vibrationen freien Lauf. Innerhalb kürzester Zeit stand er in Portland vor dem Club. Das Haus war dunkel. Es schien niemand dort zu sein. Schlotternd vor Kälte, folgte er seinem Instinkt und umrundete das Gebäude.

Smu lag in einer kleinen Sackgasse hinter dem Club in einer Blutlache. Sofort tastete Meo mit bebender Hand zum Hals, um seinen Puls zu finden. Er lebte. Patallia! Meo riss sein Handy aus der Tasche. »Pat?« Er versuchte, sein klapperndes Gebiss zur Ruhe zu zwingen. »Ich habe ihn gefunden. Er ist verletzt!«

In diesem Moment setzte ein Lieferwagen rückwärts in die kleine Straße. Blitzschnell drückte Meo sich in den Schatten neben einen Müllcontainer. Ein stämmiger Kerl stieg aus dem Wagen, öffnete die hinteren Ladetüren und beugte sich über Smu. Er wollte ihn packen und offensichtlich abtransportieren.

Wie ein Raubtier sprang Meo den Mann mit einem wütenden Satz an und köpfte ihn im Bruchteil einer Sekunde mit den Händen. Ungerührt warf er den Torso und den Kopf in den Lieferwagen und hob Smu vorsichtig auf. Jetzt sah er, dass das Blut aus der Bauchgegend kam. Er setzte Smu behutsam auf den Beifahrersitz des Wagens und stieg selbst ein. Patallia war noch am Handy.

»Pat? Er hat scheinbar eine Bauchverletzung. Ich fahre sofort los.« Er schaute auf die Tankanzeige. Voll! Er hatte Glück! Seine eigenen Sorgen waren vergessen. Er musste Smus Leben retten! Glücklicherweise war es Nacht und er konnte schnell fahren. Mit einer Hand presste er nach Patallias Anweisung eine sterile Mullbinde aus dem Verbandskasten auf Smus Bauchwunde und betete, dass er bis Vancouver durchhalten möge.

Jake rasierte sich, schabte langsam und nachdenklich mit der Klinge den Seifenschaum vom Gesicht. Er war unzufrieden, kniff im Spiegel die Augen zusammen. Er hatte von fünf Mordfällen nur einen in den letzten Wochen aufklären können. Das war schlecht! Und die blöde Sache mit dem Porsche hing weiterhin in der Luft. Die Nachforschungen hatten kein Resultat ergeben. Vielleicht sollte er noch einmal in der näheren Umgebung der Explosion nachfragen. Es konnte doch nicht sein, dass die Leute außer dem Detonationsschlag nichts gehört hatten!

Er wusch sich den restlichen Seifenschaum vom Gesicht und grinste sich aufmunternd zu. Der Tatort war ja nicht weit entfernt. Er würde erneut schnüffeln gehen.

Die zwei kleinen Shops in der Straße der Explosion hatten beide geöffnet. In dem Doughnuts-Laden war er bereits gewesen und hatte nachgeforscht, aber in dem geschlossenen Drugstore hatte er nicht fragen können. Das würde er nun nachholen.

Jake betrat den kleinen, mit Waren vollgestopften, Laden und schaute sich um. Eine dürre, dunkelhaarige Verkäuferin blickte hoch, sah ihn, benetzte die Lippen schnell mit der Zunge und fuhr sich mit der Hand durchs Haar. Diese Reaktion kannte er zu Genüge. Er lächelte sie an, worauf ihr Gesicht prompt puterrot anlief.

Er wies sich aus, aber ihre anhimmelnde Miene veränderte sich nicht. »Haben Sie an dem Tag der Explosion nichts gesehen? Denken Sie doch mal scharf nach! Erinnern Sie sich? Das Ganze muss so um die Mittagszeit geschehen sein. Wo sind Sie denn mittags? Machen Sie eine Pause?«

Die Dunkelhaarige überlegte. Ihre Finger spielten dabei mit dem vor ihr liegenden Zeitungsstapel. Ihr Gesicht erhellte sich. »Jetzt weiß ich es wieder! Na klar war an dem Tag etwas los! Ich habe sie in der Mittagspause gesehen und dachte noch: Warum machen die das Fotoshooting hier vor dem blöden Hintergrund?«

»Was haben Sie beobachtet? Was für ein Shooting?«

Die Verkäuferin nickte heftig. »Ja, da waren zwei Fotografen, die eine halbnackte Blondine fotografiert haben. Ich kann ihnen sagen – alle haben sie geglotzt! Aber nach zehn Minuten war es vorbei, und sie sind in ein Auto gestiegen und weggefahren.«

Endlich eine Spur! Jake zog seinen Schreibblock aus der Jacke und machte sich Notizen. »Wissen Sie noch, was das für ein Wagen war? Wie haben die Männer und die Frau genau ausgesehen?«

Das Mädchen war nun Feuer und Flamme. »Das war ein grüner Audi. Mit USA Nummernschild.« Sie überlegte. »Ach ja und einer der Männer hatte einen Irokesen-Schnitt. Sie wissen schon, wie ein Punk oder so. Und er war klein und schlank. Der Fotograf war so ein Dicker.« Sie zögerte. »Das Mädchen hatte blonde, halblange Haare und einen sexy Körper. Ich glaube, ihr großer Busen war sogar echt!«

Jake schrieb eifrig mit. Na das waren doch mal Infos! Er strahlte die Verkäuferin an, was sie sofort wieder erröten ließ. »Sie waren eine wirkliche Hilfe, Miss ...«

»Miller«, hauchte sie.

»Ja, Miss Miller. Sie haben eine sehr gute Beobachtungsgabe«, lobte er.

Mit hochrotem Kopf kritzelte sie etwas auf den Rand einer Zeitung, riss ihn ab und reichte ihn ihm. »Ähm, falls Sie mich noch mehr fragen wollen. Hier ist meine Nummer«, flüsterte sie.

»Ja, vielen Dank«, sagte er betont laut, denn nun waren Kunden in dem Laden. »Auf Wiedersehen!«

Jake verließ zufrieden den Drugstore und klemmte die Telefonnummer des Mädchens zwischen seine Notizen. Die Bombenleger hatten offensichtlich ein Ablenkungsmanöver gestartet, um die Bombe in Ruhe befestigen zu können! Es konnte ohne weiteres sein, dass David Martinal dieses Shooting ebenfalls aufgefallen war. Jetzt hatte er wieder einige Fragen an den Mann – und einen Grund nach Seafair zu fahren, was er bei der nächsten Gelegenheit tun würde.

Es waren die längsten Stunden seines Lebens! Patallia lief im Wohnzimmer in Seafair auf und ab. Er hatte in seinem Labor bereits alles für eine Notoperation vorbereitet und Smus Blutgruppe Null hergestellt. Bauchwunde – das konnte vieles heißen. Er rang die Hände.

Mercuran kam durch die Garage und sah ihn.

»Ach hallo, Pat!« Er streifte seine Jacke ab. »Ich glaube, ich werde die Wohnung doch bald auflösen. Die Fahrerei um die Fische zu versorgen ist mir lästig.« Er stutzte. »Ist etwas los?«

»Smu ist verletzt, Mercuran. Meo holt ihn gerade aus Portland!«

»Wie ist das passiert? Hast du Tervenarius geweckt?«

»Er hat in Bars Club in Portland einen Messerstich gefangen, und nein, ich habe Terv nicht geweckt. Er kann mir im Moment sowieso nicht helfen.« Er lief nervös hin und her. »Ihr Götter, warum dauert das so lange?«

Mercuran musterte ihn durchdringend. »Hör zu, du darfst jetzt nicht die Nerven verlieren! Es ist sicherlich wichtig, dass du eine ruhige Hand hast. Vielleicht ist es ja auch nicht so schlimm.«

Pat hörte das Garagentor und rannte los. Meodern fuhr mit einem Lieferwagen in die Garage und schloss sie hinter sich. Patallia riss die Beifahrertür auf und schob die faltbare Bahre neben das Fahrzeug.

»Lass mich das machen, Pat!« Meo stand blitzschnell neben ihm, hob Smu ohne Anstrengung aus dem Wagen und legte ihn auf die Trage. Gemeinsam trugen sie ihn ins Labor.

»Ich mache den Rest, Meo. Bitte kümmere dich um sein Auto und um das Hotel. Verwische die Spuren.« Er machte Meodern die Labortür vor der Nase zu, zog seinen Kittel an und sterilisierte sich die Hände.

Augenblicklich wich seine Nervosität. Er würde Smu retten! Liebevoll betrachtete er dessen bleiches Gesicht. Nein, es war für ihn noch nicht an der Zeit zu sterben! Er würde sterben – aber erst viel später.

Zügig schnitt Patallia ihm mit einer Schere die Lederhose auf und untersuchte die Wunde. Er legte seine Hände darauf und verschmolz mit Smus Körper. Der Darm war verletzt. Er würde operieren müssen. Versiert trennte Pat ihm auch die restliche Kleidung vom Leib und ließ sie in einen Müllsack fallen. Smu brauchte eine Bluttransfusion. Er tastete vorsichtig Smus Kopf ab. Schädeltrauma, aber keine Gehirnblutung. Ja, er konnte Smu retten. Patallia machte sich an die Arbeit.

Meo saß erschöpft in der Küche. Was für ein grauenvoller Tag! Zuerst die Sache mit dem Kind, dann die Tour, um Smu zu holen. Er war danach hoch in die Berge nahe Vancouver gefahren und hatte dort den Lieferwagen samt dem Leichnam atomisiert. Die über vierhundert Kilometer nach Portland hatten ihn bereits so stark gebeutelt, so dass er nun die kleine Strecke nach Hause in jeder Faser seines Körpers spürte. Seine Kleidung sah aus wie mit dem Messer in winzige Streifchen zerschlitzt. Glücklicherweise hatte er sich umgezogen, als er aus Duonalia kam, sonst hätte er kostbare Zeit mit Umziehen verloren, als es Smu schlechtging! Ihr Götter, fast hatte er vergessen, dass er am folgenden Morgen nach Chicago musste. Die vier Stunden im Flugzeug wollte er in den Ruhemodus gehen. Das würde hoffentlich reichen, um einigermaßen erholt auszusehen.

Er blickte Patallia entgegen, der sich den blutverschmierten Kittel auszog, zusammenknüllte und in den Müllschlucker warf. Sein Gesicht wirkte ruhig wie immer. »*Es ist alles okay, Meo. Er wird eine Weile brauchen. Wenn keine Infektion eintritt, ist er bald wieder der Alte.*«

Meo stieß erleichtert die Luft aus. »*Was für ein wahnsinniges Glück, dass ich früher von Duonalia zurückgekommen bin.*«

Patallia nickte, schenkte sich ein Glas Kefir ein und ließ sich sichtlich erschöpft auf einen Stuhl fallen. »*Es hat ihn garantiert gerettet, dass du so schnell bei ihm warst, Meo! Vielen Dank dafür.*«
»*Mercuran und Terv sind losgefahren, um den BMW zu holen und sein Hotelzimmer auszuchecken.*« Er sah Patallia müde an. »*Was mit den Bacanars ist, werden wir ja dann von Smu erfahren, wenn er wieder bei sich ist. Ich bin die nächsten zwei Tage in Chicago.*« Er stützte den Kopf in die Hand und stierte vor sich hin. »*Das war vielleicht ein Scheißtag, Pat! Ich fühle mich wie durch den Fleischwolf gedreht.*«

Patallia blickte ihn forschend an. »*Ist etwas auf Duonalia geschehen? Ich meine, weil du so zeitig wieder hier warst.*«

Sollte er es Pat erzählen? Er seufzte. Früher oder später würden es sowieso alle seine Freunde wissen.

»*Ich werde Vater.*«

Patallias Gesicht blieb unbewegt. »*Das hört sich nicht nach sehr viel Freude an, Meo*«, bemerkte er nachdenklich.

Wenn überhaupt jemand der richtige Gesprächspartner für dieses Thema war, dann der ruhige Mediziner. »*Ja, es kommt mir ungelegen, Pat. Ich bin mit mir selbst nicht im Reinen – empfinde mich als Suchender. Ob eine Familie das ist, was ich gesucht habe, bezweifle ich.*« Er machte eine Pause. »*Wir kennen uns schon so lange, Pat. Als Duocarns-Gemeinschaft hatten wir auf Duonalia unsere Bestimmung. Denk nur an die vielen Abenteuer, als wir noch Bacanis gejagt haben! Seit wir auf der Erde sind, ist alles anders. Daran konnte auch die Rückkehr nach Duonalia nichts ändern.*« Er schwieg erschöpft.

Patallia nickte bedächtig. »*Ich glaube, ihr Krieger habt es wesentlich schwerer als ich. Ich bin in meinem Beruf geblieben. Für mich ist es fast gleichgültig, ob ich die Duocarns wieder zusammenflicke oder die Tiere auf Chroms Station. – Zu deiner Situation mit Trianora – sie ist doch die Mutter, oder?*«

Meodern nickte.

»*Liebst du sie denn?*«

Er überlegte. »*Liebe! Du kennst mich, Pat. Ich bin fähig viele Frauen gleichzeitig zu lieben. Jede so, wie sie auf ihre einzigartige Weise ist. Natürlich liebe ich Trianora. Sie ist wunderbar.*«

Patallia seufzte.

»*Ja, ich weiß, für dich gibt es nur Smu. Ich bin da eben anders*«, setzte er verteidigend hinzu.

»*Meo, betrachten wir es einmal, wie es ist: Du hast mit ihr geschlafen und hast nun die Verpflichtung für deine Tat geradezustehen. Ein duonalisches Kind hat eine Tragzeit von fünfhundert Zyklen. Genügend Zeit, um sich darauf vorzubereiten. Was soll jetzt im Moment passieren? Kümmere dich um Trianora – ganz einfach. Lass sie nicht allein damit stehen! Das müsste doch zu schaffen sein?*«

Meo nickte wieder. »*Du hast recht. Ich hatte nur Panik. Ich muss die Sache ruhig angehen. Kann ich dem Kind mit weiteren Vereinigungen schaden?*«

Patallia lächelte. Jedes Mal, wenn er das tat, veränderte sich sein Gesicht und er begann wunderbar zu strahlen.

Meo betrachtete die Wandlung seines Freundes mit Wohlgefallen. Er sollte viel öfter lächeln, dachte er.

»*Nein, Meo. Du kannst also beiden unbesorgt das Gefühl geben, dass du sie liebst.*«

Er hatte bei Parr nun schon drei Mal einen Verbandswechsel durchgeführt. Der Ausschlag besserte sich. Arinon stand vor seinem Medikamenten-Vorrat. Seine Salbe reichte auf keinen Fall, um die Körper aller zehn Bacanars zu behandeln. Was sollte er tun? Er packte seine Sachen wieder in den Sack. Er würde Patallia um Hilfe bitten müssen.

Arinon schulterte den Sack und eilte durch den Nieselregen zum Verwaltungsgebäude. Es war nun nicht mehr so angenehm warm wie bei seiner Ankunft, sondern die Blätter der Bäume färbten sich allmählich gelb und braun – genauso wie Smu es ihm erzählt hatte. Es war auch merklich kühler geworden. Er würde Kleidung brauchen, wollte er noch länger auf der Erde bleiben.

Chrom öffnete ihm die Tür. »Komm schnell rein, Arinon! Was kann ich für dich tun?« Er sprach Englisch.

»Ich muss Patallia sprechen, Chrom. Kannst du eine Verbindung zu ihm herstellen?«

»Na klar.« Chrom lächelte und seine Fangzähne blitzten kurz auf. Er holte sein Handy von dem mit Papieren übersäten Schreibtisch und wählte eine Nummer. »Hallo Pat, Chrom hier.« Er horchte in das Gerät und sein Gesicht wurde besorgt. »Ihr Götter! Und wie geht es ihm jetzt?« Arinon konnte Patallias Antwort nicht verstehen. »Ah, gut! Nein, ich rufe an, weil Arinon mich darum gebeten hat. Warte, ich gebe ihn dir.«

Arinon winkte ab. Er wollte nicht mit Hilfe dieses Geräts kommunizieren. Er wollte seinen Gesprächspartner sehen.

»Er will nicht. Moment!« Chrom blickte ihn fragend an.

»Ich möchte mit ihm wegen meiner Medikamente sprechen. Der Ausschlag geht durch meine Salbe zurück, aber ich habe nicht genügend davon. Wir müssen einen Weg finden, mehr davon herzustellen.«

Chrom, der das Handy in seine Richtung gehalten hatte, sprach wieder hinein: »Hast du das gehört, Pat? Er soll was? Ja, okay, mach ich.« Er drückte auf eine Taste. »Er kann jetzt nicht aus Seafair weg. Smu ist verletzt.«

Arinons Magen zog sich urplötzlich zusammen. »Was hat er?« Er bemühte sich, ruhig zu erscheinen.

»Er ist mit dem Messer niedergestochen worden. Patallia hat ihn operiert. Er wird sich erholen.«

Messerstich! Wie viele hatte er schon vor sich liegen gehabt mit Verletzungen durch Klingen – mit Wunden von Äxten und Schwertern? Unzählige! Er wollte auf jeden Fall mehr über die Verwundung wissen.

»Arinon?« Chrom fuhr fort. »Pat sagt, du sollst nach Seafair kommen. Im Labor hat er mehr Möglichkeiten.« Er betrachtete ihn von oben bis unten. »Die Lederhose kann so bleiben, Stiefel auch. Ich gebe dir einen Pullover, einen Hut, Handschuhe und Kontaktlinsen.« Er winkte, ihm in den Nebenraum zu folgen. Dort wühlte Chrom in den Schränken, drückte ihm die notwendigen Dinge mit ein paar Erklärungen in die Hand und ließ ihn allein.

Arinon schaute in den Spiegel in Chroms und Psals Schlafzimmer. Er hatte sein Aussehen nach Chroms Anleitung verändert. Erstaunlich! Er sah menschlich aus. Er ging noch näher an den Spiegel und blinzelte. Blaue Augen. Jetzt spürte er doch ein leichtes, aufgeregtes Ziehen in der Magengegend. Gleich würde er in die Menschenwelt treten!

Er war fasziniert und abgestoßen zugleich. Chrom steuerte das Fahrzeug durch eine Vielzahl sich schnell bewegender, gleichartiger Wagen. Der Bacani erklärte ihm, dass das Auto eine große Menge Schadstoffe dabei ausstieß. Er wusste nicht, welche Frage er zuerst stellen sollte. Gebannt starrte Arinon auf die riesigen Industrieanlagen, die am Fenster vorbeizogen. Er war fassungslos über den Leichtsinn der Menschen – verstand nicht deren selbstsüchtiges Handeln. Chrom beantwortete geduldig jede Frage. Arinon ließ die Antworten auf sich wirken und war sprachlos. Es war zu erwarten, dass der Planet in absehbarer Zeit keine menschlichen Bewohner mehr haben würde!

Aber war ihm Selbstzerstörung wirklich fremd? Wie war es ihnen auf Occabellar gegangen? Die Könige kämpften ununterbrochen. Die Vorväter von Arishar, Luzifer und Maurus hatten glücklicherweise irgendwann ein Einsehen gehabt und hatten die Kampfarenen eingeführt. Von da an trugen die Könige wechselweise ihre Kämpfe in der Arena des jeweiligen Landes aus. Sie hatten Krieger als Führer und keine Politiker. Das Volk wurde geschont und konnte in Frieden leben.

Tatsache war, dass auch sie ihren Planeten ausgebeutet hatten, denn die Energiebohrungen nach Occtan waren immer tiefer gegangen. Irgendwann wäre es nicht mehr geflossen. Was wäre danach gekommen?

Er kam nicht dazu seinen Gedanken weiter zu verfolgen, denn Chrom bog auf eine schmale Straße ab. Da war das

Meer. Es war so, wie Smu erzählt hatte – eine unfassbar große Wasserfläche!

Chrom stieg vor einem länglichen, weißen Haus aus dem Wagen und gab einen Code in eine Art kleinen Computer neben dem Metalltor ein, das sich daraufhin langsam öffnete. In dem nachfolgenden Raum standen mehrere Autos. Chrom setzte seinen Wagen daneben und schloss das Tor.

»Willkommen bei den Duocarns«, lächelte Chrom.

Arinon folgte ihm in das Haus. Weiße Wände, weicher Teppichboden – wohin er auch sah. Chrom zeigte ihm eine Küche und führte ihn in ein geräumiges Wohnzimmer mit einladenden Sitzmöbeln aus Leder. Der Raum gefiel ihm, denn er war hell und freundlich, hatte großzügige Fenster mit Blick auf einen verwilderten, kleinen Garten. Chrom lief vor ihm eine Treppe hinunter. Ein langer Gang mit vielen Türen lag vor ihm. »Komm, ich zeige dir noch mehr.«

Arinon staunte. Eine Trainingshalle für Sport, ein Schießstand, ein schmaler Isolierraum.

»Wofür ist der?«, fragte er.

Chrom grinste. »Den hat Solutosan eingerichtet, um Platin aus seinem Sternenstaub zu extrahieren, denn er hat es aus der tödlichen Variante geholt. Um niemanden zu verletzen, baute er den Raum ein.« Das war interessant. Arinon kannte Solutosan nur aus der Zeit, in der dessen Sternenstaub wirkungslos war.

Er besichtigte den Computerraum und war beeindruckt von dessen Technik. Tervenarius, der Anführer der Duocarns, saß an einem der Computer. Arinon war dem Mann nur kurz begegnet, als dieser ihm die Karateschule angeboten hatte.

Tervenarius musterte ihn mit seinen goldenen Augen, dann erst erkannte er ihn. »Arinon! Welche Überraschung! Du siehst gut aus!« Er grinste. »Was führt dich her?«

Arinon neigte höflich den Kopf. »Ich möchte zu Patallia.«

»Na und du willst doch bestimmt auch unseren Patienten besuchen, stimmt's?«, fragte Tervenarius munter. Er wandte sich an Chrom. »Smu ist im zweiten Gästezimmer. Das ist jetzt das Krankenzimmer.«

Chrom blickte ihn fragend an. »Möchtest du zuerst Smu sehen, bevor wir ins Labor gehen?«

Arinon konnte der Versuchung nicht widerstehen und nickte.

Tervenarius setzte sich wieder. »Wir haben auch menschliches Essen. Wenn du Hunger hast, geh einfach in die Küche.«

»Vielen Dank, Tervenarius. Das ist sehr freundlich.«

Chrom führte ihn zwei Stockwerke höher. Dort befand sich ebenfalls ein Gang mit etlichen Türen. Der Bacani klopfte an eine Zimmertür und steckte den Kopf hinein. »Hey! Du bist ja wach!«

»Hallo, Chrom«, vernahm er Smus schwache Stimme.

»Ich habe Besuch mitgebracht.« Chrom drückte die Tür weiter auf.

Smu in dem schlichten Bett sah blass aus. Sein blondes Haar schlängelte sich auf dem Kopfkissen. Arinon trat näher und blickte ihm in die Augen. Der verschwommene, grüne Blick deutete auf etliche Medikamente hin.

»Hallo Smu.« Er lächelte. Smu starrte ihn an.

»Erkennst du ihn nicht?«, fragte Chrom etwas enttäuscht.

»Doch«, antwortete Smu tonlos. »Du hast blaue Augen!«

»Das sind nur diese Linsen«, entgegnete Arinon sanft. Er befeuchtete den behandschuhten Finger mit Speichel, tupfte in die Augen und nahm die Kontaktlinsen heraus.

»Du trägst Lederhandschuhe«, keuchte Smu.

Arinon und Chrom sahen sich erstaunt an. »Das muss er wegen seiner Klauen«, besänftigte ihn Chrom.

Das hatte so keinen Zweck. Arinon trat zu einer kleinen Kommode an der Wand und zog den Hut vom Kopf. Sein langes, weißes Haar fiel hinab. Dann entfernte er die Handschuhe sorgfältig, um sie nicht mit den scharfen Krallen zu zerschneiden. Er legte alles auf das Schränkchen. Danach trat er wieder an Smus Bett.

»Besser so?«

Smu nickte und lächelte entspannt. »Hallo Arinon! Es ist schön dich zu sehen.« Er griff nach Arinons Hand und hielt sie fest. Sofort fielen ihm die Augen zu – er war eingeschlafen.

Arinon und Chrom sahen sich an. Er konnte Chroms Blick nicht deuten. Vielleicht lag eine Spur Neugierde darin. Vorsichtig löste er Smus Finger aus seiner Hand.

»Lass uns zu Patallia gehen, Chrom«, flüsterte er.

Patallias Labor erinnerte Arinon an die Krankenstation des Quinari-Raumschiffs. Der Mediziner erhob sich, um sie zu begrüßen.

Chrom drehte sich zu ihm um. »Ich verabschiede mich jetzt. Die Tiere müssen noch gefüttert werden. Bitte halte mich auf dem Laufenden, was die Medikamente für die Bacanars angeht.« Er lächelte Patallia zu und schloss die Tür hinter sich.

»Hast du Smu besucht?«, fragte Patallia.

Arinon nickte. »Er war sehr müde, aber schlafen ist in seinem Zustand bestimmt die beste Medizin.« Er machte einen Moment Pause und drehte den Hut in den Händen. »Ich habe schon viele Verletzungen durch Messer behandelt. Wo ist es eingedrungen?«

Patallia setzte sich auf einen der Labor-Drehstühle und rieb sich die Stirn. »Es hatte den Darm verletzt. Ich musste ihn vernähen und den Bauchraum reinigen. Außerdem hat er wahrscheinlich durch einen Schlag eine Gehirnerschütterung.«

Arinon wiegte den Kopf. »Das ist eine schwere Wunde. Gut, dass er rechtzeitig von dir behandelt wurde. Für mich als Heiler sind Operationen problematisch. – Aber deswegen bin ich nicht hier. Ich habe ein Mittel gegen den Ausschlag gefunden, jedoch wird die Salbe nicht für alle Bacanars reichen. Ich hoffe, du kannst sie analysieren und wir können sie auf irgendeine Art synthetisch herstellen, denn sie ist aus Pflanzen, die es nur auf Occabellar gibt. Ich muss meinen Heiler-Sack holen. Er steht oben in dem Raum mit den Fahrzeugen.« Patallia nickte.

Leichtfüßig lief Arinon die Treppe hinauf, an der Küche vorbei, und holte seinen Sack. Auf dem Rückweg war die Versuchung, die Küche zu inspizieren, doch zu groß. Er öffnete nacheinander sämtliche Schranktüren. Gläser, Kochgeschirr, getrocknete Lebensmittel. Dann fand er eine Art Kühlkammer. Die Dinge darin waren ihm unbekannt. Er hoffte, Patallia würde sie ihm erklären können.

Im Labor zurück stapelte er seine Medikamente auf einen der leeren Tische. Er reichte Patallia die Salbe. »Sie besteht aus zwei Pflanzen plus einem Tiersekret – daher der unangenehme Geruch.«

Der Mediziner strich sich eine kleine Menge Paste auf die Handfläche, die sofort verschwand. »Oh!« Er schloss die Augen. »Das ist ungewöhnlich! Ich kann zwei der Inhaltsstoffe nicht analysieren. Da müssen wir wohl versuchen, es über das Standardverfahren der Duonalier herauszufinden. Hilfst du mir dabei?«

Arinon sah Patallia einen kurzen Moment in die Augen. Hatte er etwas gegen den Mann? Nein, gewiss nicht. Smu hatte sich entschieden. Warum sollte er eine Antipathie gegen dessen Partner aufbauen? Er hatte zugesagt, den Bacanars zu helfen – also würde er es auch tun.

»Ich werde es versuchen«, entgegnete er bedächtig. »Allerdings würde ich gern vorher etwas essen.«

Patallia sah ihn bestürzt an. »Ihr Götter! Ich war total unhöflich. Entschuldige! Lass uns erst einmal in die Küche gehen. Ich selbst ernähre mich von Kefir, aber ich kann dir erklären, was sich noch in unserem Kühlschrank befindet.« Gemeinsam gingen sie die Treppe hinauf.

Solutosan schwamm mit Troyan und seinen beiden Squalis zum Tempel. Troyan ernährte sich von Fisch und hatte somit keine Squalis. Solutosan beobachtete, dass bei ihm, wie bei den Auranern, die Beine im Wasser zur großen Flosse verschmolzen. Troyan bewegte sich blitzschnell. Ihn zu einem Wettschwimmen herauszufordern hätte bestimmt Spaß gemacht. Aber sie kannten sich nicht gut genug. Solutosan wollte ihm das jetzt nicht vorschlagen. Also glitten sie ruhig nebeneinander her.

Der aus bleichem Riff-Gestein vor Äonen erbaute Tempel thronte auf einer Sublimar-Stadt vorgelagerten kleinen, begrünten Insel. Zwei riesige, in Stein gehauene Sonnen zierten die verwitterte Front. Die mit goldenen Intarsien eingelegte Mangrovenholztür war kürzlich von Gläubigen liebevoll restauriert worden und glänzte im gleißenden Morgenlicht.

Solutosan und Troyan erhoben sich in ihren Serica-Gewändern aus dem Wasser und wurden von zwei verschleierten Frauen demütig begrüßt. Die Tempelwärterinnen hatten es sich zur Aufgabe gemacht, den Tempel zu reinigen und ständig frische Blumen vor das große Abbild von Pallasidus zu stellen. Solutosan gab den Wärterinnen die Hände, die sie zart mit ihren Nasen berührten. An diese Art Huldigung hatte er sich erst gewöhnen müssen. Er wusste, täte er es nicht, wären die Frauen mehr als erschüttert.

»Dies ist mein neuer Sekretär Troyan. Bitte behandelt ihn seinem Stand entsprechend.« Die Auranerinnen neigten höflich die Köpfe, was Troyan erwiderte.

Immer wenn er im Tempel war, reduzierte er seine Bewegungen auf ein Minimum. Jede seiner Gesten wurde von den Besuchern gedeutet. Deshalb schritt er langsam durch die Eingangstür und durchquerte bewusst aufrecht den Gebetsraum bis zu dem kleinen Seitenzimmer. Er hatte dort für sich einen Schreibtisch aus Mangrovenholz aufstellen lassen. Ruhig durchsuchte er dessen Schubladen und gab Troyan einige hauchdünne, versteifte Sericas, eine Feder und ein Tintenfass. Einen Moment dachte er an die Erde und an die dortigen Schreibwarenläden. Sublimar war eine solche Umstellung, wenn man bereits auf der Erde gelebt hatte.

Die Wärterinnen brachten ihnen einen Muschelkrug mit Wasser und zwei Holzbecher, die Troyan dankend entgegennahm.

Es war noch kein Besucher gekommen, deshalb nutzte Solutosan die günstige Gelegenheit, um mit Troyan zu sprechen. Er setzte sich an den Schreibtisch und deutete seinem Halbbruder, seitlich auf einem geflochtenen Hocker Platz zu nehmen.

»Bist du der Sohn Pallasidus' und einer piscanischen Frau?«

Troyan strich sich das Haar auf den Rücken, als wolle er einen Moment Zeit gewinnen. »Meine Mutter ist eine der drei Sirenen aus dem Südmeer. Sie heißt Incara. Sie ist nicht, wie die anderen Frauen, bei der Geburt gestorben.«

Solutosan horchte auf. Troyan biss sich auf die Lippen, als bereue er, zu viel gesagt zu haben.

»Pallasidus hat noch mehr Kinder?«

Troyan blickte ihn nicht an. »Ich weiß von keinem.«

Das war eine eindeutige Lüge. Deshalb wollte Solutosan das so nicht stehenlassen. »Wieso sagst du, dass Pallasidus weitere Frauen geschwängert hat, die dann gestorben sind?«

Seines Halbbruders schönes Gesicht wirkte wie aus Riff-Gestein gehauen. »Es ist nur ein Gerücht, Herr.«

»Hör zu, Troyan, ich erwarte, dass du ehrlich bist, sonst ist dein Dienst bei mir zu Ende, bevor er überhaupt richtig angefangen hat.«

Troyan blickte zu Boden. »Ja, Herr.«

»Verdammt, sieh mich an, wenn ich mit dir spreche!«

Die Sterne in Troyans Augen glitzerten verräterisch. Er war wütend. Meinetwegen, dachte Solutosan. Wir werden die Grenzen abstecken, ob es ihm gefällt oder nicht. Eine der Wärterinnen klopft an die Tür und kündigte den ersten Besucher an.

Die Sonne stand hoch am Himmel, als der letzte Besucher verabschiedet war. Es gab für Troyan viel zu tun. Nun konnte er sich bewähren – zeigen, ob er wirklich fähig war.

Sie hatten einiges zu klären. Eine Frau hatte sich über die Lautstärke des Amüsierviertels beklagt. Die nächste Auranerin schimpfte auf ihre Nachbarin, die ihren Squali-Zugang ständig mit einem Boot blockierte. Ein älterer Bewohner beschwerte sich, dass die Frischwasserzufuhr vom Haupt-Süßwasserreservoir zu spät auf die Entsalzungsanlage geschaltet wurde, so dass für einige Stunden kein Trinkwasser bereitstand. Ein Abgeordneter der Serica-Arbeiter hatte angekündigt, dass sie in Zukunft mehr für ihr Sericas verlangen würden, da durch die reduzierte Regenzeit die Morlusbäume bewässert werden müssten.

Solutosan stützte den Kopf in die Hand. Als die zweite Sonne noch strahlte, war es zu heiß gewesen. Er hatte alles daran gesetzt, um das zu ändern. Nun war die Sonne erloschen und der alte Zustand wiederhergestellt. Aber die Leute waren wieder nicht zufrieden.

Er blickte Troyan an, der die Gespräche protokolliert hatte. »*Nun, was denkst du? Haben die Besucher recht mit ihren Beschwerden?*«

Troyan nickte. »*Aus ihrer Sicht auf jeden Fall. Ich habe nur nicht mit so einer Flut von Aufgaben gerechnet, denn eigentlich ...!*«

»*Eigentlich was?*« Der Sekretär antwortete nicht. Solutosan zuckte die Achseln. Troyan hatte sich seinen Dienst vermutlich anders vorgestellt. Solutosan erklärte ihm genau, was zu tun war.

Seine Gedanken schweiften ab. Er war am Tag zuvor mit Vena und der kleinen Marina zum Riff geschwommen. Sie waren alle guter Dinge gewesen. Übermütig vor Freude, hatten die Squalis ihre silbernen Körper aus dem Wasser schnellen und platschend auf die Oberfläche klatschen lassen. In einer flachen Bucht hatten Vena, Marina und er die angenehme Hautpflege durch die Squalis genossen. Was für eine Entspannung! Trotzdem hatte der Ausflug Vena und ihn nicht wieder verbunden. Er empfand sie als Freundin und nicht als Frau oder Geliebte. Er war froh, am folgenden

Tag seinem Leben auf Sublimar entfliehen, und zu Ulquiorra gehen zu können. Die nächste Lehrstunde stand an.

Solutosan riss sich aus seinen Gedanken. »*Komm Troyan, pack zusammen. Du kannst die Lösung der Probleme morgen angehen. Sag mir, wenn du Hilfe brauchst.*« Er erhob sich.

Er stand an Ulquiorras Seite auf Duonalias nördlichem Mond. Solutosan fühlte sich entspannt und glücklich. Ulquiorra hatte ihm alle seine bisherigen Wege in der Anomalie gezeigt. Ihre Rundreise führte sie zu Halia und Luzifer auf den östlichen Mond. Die beiden waren in einen heftigen Streit vertieft, denn Luzifer hatte einen der Zucht-Warrantz gefressen. Ulquiorra und er hatten sich lachend angeschaut und schnell das Weite gesucht.

Sie waren zur Erde gereist und hatten den verletzten Smu besucht – sich die Geschichte des zerbombten Porsche angehört. Die Probleme auf der Erde waren Solutosan fremd erschienen. Da er wusste, dass Tervenarius Herr der Lage war, hatte er das Haus in Seafair mit einem guten Gefühl verlassen.

Als sie das nächste Reiseziel, die Tierstation von Chrom, erreicht hatten, war diese von Besuchern bevölkert gewesen. Ungesehen hatten sie wieder das Tor geöffnet und waren schnell verschwunden.

Die ruhige Steppe des nördlichen Mondes war, im Gegensatz zu all diesem Trubel, eine Wohltat. Sie genossen den warmen Wind, der die Gewänder gegen ihre Körper drückte. Ulquiorra wandte sich ihm zu. »*Jetzt fehlt eigentlich nur noch ein Weg.*« Solutosan überlegte, aber ihm fiel keiner mehr ein.

Der Energetiker zog ihn mit sich, öffnete das Tor und sie stürzten prompt vor dem Mangrovenhäuschen auf Sublimar ins Wasser.

Solutosan lachte. »*Dieses Ziel verfehlst du immer noch um Haaresbreite!*« Triefnass zog er sich auf die kleine geflochtene Veranda der Hütte. Sein Serica-Gewand war augenblicklich trocken, aber Ulquiorras duonalisches Gewand klebte an seinem Leib. »*Du solltest es ausziehen und trocknen*«, riet Solutosan ihm und legte sich lang ausgestreckt auf den Boden der Terrasse.

Er liebte diesen Platz. Es war ein Ort des Friedens und Solutosan hatte es genossen, dort mit Vena eine Weile ungestört zu leben. Sie hatte sich verändert, dachte er. Früher, als Freigeist, war sie nicht biegbar gewesen, aber nun, als Frau des Gottessohnes und als Mutter, hatte sie sich angepasst. Ja, sie war sogar stolz auf ihre Stellung.

Ulquiorra schob sich nackt auf den Bauch neben ihn. Sein Gewand hatte er in die Mangroven gehängt. »*Du scheinst nicht sonderlich glücklich, Solutosan.*« Der Torwächter legte den Kopf auf seine Arme. Das lange Haar klebte nassglänzend auf seinem Rücken. Solutosan sah seinen Freund an.

»*Ich kann es schwer erklären, Ulquiorra. Mein Weg war so klar, als ich von den Quinari kam. Ich hatte wirklich etwas erreicht – für mich persönlich. In dem Moment, in dem ich mich entschloss, meinem Planeten zu helfen, wurde alles anders. Ich habe nun erneut Verantwortung für andere und diese drückt mir oftmals auf die Seele. Ich bin eigentlich ein Freigeist – vielleicht hätte ich mich nicht wieder so stark binden sollen.*«

Ulquiorra musterte ihn verständnisvoll mit seinen schwarzen Augen. »*Seltsam*«, überlegte er versonnen, setzte sich auf und umfasste seine Knie mit den Armen. »*Und ich war schon immer frei und tat nichts lieber, als mich an Maureen zu binden. Mit ihr hatte ich die glücklichste Zeit in meinem Leben. Und nun ... und nun ... ist sie fort.*« Er schwieg. Nur die Wellen gluckerten leise an die Pfosten der Hütte.

Solutosan richtete sich auf und erfasste die Hände seines Freundes. Er hatte das Bedürfnis Ulquiorra Trost zu spenden. Solutosan zog ihn neben sich auf den Boden und ließ einen Energiestrahl in seinen Freund fluten. Er spürte, wie Ulquiorra ihm Kraft zurückgab, und schloss die Augen. Ulquiorras Wärme durchdrang ihn. Solutosan sandte ihm einen Strom zurück. Sie hielten sich an den Händen, verströmten sich ineinander. Benommen bemerkte er, wie sie sich vom Boden der Terrasse abhoben.

Sie schwebten lange und gemächlich in der Luft, getragen von ihrer Energie. Es war herrlich. Nun konnte Solutosan zum ersten Mal alle seine Reserven freilassen – Kraft, die für jeden anderen tödlich gewesen wäre. Er schenkte Ulquiorra seinen mächtigen Kraftstrom und fühlte eine nie gekannte Erregung.

Ulquiorras zurückkommende Energie umfing ihn ganz, durchflutete seinen Verstand und schwemmte ihn hinweg in seinen Freund. Dort breitete er sich golden aus, nahm streichelnd Ulquiorras Selbst und hauchte ihm Mut, Stolz und Freude ein und gab ihm auch Lust – ja pure Lust! Sie flammte durch seinen Leib. Eine heiße, ekstatische Welle. Er hörte Ulquiorra schwer atmen, oder war er es selbst? Erregt zog er seinen Fluss aus dem Kreislauf zurück, denn er wollte Ulquiorra nicht verletzen.

Behutsam setzten ihre Körper wieder auf der Veranda auf. Er öffnete träge die Lider, sah durch die Wimpern das erstaunte Gesicht seines Freundes. Sein Blick folgte Ulquiorras Hand, der nach unten griff und dann fassungslos auf das Sperma an seinen Fingern starrte.

Jetzt erst realisierte Solutosan, was geschehen war. Sein blaues Serica-Gewand klebte an seinem Unterleib. Er brauchte nicht mit der Hand zu tasten, um zu wissen, dass es ihm ebenso ergangen war, wie seinem Freund.

»*Es tut mir leid, Ulquiorra! Ich kann einfach noch nicht so gut damit umgehen. Ich weiß nicht, was in mich gefahren ist.*«

Im gleichen Augenblick überlegte er, warum er sich bei ihm entschuldigte. Was zwischen ihnen geschehen war, war das Schönste und Erotischste, das ihm je widerfahren war. Er richtete sich auf. Ulquiorra starrte ihn an.

»*Nein, das ist nicht wahr. Es tut mir nicht leid. Es war einfach – einfach unbeschreiblich! Ich habe nicht gewusst, dass so etwas möglich ist.*«

Er nahm Ulquiorras Hand und wischte dessen Spuren der Lust mit einem Zipfel seines Gewandes ab. Dann zog er seinen reglosen Freund an seine Brust.

Er lag nackt in Solutosans Armen. Wie war er dorthin gekommen? Ulquiorra hatte das Gefühl, dass sich die Ereignisse auf einen Schlag selbständig gemacht hatten. Er war nur noch deren Spielball. Er hob den Kopf und sah Solutosan an. Er verstand nicht, was da eben passiert war. Er war ein heterosexueller Mann, aber was da aus seinem Freund geströmt war, hatte ihn in einen Sog der Erregung gezogen. Dabei hatten sie sich lediglich an den Händen berührt!

Ulquiorra löste sich aus Solutosan Armen. »*Es ist in Ordnung.*« Seine Stimme klang rau.

»*Wirklich?*«

Er nickte und schluckte heftig. Dieses Erlebnis musste er erst einmal verdauen. Ulquiorra stand auf und ging zu seinem Gewand. Es war noch feucht, aber das war ihm in diesem Augenblick gleichgültig. Er musste sich bedecken – wollte nicht mehr nackt vor Solutosan sein.

Eigentlich hatte er nie ein Problem mit dem Nacktsein gehabt, in diesem Moment jedoch, hätte er sich gern komplett verhüllt, nein, er wäre am liebsten in irgendein Loch gekrochen.

Solutosan sah ihn besorgt an. Ulquiorra hatte nicht gewusst, wie stark der Mann war! Und ihm war auch nicht klar gewesen, dass sie sich als Energetiker derartig verschmelzen konnten. Ihre Vereinigung war weit über eine körperliche Kopulation hinausgegangen. Und nun?

Er setzte sich wieder zu Solutosan, der nachdenklich die Spitzen seines weißen Haares um den Finger drehte.

»*Und nun?*«, fragte er. Er kam sich vor wie ein Kind. Hatten sie ihre Freundschaft eben verspielt? Waren sie nun Fremde? Waren sie Geliebte? Der Gedanke, die Freundschaft zu Solutosan verloren zu haben, schnürte ihm die Kehle zu.

»*Ich weiß es nicht*«, antwortete Solutosan ruhig. »*Ich habe in meinem Leben schon viele Arten von Liebe versucht und erlebt, aber das ist auch für mich neu, Ulquiorra.*«

Er sah Solutosan an. Der war wunderschön mit seiner goldenen Haut und den dunkelblauen Sternenaugen. »*Ich habe dich sofort gemocht, Solutosan. Damals, als ich dich in Chroms Wohnzimmer zum ersten Mal sah.*« Er machte eine Pause. »*Aber du weißt, was ich von gleichgeschlechtlicher Liebe halte.*«

Solutosan nickte. »*Du warst schockiert, als du von den Verbindungen von Tervenarius und Patallia erfahren hast. Ich dachte allerdings, deine Vorbehalte hätten den Menschenmännern gegolten, weil sie Erdlinge sind und nicht, weil sie männlich sind.*«

Ulquiorra überlegte. Eigentlich stimmte es nicht mehr, was er eben gesagt hatte. Als er damals das erste Mal auf die Erde kam, war er wirklich noch in den duonalischen Moralvorstellungen verhaftet gewesen. Das hatte sich längst geändert. Er hatte sich verändert. Ursprünglich Astrophysiker, immer nur der Forschung verbunden, war er durch die Probleme Duonalias zum Politiker und auch zum Kämpfer geworden. Er hatte sein Leben allein verbracht, Geschlechtliches als unwichtig abgetan. Bis Maureen einfach in sein Bett gestiegen war. Sie hatte seinen Horizont erweitert. Er war aufgeschlossener. Aber **wie** tolerant war er nun?

Seine Freundschaft zu Solutosan hatte ihn immer sehr stolz gemacht und sie war ihm wichtig. War? Hatten sie jetzt alles zerstört? Würde er Solutosan noch ohne Probleme berühren können?

»*Ich habe Angst um unsere Freundschaft*«, gestand Ulquiorra schließlich. Einen Moment hatte er die abwegige Idee, wie es wäre, wenn er Solutosan küssen würde. War die Lust, die er eben gespürt hatte, noch zu übertreffen? Er schreckte vor seinen eigenen Gedanken zurück. Je weiter er in eine solche Richtung dachte, umso komplizierter wurde alles.

»*Unsere Freundschaft ist nicht in Gefahr, Ulquiorra*«, lächelte Solutosan. »*Ich denke, du hast Angst, dass sich aus ihr mehr entwickeln könnte. Du fürchtest dieses Unbekannte.*«

Auf einmal fror Ulquiorra in seinem feuchten Gewand, obwohl die Sonne auf die kleine Terrasse strahlte und sie im warmen Licht badete. »*Hattest du schon geschlechtlichen Kontakt zu Männern? Ich wundere mich, Solutosan. Du warst mit*

Aiden zusammen und bist es nun mit Vena. Du hast zwei Töchter.« Niemals hatten sie dieses Thema bisher auch nur erwähnt.

Solutosan streckte sich auf dem geflochtenen Boden aus, verschränkte die Arme hinter dem Kopf und blinzelte ins Sonnenlicht. Er wirkte ruhig und entspannt. Langsam entkrampfte Ulquiorra sich ebenfalls. Er verhielt sich dumm, in dem nassen Gewand herumzusitzen. Kurz entschlossen stand er auf, zog es wieder aus und hängte es auf die Zweige in die Sonne. Er spürte Solutosans Blick im Rücken.

Der lächelte. »*Um deine Frage zu beantworten. Für mich war Lust und Erotik nie geschlechtsspezifisch. Bevor ich mit Aiden zusammenkam, hatte ich auch flüchtige Verbindungen mit Männern. Das hatte sich so ergeben, da ich als Duocarn ja recht abschreckend auf die duonalischen Frauen wirke.*« Er machte eine kurze Pause und drehte sich zum Wasser. Seine Squalis hatten ihn aufgespürt. Solutosan begrüßte die beiden lieben Tiere, die vor Freude in den Fluten tanzten. Er fuhr fort: »*Ich habe an diesen Geschlechtsakten nie etwas Verwerfliches gefunden.*«

»*Du warst auf dem westlichen Mond?*«, fragte Ulquiorra, fast ein wenig atemlos. Er hatte so viel davon gehört, aber nie so recht geglaubt, was hinter der Hand erzählt wurde.

Solutosan setzte sich an den Rand der Plattform und ließ die Beine ins Wasser baumeln. Die Squalis begannen sofort mit der Hautpflege. Er wandte sich ihm zu. »*Ich glaube, alle Duocarns waren schon dort - außer Patallia vielleicht. Er ist ähnlich wie du - ihm war Lust nie sonderlich wichtig.*« Sein Freund blickte ihn nachdenklich an. »*Bis er Smu traf ...*«

Tervenarius saß auf der Kante von Smus Bett. Mercuran stand am Fenster und Patallia lehnte an der Wand. Terv wollte gerade anfangen zu sprechen, als sich die Tür öffnete und Meodern seinen blonden Stachelkopf ins Zimmer schob. »Ah, da seid ihr ja alle! Versammlung?«

»Ja, Meo, du kommst genau richtig. Ich wollte Smu kurz interviewen wegen der Bacanars. Bist du fit genug dafür, Smu?«

Smu, der sein Haar zu zwei Zöpfen geflochten hatte, sah schon sehr viel besser aus, als die Tage zuvor. Er nickte und quetschte mit der Hand seinen Stoffhasen, den Patallia ihm anscheinend ins Bett gesetzt hatte. »Tja, Leute, das war eine Hammer Sache!« Er rutschte mit schmerzverzerrtem Gesicht etwas höher, was Patallia mit einem Kopfschütteln quittierte.

Smu grinste schief. »Also dieser Skar ist ein richtig heißes Bürschchen. Ich hatte ja in dem Mirrorclub hier in Vancouver eine Kleine kennengelernt, Alice. Die scheint Skar nach Portland gefolgt zu sein. Sie ist nun seine Sklavin.«

»Sklavin?« Terv runzelte die Stirn. »Was meinst du damit?«

»Wie ich's sage, Terv – sie ist seine Sex-Sklavin. So richtig devot und auf Knien.« Smu schaute in die Runde, um die Reaktionen der Männer zu sehen. Allerdings blitzten lediglich bei Meo die Augen kurz auf. »Na ja«, fuhr er fort. »Ich habe mir bei meinem Besuch in Portland in dem SM-Raum eine von Skars "Vorstellungen" angesehen, auf die ich, wie sich die Herren ja wohl denken können, gerne verzichtet hätte.« Er rollte mit den Augen. »Ich habe mir den Kerl dann nach seinem lautstarken Abgang vorgenommen, und ihr werdet nicht glauben, was er gesagt hat. Jetzt kommt Originalton Skar: Sag Solutosan, beim nächsten Mal sprenge ich seine ganze Festung in die Luft!«

»Wie bitte?«, fragten Terv, Mercuran, Meo und Pat verblüfft im Chor.

Smu nickte. »Genau so habe ich auch reagiert. Daraufhin hat mir Skar seinen amputierten Spiralschwanz gezeigt und gemeint, daran wären die Duocarns schuld. – Es scheint, als hätte Bar ihm den Schwanz wegraspeln lassen, um ihn besser als Bax-Dealer einsetzen zu können. Wie die Geschichte mit dem Bax geendet hat, wissen wir ja alle.« Er machte eine Pause und wirkte erschöpft. »Kurz und gut, er glaubt, die Duocarns wären die Schuldigen an all seinem Übel.«

Patallia trat an sein Bett. »Flach hinlegen!«, befahl er. Vorsichtig nahm Pat ihn unter den Schultern und ließ das Kopfteil des Krankenbettes etwas tiefer hinab, damit Smu liegen konnte.

»Ich fass es nicht!« Tervenarius strich sich das Haar zurück. »Dieser Irre!« Er blickte in die Runde. »Was machen wir jetzt mit ihm?«

»Leibwächter hat er jedenfalls keinen mehr«, meinte Meo, »dafür habe ich gesorgt. – Es sei denn, er hat bereits einen neuen engagiert.«

»Wir sollten das auf keinen Fall auf sich beruhen lassen«, knirschte Patallia. »Er hat Smu fast umgebracht, außerdem schuldet er uns einen Porsche.«

Tervenarius sah Smu an, dem langsam wieder die Augen zufielen. »Kommt Leute, wir gehen und lassen Smu schlafen.«

»Ich bin überhaupt nicht müde«, murmelte Smu.

Patallia hatte die Tür schon geöffnet und die Männer entfernten sich leise. Sie liefen die Treppen hinunter ins Wohnzimmer, in dem Arinon vor dem Fernseher saß und sich den Sportkanal ansah. Der Quinari schaltete den Apparat stumm, als Tervenarius mit den anderen den Raum betrat.

»Störe ich?«, fragte er.

»Nein, Arinon, du kannst ruhig bleiben«, antwortete Terv. Die Männer verteilten sich auf den Sitzmöbeln.

»Und nun?« Meo blickte interessiert in die Runde.

»Ich habe mir schon etwas überlegt«, Tervenarius sah die anderen aufmerksam an. »Der Kerl braucht eine Abreibung! Wir haben allerdings das Problem, dass wir ihn nicht den hiesigen Behörden übergeben können. Es juckt mir in den Fingern diesem Polizisten, Jake Michaels, einen Tipp zu geben. Aber ein Bacanar in einem menschlichen Gefängnis stellt eine hohe Entdeckungsgefahr für alle Außerirdischen dar. Deshalb habe ich darüber nachgedacht, was Skar wohl am meisten fürchtet, beziehungsweise wen.«

»Ganz klar«, grunzte Meo, »seinen Vater.«

»Ja, das denke ich auch«, bestätigte Tervenarius. »Er arbeitet für ihn und ist somit garantiert finanziell von ihm abhängig. Bar hasst es, wenn seine Geschäfte gestört werden. Ich wette um einhundert Liter Kefir, dass ihm Skars Racheakt nicht gefallen wird.«

»Ich glaube, da hält keiner gegen«, lachte Mercuran. »Was will man auch mit so viel Kefir?«

»Darin baden vielleicht«, lächelte Terv. Ihre Blicke versanken ineinander.

»Ähm«, räusperte sich Meo. »Ich komme mit zu Bar.«

»Ja, keine Alleingänge mehr«, nickte Tervenarius.

Reue, dachte er, ich bereue es! Jake lag mit den Füßen auf seinem Kopfkissen und bereute alle seine Sünden. Der Geschmack in seinem Mund glich dem Geruch des Duschablaufs der Polizeisportschule, wenn die Putzfrauen ein ganzes Jahr lang vergessen hatten, Rohrreiniger hineinzukippen. Bei ihm würde im Moment auch kein Rohrfrei helfen. Wasser! Einfach nur klares Wasser!

Er kroch aus dem Bett und schlich in seine kleine Küche. Da stand noch eine halbe Flasche etwas älteres Mineralwasser. Er öffnete die Plastikflasche, die keinerlei Zischen von sich gab. Ein schlechtes Zeichen. Egal. Er setzte sie an den Mund und trank den Inhalt aus. Es schmeckte abgestanden und vertrieb in keiner Weise den üblen Geschmack. Er zog die Kühlschranktür auf und erspähte eine halbe Dose Thunfisch mit einer Gabel darin. Sein Magen rebellierte. Er füllte die leere Wasserflasche mit Leitungswasser.

Was hatte er am vergangenen Abend getrunken? Er konnte sich nur noch dunkel erinnern. Irgendwann hatten die Spelunken im Westend alle gleich ausgesehen. Ob sein Kumpel Dave mehr Durchblick hatte? Er bezweifelte es. Er sah auf die Küchenuhr mit dem hässlichen Zwiebeldekor – versuchte seine klebrigen Gedanken zu ordnen, die zäh in seinem Schädel pappten. Es war Samstag, es war morgens zehn Uhr und er hatte ... er hatte ... ja, genau er hatte **frei**! Er zog den Pulli, Jeans und Socken aus, nahm die Flasche Wasser und schleppte sich wieder ins Bett. Reue! Er hielt sich den pulsierenden Kopf. Ja, er bereute!

Als Jake vier Stunden später erwachte, war nur eine minimale Besserung eingetreten. Immerhin klebten seine Gedanken nicht mehr und die Kopfschmerzen hatten sich verflüchtigt. Er trank die Flasche Wasser aus. Allmählich ging es ihm besser. Alkohol war eine verfluchte Droge! Glücklicherweise versackte er selten so wie am Abend zuvor.

Er knuffte sein Kissen zurecht, und legte sich bequem darauf. Eigentlich tendierte er nicht zu Selbstmitleid, aber in diesem Moment hätte er sich ihm gerne ergeben. Sein Job war total unbefriedigend, denn alle Fälle, die er bearbeitete, entpuppten sich als Sackgassen. Gleichgültig, wo er hineingriff – er griff in Luft. Oder in Müll, der ihn nicht weiterbrachte. Nur der Fall mit dem Porsche versprach einen kleinen Hoffnungsschimmer. Vielleicht hatte Martinal ja die potentiellen Bombenleger mit der Blondine bemerkt. Wenn er ehrlich zu sich war, reizte es ihn natürlich auch privat, wieder in diese Wohngemeinschaft zu schnuppern. David Martinal und Philipp McNamarra waren ein Paar und Samuel Goldstein wohnte dort höchstwahrscheinlich mit einem Freund namens Patrick Mulhern. Das Haus gehörte einer Aiden McGallahan. Er überlegte, ob er seinen freien Tag dazu nutzen sollte, dorthin zu spazieren. Er hatte sowieso nichts anderes zu tun.

Sein Privatleben war auf null – fast schon im Minus. Er dachte daran, wie David Martinal und sein Freund sich angesehen hatten. Das war Liebe! So etwas war auch sein Traum. Einmal nach Hause kommen und jemand wäre da. Ein Mann, der nur zu ihm gehörte. Das hätte ihm gefallen. Aber als Polizist mit diesen Arbeitszeiten riss sich niemand um ihn. Er suchte die Stecknadel im Heuhaufen. Genau so schwierig zu finden, wie die Mörder der letzten Fälle. Nein, wahrscheinlich noch schwerer. Jake seufzte. Er wollte nicht diese, bei vielen Schwulen üblichen, schnellen Ficks. Vor Darkrooms gruselte es ihn. Sich nur auf seine Sexualität zu reduzieren war ihm zuwider. In den Schwulenclubs lernte man nichts anderes kennen. Es ging immer nur um eines: Sex. Von hinten und von vorne.

Er war ja wirklich nicht hässlich. Die Frauen fuhren oft richtig auf ihn ab. Aber was sollte er mit denen? Kurz entschlossen schlug er seine Bettdecke zurück. Wenn er zu Hause im Bett lag, würde sich niemals etwas verändern. Weder bei seinen Fällen noch mit einem neuen Freund.

Er klingelte an der „Festung" in Seafair. Die vertraute Stimme meldet sich nach einiger Zeit »Ja, bitte?«

»Hier ist Jake Michaels von der Kriminalpolizei Vancouver. Ich möchte Ihnen noch eine kurze Frage stellen.«

»Jetzt?«

»Ja, es dauert nicht lange. Ich bin in meinen Ermittlungen weitergekommen.«

»Ach wirklich?« Interesse flammte in der Stimme auf. »Ich lasse Sie herein. Bitte gehen Sie ins Wohnzimmer. Sie kennen ja den Weg. Ich komme sofort!« Die Tür öffnete sich.

Jake lief an der Küche vorüber, die aufgeräumt und leer wirkte, wie bei seinem letzten Besuch. Auch der Wohnraum war verlassen. Die ersten gelben Herbstblätter wehten vor den großen Fenstern vorbei. Er setzte sich auf das Ledersofa und berührte nichts. Es war nicht seine Art in Schränken zu schnüffeln. Es war warm in der Wohnung. Gemächlich streifte er seinen Parka ab und legte ihn neben sich. Seine Waffe hatte er zu Hause gelassen. Zum einen, weil er eigentlich nicht im Dienst war, zum anderen, weil er in Seafair garantiert keinem Gangster begegnen würde.

David Martinal kam in einem grauen Jogginganzug und barfuß ins Zimmer. Er wirkte fit. Seine silbrige Haut glänzte.

»Ich hoffe, ich habe Sie nicht bei etwas Wichtigem gestört«, begann Jake höflich.

Martinals Partner stand in der Tür, in Jeans und einem hautengen, weißen Shirt, das seinen Körper verboten gut betonte. Sein Haar wallte offen über die Schultern. Er blickte Jake mit seinen grünen Augen interessiert an. Beim letzten Mal hatte er blaue Augen, dachte Jake. Ich könnte es beschwören.

»Sie haben uns nicht gestört«, lächelte Philipp McNamarra. Jake schluckte. Wieso sahen die beiden Kerle so unverschämt gut aus? Und das an einem Samstagnachmittag im Gammel-Look.

Sie setzten sich. Die Männer blickten ihn gespannt an.

»Ich habe nochmals in der Umgebung des Tatorts nachgeforscht«, begann er. »Den Anwohnern ist ein Fotoshooting aufgefallen, das scheinbar von den Bombenlegern inszeniert wurde, um ungestört die Bombe unter dem Wagen platzieren zu können. Es waren zwei Männer und eine blonde Frau. Besonders auffällig war wohl der eine Verdächtige, der eine Art Irokesen-Schnitt hatte.« Er sah David Martinal an.

»Ich kann ...«, hob dieser an.

In diesem Moment kam ein Mann durch die Tür mit einem Handy in der Hand. Er ging auf McNamarra zu und sagte etwas in einer fremden Sprache, die Jake noch nie gehört hatte.

Jake erstarrte. War in dieser Starre gefangen. Das war kein Mann! Das war ein Monster wie aus einem Fantasy-Film! Aber das war kein Kostüm! Das Telefon lag in einer großen Hand mit gefährlichen, gelb-braunen Klauen. Der Kerl war riesig und muskulös mit grauer Haut, in dunkler Lederhose, den Oberkörper mit roten Linien bedeckt. Das Gesicht scharf geschnitten und menschenähnlich. Seine Ähnlichkeit mit den Menschen hörte bei seiner Kopfform mit einer kantigen Stirnplatte auf. In der Mitte der Stirn begann spitz zulaufend, weißes, feines Haar, das lang auf seine Schultern fiel. Gelbe Augen blickten ihn hypnotisch an.

Er konnte nicht reagieren, war wie in einem Traum gefangen! Jake sah hilflos zu, wie sich ihm das Wesen mit gefletschtem, blitzendem Gebiss und geballter Faust näherte. Dann wurde alles dunkel.

»Arinon!« Terv war der Schrei gleichzeitig mit Mercuran entwichen. »Bist du wahnsinnig?«

»Nein«, erwiderte Arinon ruhig und sah auf den auf dem Boden liegenden Jake Michaels. »Der Mensch hat mich gesehen. Das war die einzige Möglichkeit.«

»Um Himmels willen! Lebt er noch?« Mercuran stützte zu Michaels und legte ihm die Hand an den Hals, um den Puls zu fühlen.

»Natürlich«, entgegnete Arinon. »Es tut mir leid, ich wollte dir dein Handy bringen, das du im Labor vergessen hast. Ich wusste nicht, dass der Mensch hier war.«

Tervenarius sah fassungslos von dem betäubten Polizisten, zu Arinon, dann zu Mercuran. Er sprang auf. Seine Gedanken überschlugen sich. Sie konnten Michaels unmöglich wieder laufenlassen, mit dem was er gesehen hatte! Er würde vermisst werden! Andere würden kommen und Fragen stellen!

»Bring ihn in den Isolierraum, Arinon«, entschied er. »Ihr Götter! Jetzt sitzen wir richtig in der Scheiße!« Er sah zu, wie Arinon den bewusstlosen Mann schulterte. »Handschellen und Fußschellen sind im Schrank im Schießstand. Leg sie ihm zur Sicherheit an. Er wird fliehen wollen.«

Mercuran sah ihn mit riesigen Augen an. »Das ist Kidnapping, Terv!«

»Das weiß ich selbst«, fauchte er. »Hast du eine bessere Idee? Ich werde Patallia bitten, ihm etwas zu geben, das ihn zusätzlich ruhigstellt. Wir haben jetzt einen Gefangenen, David.«

Terv lief die Treppe hinunter ins Labor, hinter Arinon her. »Patallia?«

Der Mediziner hob den Kopf und sah sein Gesicht. »Ist etwas mit Smu?«, fragte er sofort besorgt.

»Nein, wir haben ein ganz anderes, wesentlich schlimmeres, Problem.«

Er berichtete das Geschehene in Kurzform.

»Ihr Götter!« Patallia schnellte hoch und folgte ihm in den Isolierraum. Der kleine Raum mit den Stahlwänden und der Metalltür besaß als einziges Möbelstück einen Stuhl. Arinon stand zögernd mit Michaels in der Tür.

»Ich hole eine Matratze, Arinon!« Tervenarius stürzte in eines der Gästezimmer, riss die Unterlage aus dem Bett und trug sie in den Raum.

Arinon legte den Polizisten darauf ab. »Ich gehe die Handschellen holen«, sagte er gelassen. Seine Ruhe strahlte langsam auch auf Terv ab. Arinon hatte recht. Es hatte keinen Sinn, jetzt die Nerven zu verlieren. Sie mussten den Mann erst einmal sicher unterbringen und dann überlegen, was zu tun war.

Er sah zu, wie Pat seine durchsichtige Hand auf Jake Michaels Hals legte und ihm ein Medikament verabreichte. »Er wird sich in den nächsten Stunden nicht rühren«, erklärte er.

Arinon kam mit dem Fessel-Werkzeug zurück.

»Handschellen werden reichen«, ordnete Patallia an.

Arinon legte sie dem Mann um die Handgelenke und ließ sie einrasten.

Mercuran stand totenbleich mit dessen Jacke in der Tür und deckte ihn damit zu. »Bekommt er hier drin überhaupt genügend Luft?«, fragte er.

Nein, die bekam er nicht. Der Raum war hermetisch abgedichtet, sobald sie die Tür schlossen! Solutosan brauchte keinen Sauerstoff. Und nun? Tervs Gesicht sprach offensichtlich Bände.

»Ich bewache ihn«, erklärte Arinon sofort. »Ich bin an diesem Zwischenfall schuld. Ich werde aufpassen, bis ihr entschieden habt.«

»Ich komme alle drei Stunden und sorge dafür, dass er ruhig bleibt. Ich hole Wasser für ihn und einen Eimer mit Deckel für seine Notdurft.« Patallias Miene war ernst. Er nahm ein Handy aus der Tasche seines Kittels und gab es

Arinon. »Wenn du mich brauchst, drück hier auf den Knopf.«

»Hast du die Jackentaschen durchsucht, Mercuran?« Terv sah seinen wachsbleichen Geliebten an. Der nickte und reichte ihm Handy und Brieftasche des Polizisten. Er gab das Telefon an Arinon weiter. Der Quinari legte es auf den Fußboden und zerschlug es mit einem Fausthieb in tausend Stücke.

»Lass es so liegen, damit er es sieht«, befahl Terv. »Er muss wissen, dass Widerstand sinnlos ist.« Er steckte die Brieftasche des Mannes hinten in seine Jeans. »Tja, Leute«, stellte Terv fest. »Irgendwann musste so etwas ja passieren. Kommt mal mit.«

Tervenarius kontaktierte Meodern in seinem Zimmer. »*Ich brauche dich im Computerraum, Meo. Bitte komm herunter.*«

Terv brütete mit Pat und Mercuran im Raum mit den vielen Rechnern vor sich hin, als Meo hereingeschlendert kam. »Was ist denn hier los? Ist jemand gestorben?«

»Nein, Meo, Arinon wurde von Jake Michaels hier im Haus in seiner ganzen Pracht gesehen. Arinon hat ihn daraufhin bewusstlos geschlagen. Michaels liegt nun im Isolierraum und wird von ihm bewacht.«

Meo pfiff durch die Zähne. »Und nun?«

»Um das zu beratschlagen, sind wir hier.«

Mercuran, der sich verkehrt herum auf einen der Stühle gesetzt hatte, umklammerte mit den Armen die Stuhllehne. »Ich denke, zuerst müssen wir uns Zeit verschaffen. Wir sollten Michaels dazu bringen, bei seiner Dienststelle anzurufen, um sich Urlaub zu nehmen. Er kann ja erzählen, er müsse verreisen. So wird er erst einmal nicht vermisst.«

Tervenarius nickte. »Gute Idee.«

»Was haben wir denn für langfristige Alternativen?«, fragte Meo.

Tervenarius sah ihn ernst an. »Umbringen und spurlos beseitigen. Im Dämmerzustand hier behalten. Nach Duonalia oder Sublimar verfrachten.

»Damit auf uns keinerlei Verdacht fällt, müsste er dafür aber nicht nur in Urlaub gehen, sondern seinen Job ganz kündigen und sich von seinen Freunden und Familie verabschieden«, meinte Mercuran. »Blöd nur, dass Smu nicht einsatzfähig ist. Wir brächten Informationen darüber, wie viel Verwandtschaft Michaels hat.«

»Das kann er uns auch selbst erzählen«, mischte sich Patallia ins Gespräch. »Ich brauche ihm nur die entsprechende Droge zu geben. Dann redet er wie ein Buch.«

»Ihr Götter!« Terv raufte sich mit beiden Händen das Haar. »Das ist mir alles so zuwider! Wir zerstören das Leben dieses Mannes!«

»Er hätte sich eben nicht in die Höhle des Löwen begeben sollen«, stellte Meo ernst fest. »Jetzt beißt der Löwe ihn.«

Terv starrte Meodern an. Wie wäre Solutosan mit dieser Situation umgegangen? Auch der ehemalige Duocarns-Führer hätte sich sämtliche Alternativen aufzeigen lassen und dann entschieden. Das Problem war nur, dass alle Auswege schlecht erschienen.

Hatte er schon wieder gesoffen? Er konnte sich gar nicht daran erinnern. Sein Gehirn war völlig benebelt. Langsam öffnete Jake die Augen. Die Zimmerdecke über ihm war silbern. Wie aus Stahl. Warum? Wo war er? Er versuchte, die Bilder in seinem Verstand zusammenzufügen. Er konnte die Gedanken nicht ordnen, schloss die schweren Lider wieder und versank.

Seine Blase meldete sich. Benommen öffnete er die Augen. Ja, er musste aufs Klo. Wo war er eigentlich? Stahl, überall Stahl. Er lag auf einer weichen Unterlage. Jake drehte sich langsam und vorsichtig. Neben ihm stand eine Plastikflasche mit Wasser und ein Eimer mit Deckel. Sein Verstand wollte Alarm rufen, er war jedoch zu benebelt. Benebelt? Man hatte ihn betäubt! Jetzt war er doch alarmiert! Er richtete sich mühsam auf. Der Raum hatte eine Tür. Sie war sogar offen. Aber in der Tür saß jemand. Augenblicklich fiel ihm wieder alles ein. Der monströse Kerl saß in der Tür! Er war im Haus dieses David Martinal. Er hatte dieses Monster gesehen und das hatte ihn niedergeschlagen!

Seine Blase meldete sich eindringlicher. Verdammt! Es sah nicht so aus, als hätte der bizarre Kerl vor, ihn aus dem Raum zu lassen. Der hielt die Augen geschlossen, was aber nichts heißen musste. Er angelte nach dem Eimer, bemerkte, dass er Handschellen trug. Egal. Er würde jetzt pinkeln. Jake rappelte sich ein Stückchen höher. Nein, er würde dem grauen Kerl keine Show bieten. Schwerfällig wandte er ihm den Rücken zu, um seine Blase zu erleichtern. Seine Hände zitterten. Jake stellte den Eimer zur Seite, schloss mit bebender Hand den Deckel. Er drehte sich um. Der Kerl hatte die Augen geöffnet und starrte ihn an. Was für ein Blick! Es lief ihm kalt die Wirbelsäule hinunter. Wie ein Raubtier! Jake sah erschauernd auf dessen Klauen. Ein Schlag damit und man war tot!

Zwischen Matratze und Tür lag ein kleiner zerbröckelter Haufen Plastik und Metall. Wenn ihn nicht alles täuschte, war das sein Handy. Er ließ sich wieder auf die Unterlage zurückfallen. Man hatte ihn mit seinem Parka zugedeckt. Dessen Taschen würden nun leer sein. Aber, er war ja ein cleveres Kerlchen. Er hatte noch ein Messer seitlich im Stiefel stecken. Der Kerl an der Tür stand auf und machte einem anderen Mann in einem weißen Kittel Platz. Schlecht, dachte er, ganz übel. Kittel bedeutet Mediziner oder Laborant. Da kniete der Mann schon neben ihm auf dem Boden und berührte seinen Handrücken. Die Berührung war angenehm. Jake fiel in einen wunderschönen Schlaf.

»Du kannst ihn jetzt fragen.« Patallia kam auf die Beine.

Terv nickte. »Jake? Kannst du mich hören?«

»Ja«, antwortete der Polizist schwerfällig.

»Erzähle mir von deiner Schwester und deinem Bruder, Jake«, forderte Terv eindringlich.

»Habe ich doch gar keine«, lallte der Mann.

»Dann berichte mir von deinen Eltern. Kann deine Mutter gut kochen?«

»Weiß ich nicht«, raunte Jake undeutlich. »Die sind schon lange tot.« Das war gut.

»Schau mal, Jake! Da kommt dein Freund. Er hat Bier dabei!«

»Bier?«, wunderte sich der Mann. »Wir waren doch gestern noch saufen, Dave! – Hast du heute keinen Dienst?«

Gut, er hatte einen Kollegen, der Dave hieß und mit dem er in die Kneipe ging.

»Du bist doch schwul. Hast du einen Freund?«, fragte Tervenarius.

Jake antwortete nicht. »Die wollen alle immer nur ficken«, lallte er.

»Dein Freund auch?«, beharrte Terv.

»Habe keinen. Alle so primitiv«, flüsterte der Mann.

Sein Kopf mit dem kurzgeschnittenen, blonden Haar fiel nach vorne auf die Brust.

Tervenarius betrachtete ihn vom Haarschopf bis zu den Stiefeln. Die Stiefel. Er runzelte die Brauen. Gefangene sollten grundsätzlich keine Schuhe tragen. Er kniete sich hin und zog Jake die Stiefel aus. Er grinste. Seine Intuition hatte sich bewährt. Aus dem rechten Stiefel fiel ein Messer. Er sah zu Arinon, der als Blockade in der Tür saß. Dessen gelbe Augen blitzten. Er streckte die krallenbewehrte Hand aus.

Terv erhob sich und gab ihm die Waffe.

»Tja, Pech gehabt, Jake«, sagte Terv zu dem bewusstlosen Mann.

Solutosan hatte mit Ulquiorra auf der Terrasse gelegen und gesprochen. So lange bis sich die abendliche Sonne rot verfärbte und als purpurrote, flirrende Scheibe hinter dem Horizont versank. Sie hatten sich nicht wieder berührt.

Solutosan sah seinen Freund an, der in dem getrockneten Gewand neben ihm saß. Das schwarze, glatte Haar fiel ihm über die Schultern, die dunklen Augen in dem bleichen, schmalen Gesicht blickten Solutosan aufmerksam an.

Er sah Xanmeran in diesem Augenblick sehr ähnlich. Solutosan liebte sie gleichermaßen – Vater und Sohn. Er war froh, dass die beiden sich versöhnt hatten, denn er hätte niemals zwischen ihnen wählen können.

»*Wenn du in Piscaderia bist, solltest du versuchen, etwas über das Energetikon herauszufinden. Vielleicht gibt es das Buch doch und die Piscanier wissen etwas darüber*«, riet ihm Ulquiorra in diesem Moment.

Solutosan nickte träge. Der anfängliche Schreck über den erotischen Energieaustausch hatte sich gelegt. Lange hatte er sich nicht mehr so wohl gefühlt, wie an diesem Abend in Ulquiorras Gesellschaft. Der Freund forderte nie etwas, erwartete nichts, setzte ihn nie unter Druck. Sie verstanden sich einfach – vielleicht weil sie sich in ähnlichen Situationen befanden. Beide Energetiker und Oberhäupter ihrer Planeten.

Solutosan sah Ulquiorra an. Er selbst dachte offensichtlich freier als dieser, was Erotik zwischen Männern anging. Er hätte sich vorstellen können, mit seinem Freund die Nacht in der Mangroven-Hütte zu verbringen – diese schöne Zeit noch ein kleines bisschen zu verlängern. Aber er wagte nicht, Ulquiorra so etwas vorzuschlagen. Vielleicht hätte das wieder einen Keil zwischen sie getrieben. Außerdem musste er zurück nach Sublimar-Stadt, um nach seiner Familie zu sehen und zu prüfen, ob Troyan seine Arbeit tat. Ulquiorra, als der Marschall Duonalias, hatte bestimmt auch Wichtigeres zu tun, als sich tagelang mit ihm in den Mangroven zu vergnügen.

Solutosan seufzte. »*Ich muss langsam aufbrechen. Ich habe deinen Unterricht sehr genossen.*« In dem Moment, als er das sagte, merkte er, wie doppeldeutig sich dieser Satz anhörte. Peinlich berührt drehte er den Kopf weg.

Aber Ulquiorra lachte. »*Nichts zu danken. Wann sehe ich dich wieder? Ich muss dir noch beibringen, wie mit den kleinen Ringen umzugehen ist.*«

Die Aussicht, Ulquiorra wiederzusehen, stimmte ihn sofort froh. »Ich komme, wie immer, in drei Zyklen ins Silentium.«

»*Ich freue mich, Solutosan.*«

Mutig griff er nach Ulquiorras Hand, ohne Energie durch sie zu leiten. Er wollte, dass sie sich wieder anfassen konnten. Ulquiorra lächelte, stand auf, öffnete sein Tor und war verschwunden.

Solutosan ließ sich zu seinen Squalis ins Wasser gleiten. Sana und Marlon hatten brav auf ihn gewartet. Er verschmolz seine Beine zu der großen Flosse. »Wer ist zuerst in Sublimar-Stadt?«, fragte er herausfordernd.

In seiner Residenz angekommen, staunte Solutosan nicht schlecht. Vena und Troyan saßen lachend im großen Wohnzimmer seiner privaten Gemächer. Troyan hatte Marina auf dem Schoß, die mit ihrem Händchen in seinem Gesicht herumpatschte und dabei vor Wonne quiekte.

Solutosan drang ein Knurren aus tiefster Brust, ein Laut, der zusammen mit seinem Erscheinen sämtliche Heiterkeit der beiden auslöschte.

Marina streckte die Ärmchen nach ihm aus und er nahm sie Troyan aus dem Arm.

»Ich treffe dich gleich in meinem Arbeitszimmer«, befahl er Troyan in eisigem Ton, der sich sofort erhob und vor ihm und Vena verneigte und verschwand.

»Warum bist du denn so biestig?«, fragte Vena empört. »Wir hatten so ein nettes Gespräch, und wie du gesehen hast, mag Marina ihn ebenfalls.«

Solutosan ging nicht auf ihre Worte ein. »*War ich lange fort?*« Wenn er in der Anomalie reiste, verlor er sämtliches Zeitgefühl.

»*Nein, einen halben Zyklus*«, antwortete Vena bitter. Er spürte, dass sie verärgert war – sich nicht wahrgenommen fühlte.

Er streichelte Marina über ihre kleine, hellgrüne Wange und reichte sie an Vena. »*Tut mir leid, Vena. Ich mag eben nicht, wenn sich Piscanier in unsere Familie drängen.*«

Vena runzelte die Stirn. Ihre Schuppen am Hals liefen hellgelb an. Das war kein gutes Zeichen. »*Er drängt sich nicht, Solutosan! Ich habe ihn gebeten, kurz die Kleine zu nehmen, da du ja nicht da warst!*« Sie blickte zu ihm hoch – klein, schlank, willensstark. »*Außerdem ist er Auraner!*«

Er hatte keine Lust mit ihr zu streiten. Die Zeit mit Ulquiorra war entspannend gewesen. Er wollte dieses Gefühl nicht sofort wieder verlieren. Besänftigend legte er den Arm um sie und das Kind. »*Es ist in Ordnung, Vena. Ich werde mich in Zukunft nicht mehr einmischen. Es ist gut, dass er zur Hilfe kam. Dafür ist er ja hier.*« Er ließ sie los und ging zur Tür. »*Ich muss nun mit ihm sprechen. Bis später.*«

Troyan stand am Fenster, die Hände hinter dem Rücken verschränkt. Bei seinem Eintreten ging er eilig zum Schreibtisch, um seine Unterlagen zu greifen.

»*Nun?*«, Solutosan setzte sich auf den bequemen Korbsessel und stützte die Unterarme auf die Tischplatte. »*Was konntest du erreichen?*«

Sein Bruder breitete seine Papiere zu den einzelnen Problemen aus und erstattete Bericht: Er hatte den Besitzern des Amüsierviertels die Beschwerde weitergeleitet, die versprachen, die Lautstärke der Musik nach Sonnenuntergang zu halbieren. Den Fall mit den zerstrittenen Nachbarinnen brauchte er nicht zu klären. Die zänkischen Frauen waren zwischenzeitlich die dicksten Freundinnen, hatten ihn ausgelacht und hinausgeworfen.

Troyan rollte mit den Augen, was Solutosan nicht beachtete. Der Sekretär hatte seine Sympathie erst einmal verspielt.

Der fuhr fort. Der Wächter der Wasseranlage war offensichtlich ein Süchtiger, dessen Unzuverlässigkeit auf die Droge Trenquola zurückzuführen war, die aus Seetannen gewonnen wurde. Troyan hatte ihn durch einen jüngeren und fähigeren Mann ersetzt. Er war daraufhin bei der Vereinigung der Sericabauern gewesen, aber dort hatte man es abgelehnt mit ihm zu sprechen. Sie forderten Solutosans Anwesenheit.

Solutosan strich sich das Haar mit gespreizten Fingern zurück. Serica war, seit Sublimar existierte, das angestammte Zahlungsmittel. Die Sericabauern hatten eine wichtige Position. Sie bestimmten den Preis für alle anderen Waren. Es war nicht gut, dass sie das Monopol besaßen und die Auraner unter Druck setzen konnten. Sie hatten die Auflage, den zehnten Teil des Sericas an die Verwaltung Sublimars abzugeben. Solutosan graute vor einem politischen Apparat wie auf der Erde. Er war Krieger und kein Politiker. Und genau so würde er diesen Fall auch behandeln.

»Danke, Troyan«, erklärte er bestimmt. »*Wir werden morgen zur Vereinigung schwimmen. Xanmeran wird uns begleiten.*«

»*Darf ich fragen warum?*«, fragte Troyan, der seine Papiere ordnete.

»*Xanmeran ist ein beeindruckender Krieger. Wir müssen Stärke zeigen. Die Bauern dürfen ihre Preise nicht zu sehr hochtreiben. Wir werden ihnen klarmachen, dass wir auch noch ein Wörtchen mitzureden haben!*«

»Jake hat keine Verwandtschaft, aber ist und bleibt ein massives Problem.« Tervenarius lief aufgewühlt im Wohnzimmer auf und ab.

»Terv, ich finde, es ist ein Wunder, dass die Eskalation mit den Menschen so lange auf sich warten ließ.« Mercuran lag gemütlich auf dem braunen Sofa.

Tervenarius blieb stehen und blickte ihn mit gerunzelten Brauen an. Plötzlich entspannte sich sein Gesicht. »Und was bist du? Wozu gehörst du? Du sprichst von den Menschen als wärst du keiner.«

Mercuran lächelte. »Ich? Ein Humanoide? Mit DER Blutgruppe?«

Terv stutzte, dann lachte er. »Wir sind schon ein verrücktes Paar!« Er warf sich in einen der voluminösen Ledersessel. »Was machen wir nur mit Jake? Ich wünschte, wir könnten sein Gedächtnis löschen und ihn auf null drehen.«

»Nur Trianora kann das«, bemerkte Mercuran nachdenklich.

Terv schlug sich mit der flachen Hand vor die Stirn. »Natürlich! Das ist es! Wir setzen ihn irgendwo in Vancouver aus und Trianora löscht seine Erinnerung! Dazu braucht sie nur ein Stück Stoff seiner Kleidung. Erinnere dich, wie sie es bei Meo gemacht hat.« Er sprang auf, ließ sich neben Mercuran auf das Sofa fallen, und umarmte ihn heftig.

»Meinst du das wirklich ernst, Terv?«

Er nickte. »Wir können den armen Kerl ja nicht umbringen, bloß weil er Arinon gesehen hat.«

Mercuran seufzte.

»Na komm«, Terv streichelte seine Wange. »Du wirst sehen, es ist die beste Lösung.« Sein Geliebter schloss die Augen.

Tervenarius lächelte und küsste ihm sanft die Augenlider. »So ist es gut«, sagte er zärtlich.

Er liebte es, wenn Mercuran nachgiebig war. Er war in lüsterner Stimmung und diese Gefügigkeit würde er ausnutzen. Widerstandslos streifte Terv ihm den Pullover über den Kopf, ließ das Shirt folgen und zog sich selbst aus. Mercuran hob den Po, als er ihm die Jeans über die schmalen Lenden herunterzog. Das glatte Leder der Couch unter sich zu spüren mit seinem Geliebten im Arm, erregte ihn.

Mercuran, auf dem Rücken liegend, spreizte bereitwillig die Beine, nahm seinen kräftigen Körper dazwischen und umschlang ihn mit den Gliedmaßen. »Gefangen«, flüsterte er. Tervenarius betrachtete zärtlich sein Gesicht und den sinnlichen, konzentrierten Ausdruck darin. Wie gerne ließ er sich auf diese Art fangen!

Er presste seinen Kopf in Mercurans Halsbeuge um seinen Duft einzuatmen – wie metallischer Honig, süß und verlockend. Mit Mercurans steigender Geilheit verstärkte sich dieses Aroma. Er setzte noch mehr Pheromone frei und berauschte Terv zusätzlich. Er bedeckte Mercurans Antlitz mit Küssen, stützte sich mit den Armen ab und rieb sein hartes Glied an dem seines Partners.

»Tu es«, flüsterte Mercuran. »Mach es ganz tief.«

Das würde er sich nicht zwei Mal sagen lassen. Die milchige Basis, in die er gewöhnlich seine Pilzsporen mischte, war ideal. Sanft griff er zwischen Mercurans stramme Pobacken, während er ihm zärtlich mit den Zähnen die Brustwarzen malträtierte. Mercuran wand sich stöhnend auf dem glatten Leder.

»Nimm mich«, keuchte er. »Zeig mir, wie sehr du mich liebst!«

Tervs Hand zitterte vor Begierde, als er sein Glied in die richtige Position brachte und behutsam in seinen seufzenden Geliebten eindrang. Nach der weichen Nachgiebigkeit seiner Öffnung umschloss ihn sofort Mercurans Enge, was ihn kurz keuchen ließ. Der schlang die Beine um seinen Leib, um ihn einen Moment unbewegt zu halten. Langsam gab er ihm mehr Spielraum, den Tervenarius nutzte, um sich ruhig und gemächlich in ihm zu bewegen.

Er stützte sich nur noch einseitig ab, verwöhnte Mercurans Glied mit der Hand. »Magst du es so?«, flüsterte er. Da er keine Antwort bekam, beschleunigte er seine Stöße.

»Ja«, stöhnte Mercuran – wurde lauter, »Ja!« Seine Hände krallten sich in Tervenarius Rücken, zogen scharfe Spuren in seine weiche Pilzhaut. Diese kleine Bewegung gab ihm den Rest. Sein Leib versteifte sich, krampfte schüttelnd, als er sich in Mercuran ergoss, während dieser gleichzeitig seine Hand mit seinem warmen Saft benetzte. Sein Geliebter keuchte, zitterte, bedeckte sein Gesicht mit Küssen.

Terv hielt inne. Sein kurzer Rausch war schnell verflogen. Das reichte ihm nicht. Er war den ersten Druck los, aber er war nicht satt. Er wollte Mercuran richtig zum Kochen bringen – wusste, dass dieser zu weitaus mehr fähig war. Mit einem lasziven Lächeln hob Tervenarius die Hand zum Mund. Er wusste genau, was er da tat. Er nahm den Saft zu sich, der ihn zu einem gierigen Potenz-Ungetüm machte.

Mercuran beobachtete mit weit aufgerissenen Augen, wie er sinnlich und genussvoll mit der Zunge durch die silbrigweiße Sahne fuhr. Er ließ sich viel Zeit, kostete den wollüstigen Geschmack aus – baute seinen Schwanz in Mercuran zu einer enormen Größe auf, legte eine schützende Pilzschicht um sein Glied. Der kurze, gierige Akt hatte Mercuran nur erwärmt, aber gleich würde sein Schatz regelrecht brennen. Er konnte das brunftige Grollen in seiner Brust nicht unterdrücken. Kraftvoll bäumte er sich auf, drückte Mercurans Beine hart an dessen Bauch, um tiefer eindringen zu können. Jetzt fragte er nicht mehr nach Vorlieben und Gefallen. Entfesselt und stürmisch stieß er in die kochende Hitze von Mercurans Leib, nahm seine Schreie nur noch verschwommen wahr. Die elementare Kraft trieb ihn, lange und wild, bis er von einem erneuten Orgasmus geschüttelt über Mercuran zusammenbrach.

Allmählich kam er wieder zu sich. Er strich Mercuran das Haar aus der Stirn, belächelte dessen verdrehte Augen, küsste seinen verzückten Mund und rollte sich neben ihn.

»Das war monströs – und **zwei** Mal«, ächzte Mercuran.

»Hat es dir nicht gefallen?«, lächelte er.

»Oh doch!«

»Es liegt an deinem Saft, David. Der raubt mir komplett die Sinne.«

Mercuran grinste entrückt. Ein Blick nach unten erklärte Terv wieso. Seinen Schatz hatte die letzte Aktion erneut hart gemacht, aber nicht zum Ende gebracht.

Dich mach ich ohne Probleme endgültig fertig, dachte er, drehte seinen Geliebten auf die Seite und winkelte dessen Beine an. Er rutschte tiefer, beugte sich über Mercurans stramme Backen und ließ die Zunge zielsicher dazwischen gleiten. Mercuran hielt kurz die Luft an, entspannte sich sofort und genoss seufzend seine verwöhnende Zärtlichkeit.

Tervenarius schloss die Augen. Sein Blut kam endgültig zur Ruhe. Er hatte Mercuran immer noch nicht gesagt, wie stark er sich beim Sex durch sein Quecksilber erhitzte. Sein Freund hatte ihn bisher nicht gefragt, weshalb sein Schwanz gelegentlich derartig an Größe zunahm. So lang diese Frage nicht kam, würde er sein Wissen weiterhin für sich behalten. Er wollte Mercuran in dem Glauben lassen, dass er eine Wahl hätte – frei war auszusuchen, mit wem er schlief. Sein Geliebter entschied sich für ihn. Und so sollte es bleiben.

Er genoss seine intime Position, steckte die Zunge tief in die warme, gedehnte Öffnung und streichelte dabei zärtlich Mercurans runde Pobacken und die weichen Hoden. Besitzergreifend drückte er die Finger seines Freundes zur Seite und rieb dessen Glied, bis dieser lustvoll stöhnend zum zweiten Mal in seine Hand kam.

Eigentlich verhalte ich mich unmöglich, dachte er. Er nahm Mercuran genüsslich auf der Ledercouch durch, während Jake unten im Keller schmorte. Aber immerhin hatte er nun die Lösung des Problems.

Terv traf Meo am nächsten Morgen in der Küche. »*Ah, Meo, gut, dass du hier bist. Hast du Zeit?*«

Meodern leerte ein riesiges Glas Kefir und wischte sich den Mund mit dem Ärmel ab. »*Kommt drauf an wofür*«, grinste er. »*Ihr wart letzte Nacht im Wohnzimmer übrigens ganz schön laut.*«

Tervenarius kratzte sich verlegen hinter dem Ohr. »Ähm ja.« Hatten sie vergessen die Tür zu schließen? Na ja, das war jetzt gleichgültig.

»Es geht darum, dass Mercuran wahrscheinlich die Lösung gefunden hat, wie wir unseren Gefangenen elegant loswerden können.« Er machte eine Pause. »Wir bitten Trianora, ihre Gabe bei ihm anzuwenden.«

Meodern starrte ihn mit durchdringenden, giftgrünen Augen an. »Das könnte eine Lösung sein«, bestätigte er nachdenklich.

»Würdest du sie danach fragen, Meo? Ich gebe dir sofort ein Stück Kleidung von ihm mit. Vielleicht wäre es gut, wenn sie dafür auf die Erde käme.«

Meo drehte sein leeres Glas in den Händen. »Ich bezweifle, dass sie dazu in der Lage sein wird, Terv.«

»Wieso? Sie war doch schon einmal in Seafair.« Terv war irritiert.

Meo starrte auf den Tisch. »Ich glaube nicht, dass sie jetzt durch die Anomalie reisen kann, weil sie ein Kind erwartet.«

Tervenarius ließ sich auf einen Küchenstuhl fallen. Er schluckte. Niemals hätte er gedacht, dass Meodern sich vermehren würde. Er war ein Playboy und Frauenliebling. Und ein solcher bindet sich nicht. Was sollte er nun sagen? Es war eindeutig, dass Meo mit der Sache nicht glücklich war.

»Herzlichen Glückwunsch, Meo«, brachte er schließlich hervor. Kurz schoss ihm durch den Kopf, wie angenehm es doch war homosexuell zu sein. So blieben einem derartige Überraschungen erspart.

Er riss sich zusammen. »Bitte frage sie, ob sie grundsätzlich dazu bereit ist, ja? Sie wäre eine große Hilfe!« Er wollte nicht weiter auf die Sache mit dem Kind eingehen.

»Noch etwas. Wir brauchen einen Termin bei Bar. Machst du den klar? Schau mal in deinen Terminkalender. Wir sollten bei ihm aufmarschieren, solange die Angelegenheit noch aktuell ist.«

Meo nickte, zückte sein Handy und rief seinen Kalender auf. »Ich habe in drei Tagen eine Modenschau in Mailand. Gib mir *das Stück Stoff und rufe bitte Ulquiorra. Ich sehe zu, dass ich schnellstmöglich wieder hier bin.«*

Tervenarius lief in den Keller zum Isolierraum. Arinon saß wie aus Stein gehauen in der Tür des Raumes. Er hob den Kopf, als Terv die letzten Stufen der Treppe hinunter sprang.

»Hast du das Messer noch, Arinon?« Der Quinari-Krieger nickte, erhob sich, zog das Messer aus seinem Gürtel und reichte es ihm. Terv ging zügig zu Jakes Lager und schnitt ein Stück von dem Ärmel seines Parkas ab, mit dem er zugedeckt war. Jake war offensichtlich weiterhin im Traumland. Beim Vraan, das durfte kein Dauerzustand bleiben!

Er gab Arinon das Messer zurück und lief wieder die Treppe hinauf. Im Laufen berührte er den Ring in seiner Brust und rief Ulquiorra. Meo war bereits im Wohnzimmer und trug ein Gewand. Gemeinsam warteten sie auf den großen, goldenen Kreis, der den Energetiker ankündigte.

»Ich habe leider nur wenig Zeit«, begrüßte Ulquiorra sie – sein Gesicht war jedoch freundlich wie immer. *»Was gibt's?«*

»Bitte nimm mich mit nach Duonalia!« Ohne zu zögern, stellte sich Meodern hinter ihn und berührte mit beiden Händen den Rücken des Torwächters. Gemeinsam traten sie in den Ring und waren verschwunden.

Terv blickte noch kurz auf den zerstäubenden, goldenen Schein im Wohnzimmer. Hoffentlich konnte Meodern diese Sache regeln.

Erst als Meo bereits auf dem Transportband auf Duonalia stand, dachte er darüber nach, was er Trianora eigentlich sagen sollte. Er musste sich entschuldigen. Ob sie seinen Panikanfall verstand? Er war sich nicht sicher. Terzia hätte ihn wahrscheinlich geohrfeigt. Damit wäre er klargekommen. Trianora war eher die still Leidende. Er seufzte. Ob sie wohl überhaupt zu Hause war?

Er drückte das Tor zum Innenhof auf. Alles war ruhig. Suchend ging er durch die Räume. Er fand sie im Badezimmer, halb entblößt vor einer hölzernen Waschschüssel. Der Blick auf ihren weißen Körper mit den großen, etwas hängenden, Brüsten, ließ sein Glied sofort reagieren. Beim Vraan! Er brauchte jetzt seinen Verstand!

»*Meo!*« Sie drehte sich zu ihm um und errötete leicht. Ihr Götter, sie war wirklich wunderschön. Das sonst so ordentlich geflochtene Haar war nur zu einem losen Knoten aufgesteckt, einige feuchte Strähnen klebten an der weißen Haut. Eine verführerische Venus! Er hatte sich mies verhalten. Konnte er nun einfach darüber hinweggehen und sich auf sie stürzen?

Meo schluckte und sagte das, was ihm als Erstes in den Sinn kam. »*Du bist so wunderschön, Trianora.*« Er trat zu ihr. »*Ich bin ein solcher Flusch gewesen!*« Jetzt stand er ganz nah vor ihr und fühlte, dass sie weiche Knie bekam. Sie brach ein durch seine Nähe. Bestimmt hatte sie ihm vieles sagen wollen, und garantiert etliches, das unangenehm war, jedoch ihre halb geöffneten Lippen und die aufgerissenen Augen sagten ihm: »Nimm mich!« Er nahm sie in die Arme und küsste sie. Zuerst ganz zart, aber er konnte sich nicht mehr beherrschen und wurde fordernder. Er ließ die Zunge leicht vibrieren. Trianora keuchte.

Bevor sie sich etwas überlegen konnte, kam er ihr zuvor. »*Ich weiß, dass du mir Vorwürfe machen willst. Ich habe sie verdient. Einfach wegzulaufen war unfair. Verzeihst du mir?*«

Er gab ihr nicht die Möglichkeit zu antworten, sondern küsste sie wieder und legte seine Hände auf ihre Brüste. Mit steigender Erregung streichelte er die zarte Haut und gab etwas Vibration in die Handflächen, um ihre Brustwarzen zu stimulieren. Trianora hatte ihm nichts entgegenzusetzen. Sie nickte nur und presste sich an ihn. Sich zu entschuldigen war glücklicherweise einfach gewesen.

Er streifte ihr Gewand ganz hinunter und ließ es auf den Boden fallen. Ohne Mühe nahm er sie auf die Arme und trug sie ins Schlafzimmer, platzierte sie auf dem großen Bett. Er öffnete ihre Schenkel und kniete sich dazwischen – betrachtete sie genüsslich.

Nie hätte er gedacht, dass eine Duonalierin so hingebungsvoll und wollüstig sein könnte! Er griff unter ihren Po und drehte ihr Becken zu sich, so dass ihr sich darbietender Schoß vor ihm lag. Er küsste ihren weichen, weißen Bauch. Fast unvorstellbar, dass sein Kind darin war. In dem Moment, als er das dachte, spürte er sein Glied zusammenfallen. Beim Vraan! Das war in so einer geilen Situation noch nie passiert! Das würde sich zweifellos geben. Er machte weiter. Hauptsache, Trianora bemerkte es nicht.

Den Kopf an ihrem Bauch rutschte er tiefer, hörte Trianora wieder keuchen, als er ihr Geschlecht küsste. Er begann zart, wurde dann immer inniger. Er verdrängte alle Gedanken und verwöhnte ihre sensible, feuchte Frucht mit erfahrenen Lippen und ließ sich sehr viel Zeit. Trianora wand sich seufzend unter ihm. Ihre Beine umschlangen ihn wie eiserne Klammern. Ihr Duft und herbsüßer Geschmack raubten ihm fast die Sinne. Sein Glied reagierte, reckte und streckte sich wohlig und hart. Na also! Am liebsten hätte er sie von hinten genommen, fühlte jedoch, dass sie seine Nähe und Küsse brauchte. Deshalb schob er sich hoch, gab ihr mit einem tiefen Kuss den Geschmack ihres eigenen Aromas und griff nach unten. Sein Handrücken streifte ihren Bauch. Oh nein, dachte er nur, denn als seine Hand an seinem Glied ankam, hatte dessen Bereitwilligkeit nachgelassen. Das wurde so nichts. Er wollte in diesem Moment nicht über die Gründe nachdenken. Sie hatte wahrlich verdient, dass er sie befriedigte.

Sanft schob er zwei Finger in ihre feuchte Öffnung und ließ sie zart vibrieren. Dabei küsste er sie weiterhin besitzergreifend. Er beschleunigte die Vibration seiner Finger, massierte sie von innen. Prüfend sah er ihr ins Gesicht. Trianora war völlig weggetreten. Sie stöhnte, keuchte und hechelte abwechselnd. Er war auf dem richtigen Weg. Er genoss ihre Wollust, bewegte die Hand rhythmisch in ihr, bis sie seine Finger pulsierend umklammerte und kochend heiß überbrühte.

»*Meo!*«

Er grinste. Auf diese Art ausgesprochen, mochte er seinen Namen am liebsten. Sofort entspannte er sein Gesicht, damit sie das Grinsen nicht sah, denn sie schlug die Augen auf. Ihr silberner Blick war wundervoll verschleiert. Er lächelte.

»*Wie hast du das nur gemacht?*«, hauchte sie.

Das waren die Vorteile, wenn man ein Duocarns-Hybride war. Aber das sagte er natürlich nicht. Er sagte: »*Ich liebe dich, Trianora.*«

»*Ich habe deinen Lieblingskuchen für dich gemacht.*« Er hob erstaunt den Kopf. Sie lächelte. »*Ich wusste, dass du bald wiederkommst.*« Sie wurde ernst. »*Auch mich traf die Erkenntnis Mutter zu werden unvorbereitet. Natürlich musste ich damit rechnen – aber ...*« Sie führte den Satz nicht zu Ende.

»*Zusammen werden wir das alles ganz sicher wunderbar meistern*«, meinte er und kaute genussvoll den Kuchen.

Trianora nickte vertrauensvoll. Sie wollte das Thema glücklicherweise in diesem Moment nicht mehr ausweiten. »*Wie geht es denn den anderen auf der Erde?*«, fragte sie. »*Ich habe übrigens Halia und Luzifer besucht. Sie sind wirklich ein bizarres Pärchen.*«

Trianora lachte und schenkte ihm noch einen Becher Dona ein.

»*Auf der Erde haben wir ein Problem, Trianora. Eines, bei dem wir deine Hilfe brauchen. Der Quinari Arinon, der im Moment mit Patallia arbeitet, wurde von einem Humanoiden gesehen. Dieser Mensch, Jake, ist nun als Gefangener im Duocarns-Haus. Wir können ihn mit seinem Wissen nicht einfach laufenlassen. Ich wollte dich deshalb bitten, deine Gabe bei ihm anzuwenden. Ist das möglich?*«

Trianora wurde noch blasser – fast grünlich weiß. »*Weißt du denn nicht, dass Duonalierinnen während ihrer Schwangerschaften keine Gaben haben?*«

Meo blieb der Kuchen im Hals stecken. Er hustete. Das waren natürlich ganz schlechte Neuigkeiten. »*Nein, das wusste ich nicht.*« Tervenarius würde überhaupt nicht erfreut sein. »*Aber nach der Geburt des Kindes ist alles wie vorher? Danach könntest du das Ereignis aus seinem Verstand entfernen? Wird seine Erinnerung daran jemals zurückkehren? Ich bin ja auch wieder zur Besinnung gekommen.*«

Trianora errötete. »*Meodern, du bist ein duonalischer Hybrid und hast komplett andere Fähigkeiten als ein normales Erdenwesen. Ich werde mir, wenn das Kind da ist, sehr viel Mühe geben und versuchen, lediglich eine kleine Zeitspanne zu löschen, was ohne weiteres möglich ist. Damals habe ich in Panik agiert.*«

Meo versuchte, zu rechnen. Waren fünfhundert Zyklen denn fünfhundert Tage? Nein. Da die Zeit auf Duonalia schneller verging, als auf der Erde, war er nicht fähig, die Schwangerschaft in Menschenzeit umzurechnen. Vielleicht würde Patallia es können. Man musste also diesen Jake so lange irgendwo festhalten, bis das Kind geboren war. Er stöhnte.

»*Tut mir leid, dass ich euch im Moment nicht helfen kann*«, flüsterte sie.

Er sprang auf und riss sie in seine Arme. »*Keine Sorge, Trianora. Wir kriegen das trotzdem hin.*« Er zögerte. »*Nur sollte ich baldmöglichst nach Vancouver und es Tervenarius mitteilen.*« Er sah ihr enttäuschtes Gesicht. »*Ich komme so bald wie möglich wieder zurück. Habe nur noch eine kurze Modenschau in einem anderen Land.*«

Trianora seufzte ergeben.

Natürlich sagte er nicht, dass es kein anderes Land war, sondern ein anderer Kontinent. Er erwähnte auch nicht, dass die Modenschauen in Mailand über einige Tage gingen und dass es dort von attraktiven Frauen nur so wimmelte. »*Soll ich dir einmal Fotos davon mitbringen?*«, fragte er besänftigend. »*Auf ihnen trage ich unterschiedliche Menschenkleidung. Du wirst staunen.*«

Trianora nickte und lächelte dann. »*Du bist auf der Erde sicher schon berühmt, Meo.*«

»*Ja*«, entgegnete er. »*Ich heiße dort Adam der Ägypter.*«

Meodern drückte sie an seine Brust. »*Ich komme wieder so schnell ich kann*«, tröstete er sie leise.

Auf dem Weg ins Labor sah Tervenarius Ulquiorras Kreis im Wohnzimmer, der sofort verblasste. Meo war wieder da. Warum kam er nicht heraus? Terv reckte seinen Kopf durch die Tür. Meodern saß, die Hände auf die Knie gestützt, auf dem Sofa. »Meo?« Sein Freund sah auf, das Gesicht ernst. Aber das war nicht nur Ernsthaftigkeit, die er sah – da war noch etwas anderes. Frustration?
»*Was ist passiert?*«
Meo atmete tief, fuhr sich mit der Hand durch sein stacheliges Haar. »*Das klappt alles nicht wie gedacht, Terv. Trianora kann uns nicht helfen. Während ihrer Schwangerschaft hat sie keinerlei Gaben.*«

Tervenarius ließ sich auf einen Sessel fallen. »*Beim Vraan!*« Er sah Meo ratlos an. »*Dann gibt es nur noch eine Möglichkeit. Wir werden ihn zwingen, seinen Job zu kündigen und seine Wohnung aufzulösen.*« Terv grinste grimmig. »*Danach schicken wir ihn mit Arinon nach Duonalia.*«

Meodern rieb sich das Kinn. »*Wenn das Kind da ist, kann Trianora sein Gedächtnis löschen. So lange müssen wir ihn sicher unterbringen. Was ist sicherer als ein anderer Planet?*«

Terv nickte. Ihm passte das alles nicht, aber nur so würde es gehen.

»*Meinst du er kooperiert, Terv? Er wird versuchen auszubrechen und Hilfe zu bekommen.*«

Terv sah ihn ernst an und erhob sich. »*Ich spreche mit Arinon und schaue nach, ob Jake ansprechbar ist. Je früher wir die Sache in Angriff nehmen umso besser. Es ist Montag – eventuell wird Jake schon vermisst.*« Er wollte gehen, blieb aber an der Tür stehen. »*Gibt es sonst noch ein Problem?*«

Meo sah richtig unglücklich aus. »*Nein, Terv. Lass uns nur bitte den Besuch bei Bar verschieben, bis ich aus Mailand wieder da bin.*«

»*In Ordnung.*« Es hatte wenig Sinn in Meo zu dringen, wenn er nicht bereit war, etwas zu erzählen.

Tervenarius lief die Treppe hinunter zu Arinon. Der saß unbewegt, die Augen geschlossen, in der Tür. Jake war wach, hockte, die Arme um die Knie geschlungen, auf seiner Matratze. »McNamarra«, fauchte er. »Das wirst du bereuen!«

Unbeeindruckt wandte Terv sich an Arinon und sprach duonalisch: »Wir finden keine andere Lösung, als ihn nach Duonalia zu verfrachten, Arinon. Würdest du ihn in der Kampfschule unterbringen? Wir können sein Gedächtnis löschen, jedoch erst in fünfhundert Zyklen.«

Arinon nickte. »Ich rede mit Patallia und frage, ob er mich noch braucht. Aber ich denke, er kann die Salbe auch ohne mich synthetisieren. Es ist gut, dass ich zurückgehe. Meine Schüler warten bestimmt schon auf mich.«

»Gut, dann spreche ich jetzt mit Jake.«

Arinon erhob sich und ließ ihn in den Raum.

»So, Jake«, begann er ruhig auf Englisch. »Wir müssen nun wohl einmal Klartext reden.«

»Allerdings«, knirschte der Polizist. »Ist dir klar, was ihr hier macht? Das ist Kidnapping! Weißt du, wie viele Jahre darauf stehen? – Was ist das eigentlich für eine verdammte Sprache, die ihr da sprecht? Sowas habe ich ja noch nie gehört.«

Tervenarius lehnte sich an die Stahlwand. Er würde sich nicht provozieren lassen. »Kannst du dir vorstellen, warum wir dich hier festhalten?«

»Ja klar«, schnauzte Jake. »Wegen des Monsters da!« Arinon reagierte nicht.

»Gut, dass du das schon mal verstanden hast«, antwortete Terv ruhig. »Was würdest du mit der Information über das „Monster" anfangen?«

Der Polizist überlegte. »Ich würde weiter nachforschen, wo so ein Wesen hergekommen sein könnte.«

Terv nickte. »Würdest du deine Vorgesetzten informieren?«
»Natürlich, das wäre ja meine Pflicht! Er ist ja ein gefährliches Raubtier!«
Tervenarius grinste. »Ja, sicher, so mag Arinon für dich aussehen.«
»Ach, dieses Biest hat auch noch einen Namen?«, fragte Jake sarkastisch.
»Arinon ist ein Krieger der Quinari«, erklärte Tervenarius eisig. »Er ist mein Gast und ich möchte dich bitten, ihn nicht mehr zu beleidigen.«
Jake schluckte und schwieg.
»Ich bin hier, um dir für deine Zukunft zwei Alternativen zu bieten. Wir werden dich auf keinen Fall in dein altes Leben zurücklassen, denn du bist eine Gefahr für uns. Aus diesem Grund wäre es schön, du würdest freiwillig kooperieren. Du wirst für einige Zeit an einen anderen Ort gebracht. Deshalb möchte ich dich bitten, deinen Job ordentlich zu kündigen, deine Wohnung aufzulösen und deinem Kumpel Dave Lebewohl zu sagen.«
Jake hatte ihm mit offenem Mund zugehört. Er brach in schallendes Gelächter aus. »Aber sonst bist du noch gesund, McNamarra? Den Teufel werde ich tun!« Dann setzte er lauernd hinzu. »Was wäre denn die zweite Alternative?«
»Der Tod«, erwiderte Tervenarius.

Patallia kam aus dem Labor und stand während seines Gesprächs mit Jake an der Tür des Isolierraums. Er hatte den Kittel abgelegt und trug nun eine dunkle Jeans und ein schwarzes Hemd von Versace, das die Blässe seiner Haut noch betonte. Er musterte Jake und drehte sich dann zu Terv. »Meo hat mir erzählt, was los ist. Und? Kooperiert er?«, fragte er duonalisch, so dass auch Arinon sie verstehen konnte.

Terv wandte sich ihm erleichtert zu. Wie gut, dass Pat da war, um zu helfen. Jake war ein Sturkopf und alles Zureden nützte nichts.

»Nein, Pat, es wird Probleme geben«, antwortete er. »Ich weiß nicht, womit ich ihm drohen kann. Er scheint den Tod nicht zu fürchten. Ich muss ihn dazu bringen, seinen Kumpel anzurufen, um ihm eine Lügengeschichte zu erzählen. Ich habe mir auch schon etwas überlegt. Er wird sich bei seinem Kollegen outen und berichten, dass er jetzt einen reichen Freund hat. Dieser Freund hat eine Yacht und er will unbedingt mit ihm verreisen. Wir zahlen ihm Geld auf sein Konto ein. Genügend, um seine Miete für zwei bis drei Jahre zu bezahlen. Seinen Job kann er schriftlich kündigen. Jedoch verweigert Jake hartnäckig die Zusammenarbeit.«

Patallia legte den Kopf schräg. »Freiwillig wird er das niemals machen.« Er hielt inne und musterte Jake, der mit trotzigem, aber interessiertem Gesicht in der Ecke saß. »Ich werde ihm eine hypnotische Droge geben, die ihn deine Geschichte glauben macht. Dann erzählt er sie fließend jedem, der sie hören will!«

Tervenarius fiel die Kinnlade vor Erstaunen herunter. »Pat! Das ist möglich? Ist das nicht die Lösung unseres Problems? Wir impfen ihm eine Story ein und lassen ihn dann laufen?«

Patallia sah ihn missbilligend an. »Den Mann in einer Dauer-Hypnose herumirren lassen? Nein, das kann ich nicht empfehlen.«

»Und deine Kurz-Hypnose kannst du wieder auflösen?«

Patallia nickte. »Ich habe es bisher nicht bei Menschen versucht, denke aber, dass es funktionieren wird. Die Frage ist, wen wir ihm als seinen Freund einimpfen.«

Terv grinste breit, dann noch breiter. »Wir haben doch nur **einen** Junggesellen hier.« Er drehte den Kopf fragend zu Arinon.

Der kniff die Augen zusammen und fletschte die Zähne. Dann nickte er langsam.

Patallia schlug die Hand vor den Mund und kicherte. »Ich wusste nicht, dass du so bösartig sein kannst, Tervenarius.«

Meo starrte weiterhin auf die Tür, auch als Tervenarius längst verschwunden war. Er sah an sich hinunter. Er trug immer noch das Dona-Gewand. Schlafwandlerisch lief er in sein Zimmer und legte sich auf das Bett. Bei Trianora war ihm eine Schlappe passiert. Er brauchte sich nichts vorzumachen. Und es war ebenfalls klar, dass sich diese bei ihr wiederholen würde. Ihre Schwangerschaft war für ihn ein absoluter Lustkiller.

Ein menschliches Kind benötigte neun Monate. Ein duonalisches würde höchstwahrscheinlich auch so lange brauchen. Neun Monate ohne Sex? Das war für ihn unvorstellbar. Es war vorprogrammiert, dass er sich eine Geliebte suchen würde, und eigentlich war schon klar, wer seine erste Wahl war: Terzia.

Na, ganz toll, Meo, dachte er. Dann hast du genau den Zustand, den du vorher hattest. Zwischen zwei Frauen hin und her gerissen. Leise meldete sich eine Stimme in seinem Hinterkopf, die fragte, ob er denn wohl auch bei Terzia versagen würde. Er befahl dieser Stimme sofort zu schweigen. Er fühlte eine ungeheure Wut in sich aufsteigen. Was für eine verdammte Situation!

Er zerrte sich das Gewand über den Kopf, suchte eine dünne Sporthose und ein Shirt heraus, zog die Sachen an und stapfte die Treppen hinunter. Arinon saß wie festgewurzelt in der Tür des kleinen Isolierraums. Ihr Gefangener war wach und starrte vor sich hin. Arinon wäre der ideale Sparringspartner für ihn gewesen, aber ihn brauchte er nicht zu fragen. Der würde sich keinen Zentimeter bewegen. Also grüßte Meo ihn nur kurz, grinste Jake an und stapfte in die Trainingshalle, um dem Sandsack Saures zu geben.

Nachdem er den Punching-Sack vermöbelt hatte, stemmte er etliche Gewichte und sprang eine Stunde mit dem Springseil. Danach ging es ihm besser. Inzwischen hatte er sich einen Plan zurechtgelegt. Er würde Trianora sanft verständlich machen, dass er Angst um das Baby hätte, und deshalb bis zur Geburt nicht mehr mit ihr schlafen wollte. Des Weiteren würde er sich Terzia zur Brust nehmen.

Er hatte inzwischen vier Wochen keinen Sex gehabt und langsam kam der Samenstau im Gehirn an. Nach seiner Ankunft auf der Erde hatte er sich geschworen, nie mehr Hand an sich selbst zu legen. Die Äonen bei den Duocarns hatten ihm gereicht. Immer mit den Männern unterwegs, als Hybrid bei den duonalischen Frauen gefürchtet. Damals war er aus Verzweiflung sogar einige Male auf den westlichen Mond gegangen und hatte sich von Gleichgeschlechtlichen bedienen lassen. Mit all den freizügigen Frauen auf der Erde war er im Paradies. Nein, er würde durch Trianoras Schwangerschaft jetzt nicht auf Handbetrieb umsteigen und auch nicht in Askese gehen.

Er lief zurück, wieder an dem Isolierraum vorbei.

»Adam der Ägypter«, nölte Jake gehässig.

Meo überlegte. Sollte er mit dem Mann sprechen? Warum nicht? Bald wäre sein Gehirn sowieso nur noch Brei. Und bis dahin war er festgenagelt. Außerdem war er genau in der richtigen Stimmung!

Er ging nicht in den Raum, sondern blieb hinter Arinon stehen.

»Ich habe keine solche Berühmtheit hier in dem Kidnapper-Haus erwartet«, moserte Jake.

»Und ich habe nicht so viel Dummheit bei einem Polizisten der Vancouver Polizei erwartet«, konterte Meo. »Glaubst du im Ernst, du hast nur die leiseste Chance, Jake?«

Er würde dem Mann eine kleine Lektion erteilen. Schneller, als Jakes Augen es wahrnehmen konnten, hechtete er über Arinon hinweg, kniete auf der Matratze neben Jake, den er an der Gurgel gepackt hielt.

»Glaubst du, irgendjemand hier im Haus wäre menschlich?«, zischte er.

Jake röchelte.

Meo hörte, wie der Quinari hinter ihm aufsprang.

»Keine Sorge, Arinon«, stieß er auf duonalisch hervor. »Ich bringe ihn nicht um.« Er wandte sich zu Jake. »Ich brauche keine Sekunde, um dir den Schädel herunterzureißen! Junge, mach uns keinen Ärger, sonst ist dein Lebenslicht ausgehaucht!« Er ließ Jake los und stand blitzschnell wieder hinter Arinon an der Tür.

»Um Gottes willen!« Jake befühlte seinen Hals. »Ich mache ja gar keinen Ärger«, keuchte er mit fassungslos aufgerissenen Augen.

»Gut«, Meo nickte. »Wenn doch, bin ich schneller da, als du bye-bye sagen kannst.«

Das war zu viel für ihn! Jake hatte ausgehalten, von einem Monster bewacht zu werden. Er hatte auch die unheimliche Unterhaltung in dieser melodischen Sprache zwischen McNamarra und dem bizarren Arzt ertragen. Aber von diesem Superman-Model Adam fast erwürgt zu werden, ließ seine Nerven vibrieren. Jake zitterte am ganzen Leib. Seine Zähne klapperten aufeinander. Er sah diesen Kerl, Arinon, ein Handy zücken.

Kurz darauf kam der weiße Mediziner zurück, legte ihm die Hand auf den Handrücken und lächelte. »Das wird gleich besser, Jake.«

Er sah auf seine Hand und dann dem Mann ins Gesicht. Was für eine erstaunliche Veränderung ging bei dem Arzt vor, wenn er lächelte. Er war plötzlich wunderschön. Es war wie ein Sonnenaufgang. Sonnenaufgang, dachte er noch benebelt. So ein Quatsch! Er versank erneut.

Wie lange hatte er geschlafen? Er wusste es nicht. David Martinal hatte ihm ein Sandwich gebracht, das er mit Heißhunger verschlang. Wie viele Tage war er wohl schon in dem Haus? Auch das wusste er nicht. Jake hatte jegliches Zeitgefühl verloren.

Irgendetwas tat sich. Er fühlte es.

Arinon erhob sich und ließ den Mediziner wieder in den Raum.

»Geht es dir besser?«, fragte der, schien jedoch keine Antwort zu erwarten. Dieses Mal ergriff er seine beiden Hände und blickte ihm in die Augen. Der grau-violette Blick verschlang ihn regelrecht. Er versank in dessen Tiefe. Der Arzt flüsterte ihm einige Sätze ins Ohr.

»Wenn ich das Wort "Samariter" sage, wird alles so sein wie vorher«, hörte er zum Schluss die sanfte Stimme des Mannes.

Jake richtete sich erstaunt auf. »Warum sitzt du da in der Tür, Arinon?«

Der Quinari zog die Brauen zusammen. »Ich bewache dich.«

»Aber warum denn, um Himmels willen?«, fragte Jake.

»Es ging dir schlecht und ich wollte nicht, dass jemand zu dir geht«, antwortete Arinon. Seine Stimme klang irgendwie misstrauisch.

»Wann fahren wir los?«, erkundigte Jake sich.

»Sobald du deinen Job gekündigt hast.« Sein Freund sah ihn mit seinen wunderschönen Raubtieraugen forschend an.

»Stimmt, ich wollte Dave anrufen, und ihm von unserer Reise erzählen.«

»Ja, das solltest du tun«, antwortete Arinon. »Hier ist ein Handy.«

Jake stand auf. »Ich bin froh, dass du bei mir bist«, sagte er zu Arinon, nahm ihm das Handy aus der Hand und streichelte sie dabei. Der begleitete ihn zu seinem Bett und setzte sich neben ihn, legte den Arm um seine Schultern. Jake wählte die Nummer seines Reviers.

»*Kriminalpolizei Vancouver, Inspektor Madras. Guten Tag!*«

»Hi, Michaels hier. Ist Dave da?«

»*Jake! Klar ist der da!*«

»Na los, gib ihn mir!« Er rollte mit den Augen und lächelte Arinon an.

»*Dave Bromenski hier! Mensch, Jake, wo steckst du?*«

»Hi Dave! Wo ich bin? Ach, gestern war ich ein bisschen krank.«

»*Krank? Diese Art Krankheit kennt man doch!*«

»Nein, ich habe nichts getrunken, du Ratte!«

»*Erzähl das dem Chef, Jake!*«
»Was? Sag dem Chef, er kann mich mal! Ich habe jetzt etwas Besseres zu tun, als mich für die wenigen Kröten für ihn abzuschuften!«
»*Spinnst du? Du bist wohl immer noch besoffen!*«
»Nee, ich bin nicht betrunken! Ich habe einen neuen Freund und wir gehen zusammen mit seiner Yacht auf Weltreise!«
»*Jetzt schlägt's aber dreizehn! Jake, schaff deinen Arsch hierher!*«
»Hä? Hör zu Dave, ich bin weder verrückt noch betrunken. Ich habe jetzt einen Freund und keine Lust mehr auf den Frust bei euch Bullen.« Arinon nickte bestätigend und streichelte sein Haar.
»*Freund? Ich höre immer Freund! Seit wann bist du denn schwul?*«
»Schon immer, du Arschloch!«
Stille.
»*Bist du noch da?*«
»*Ja, Jake.*«
»Ich mache keinen Spaß, Dave. Ich quittiere meinen Job. Die schriftliche Kündigung liegt dem Alten in zwei Tagen auf dem Schreibtisch.«
»*Dir ist das wirklich ernst?*«
»Ja – du wirst dir erst mal einen anderen Saufkumpan suchen müssen. – Aber weißt du was, ich schreibe dir immer mal eine Postkarte. Damit ihr alle richtig neidisch werdet.«
»*Ich weiß gar nicht was ich sagen soll, Jake.*«
»Wünsch mir Glück, Keule.«
»*Ich wünsch dir Glück, Jake.*«
»Bye, Dave!«
Er legte auf und strahlte Arinon an. Der erhob sich und holte einen kleinen Stapel Postkarten mit Blumendruck.
»Komm Jake«, er lächelte. »Jetzt schreiben wir noch die ganzen Postkarten. Dann musst du das nicht auf der Fahrt tun.«
»Super Idee!« Er nahm Arinons Gesicht in beide Hände und küsste ihn zärtlich. »Warum bist du denn so steif?

Freust du dich nicht auf die Reise?« Er konnte Arinons Miene nicht deuten.
»Doch, sehr, Jake. Schreib jetzt! Und unterschreibe noch die Kündigung deines Arbeitsvertrages.«
Jake schrieb. Füllte Karte um Karte damit, wie wunderbar die Reise wäre, und dass er die Kollegen grüßen würde. Manchmal musste Arinon ihm helfen, wenn er keine Idee mehr für einen Text hatte. Er setzte seine Unterschrift unter sämtliche Papiere, die ihm sein Liebster reichte. Er war froh, dass der alles schon vorbereitet hatte. So konnte es bald losgehen!
»Was willst du mit den Handschellen, Arinon?«
Sein Freund lächelte, seine Zähne blitzten. »Sie sind nur zu deiner Sicherheit, bis wir unterwegs sind«, erwiderte Arinon und legte ihm die Handschellen an. Wer kam denn da zu Besuch? Es war der nette Mediziner.
Der Mann sah ihn an und sagte nur ein Wort: »Samariter«

Jake holte tief Luft. Und noch ein Mal. Und noch ein Mal. Er starrte den Arzt an – blickte zu Arinon, der sich von der Matratze erhoben hatte.
»Ihr Schweine!«, keuchte er. Er sah die Postkarten und Papiere in des Mediziners Händen. Das war eben alles wirklich passiert! Er hatte seinen Job gekündigt! Er hatte zwanzig Postkarten geschrieben, die belegen würden, dass er in der Weltgeschichte herumgondelte. Er hatte … er hatte … er blickte den Quinari fassungslos an – er hatte Arinon freiwillig geküsst!
Jake holte wieder Luft. Und noch einmal. Fing an zu japsen.
»Er hyperventiliert!« Der Mediziner ergriff die Plastiktüte, in der die Postkarten verpackt gewesen waren, und hielt sie ihm an den Mund. »Atme da rein! Los, Jake! Einatmen, ausatmen!«

Er nahm die Hilfe an, denn er wollte die Schwärze, die ihn langsam umfing, nicht zulassen. Allmählich ging es ihm besser. Hatte er sich das eingebildet, oder hatte der Quinari wirklich mit ihm gesprochen? Ein Zittern lief durch seinen ganzen Körper.

»Jetzt hast du es ja überstanden«, tröstete der Arzt und legte ihm die Hand auf den Handrücken. Jake schwebte davon.

Solutosan hatte auf dem Plateau des Riffs seine allabendlichen Übungen absolviert. Klimmzüge, Liegestütze, Training mit Gewichten – er war nicht wieder faul geworden. Aber er vermisste Arinon mit seinen Trainingseinheiten und seiner Betreuung.

Solutosan sprang in seinem Lendenschutz vom Plateau ins türkisfarbene Meer, in dem Sana und Marlon bereits für ein Wettschwimmen auf ihn warteten. Marlon war jetzt so groß wie Tan und recht dominant. Er würde sich wohl bald ein eigenes Weibchen suchen. Dieses Mal gewann Sana das Rennen. Solutosan zog sich lachend aus dem Wasser und streifte sein Gewand über. Am folgenden Tag wollte er die Sericabauern aufsuchen. Er hatte alle Informationen zusammen und war vorbereitet.

Entspannt lief er zum großen Wohnraum, blieb jedoch vor der geschlossenen Tür verblüfft stehen. In dem Raum sang jemand und spielte Harfe. Ein Mann! Eine solche Stimme hatte er noch nie gehört. Ein klarer, schmelzender Gesang mit einem zart-rauen Unterton, der auf der einen Seite rein, unschuldig und kristallklar klang, aber durch den Unterton eine derartige Erotik ausstrahlte, dass Solutosan einen Moment vor der Tür stehenblieb und fasziniert lauschte. Xanmerans Stimme kannte er, also blieb nur Troyan, der dort sang. Soso, dachte er, sein Vater hatte offensichtlich gelogen, als er sagte, dass sein Halbbruder keine Gaben besäße. Solutosan öffnete leise die Tür. Augenblicklich wurde ihm klar, dass der Gesang Vena gegolten hatte, denn Troyan saß ihr gegenüber und brach sofort ab, als er ihn bemerkte.

Vena sah Troyan mit riesigen, verschleierten Augen an. »Warum hörst du auf?«, fragte sie entrückt – dann erst nahm sie Solutosan wahr. Sie sah ihn unfreundlich an. Soso, er störte also die traute Idylle in seinem eigenen Heim! Er spürte, wie ihm Ärger die Wirbelsäule emporkroch. Nein, er würde das jetzt nicht kommentieren. Wollte sich nicht wieder gebärden wie ein eifersüchtiger Wilder.

»Troyan, morgen brechen wir früh auf zur Serica-Vereinigung. Sei pünktlich.« Er ignorierte Vena völlig, ging aus dem Zimmer und schloss die schwere Holztür. Würde sie ihm folgen und versuchen, mit ihm die Situation zu klären? Er hörte sie durch die Tür lachen. Dann setzte der Gesang wieder ein. Allmählich begann sich seine Beziehung zu Vena merklich zu verschlechtern. Er wusste warum, aber war machtlos dagegen.

Meo stand am Check-in für seinen Flug nach Mailand, als Terzia mit ihrer Assistentin Lydia im Schlepptau und einer Flut Gepäck angehetzt kam. »Gut Meo, du bist schon da!« Sie sah ihm nicht ins Gesicht, sondern nestelte an dem Gürtel ihres schwarzen Kleides. Wie üblich trug sie darüber einen kurzen Wollmantel, das dunkle Haar zu einem strengen Knoten aufgesteckt. Da er nicht antwortete, hob sie den Kopf und sah ihn prüfend mit ihren kaffeebraunen Rehaugen an.

»Hallo Terzia«, sagte er mit samtweicher Stimme. Sie kannten sich gut genug, um diese Art der Begrüßung richtig deuten zu können.

»Meo!« Sie errötete leicht und schluckte. Aber sofort kam der Profi in ihr wieder zum Vorschein. »Lydia«, kommandierte sie, »nimm den Metallkoffer zuerst!« Das gab ihr die

Zeit über den Unterton in seiner Stimme kurz nachzudenken.

Meodern grinste. Er kannte sie wirklich ziemlich gut. »Hallo Lydia«, grüßte er die ältere, rothaarige Frau fröhlich. Die lachte nur und winkte ab. Die Monate, in der Meo mit seiner Amnesie für Terzia gemodelt hatte, und auch die viele, gemeinsame Arbeit danach, hatte die Frau freundschaftlich mit ihm verbunden.

Nachdem sie ihre Tickets erhalten hatten, streckte Meo Terzia die Hand entgegen. »Los komm, gib mir das Handgepäck.« Er wusste, dass ihr kleiner Metallkoffer mit dem Laptop und ihren Papieren immer recht schwer war. Gemeinsam betraten sie das Flugzeug und wurden von der brünetten Stewardess begrüßt und in die erste Klasse geleitet. Er sorgte dafür, dass Terzia neben ihm saß und Lydia ihnen gegenüber Platz nahm.

Er wartete bis der ganze Trubel mit Service und zollfreiem Warenhandel vorüber war und die Fluggäste sich langsam zur Ruhe begaben. Er ließ sich eine Wolldecke bringen und kuschelte sich, mit einem vielsagenden Blick zu Terzia, hinein. »Dir ist bestimmt auch kühl, Terzia«, meinte er lächelnd und zog seine Decke ein Stück über ihre Beine in den Nylonstrümpfen. Hoffentlich hat sie keine Strumpfhose an, dachte er. Er wusste, sie mochte es nicht, öffentlich geküsst zu werden, also nahm er unter der Decke ihre Hand und streichelte sie. Er berührte sie auf seine Art – tastete die empfindlichsten Stellen in der Handfläche ab, massierte sie dann mit leichter Vibration.

Terzia sah ihn erstaunt an. »Ich dachte, du wolltest nicht ...«, flüsterte sie. Er lächelte nur, sah, wie sich der Ausdruck ihrer Augen veränderte. Ihre Miene entspannte sich genießerisch. Seine, in ihrem Schoß liegende, Hand kletterte etwas tiefer, um unter ihren Rocksaum zu gleiten. Er hatte Glück, sie trug Strümpfe und Strapse. Hatte sie geahnt, was auf sie zukam? Seine Finger glitten langsam in ihren Slip. Terzia holte tief Luft. Beide blickten automatisch zu Lydia, die entweder schlief, oder zumindest so tat, als würde sie schlafen. Meo schloss die Augen und hielt seine Hand einen

Moment ganz still in ihrer Wärme. Er liebte Frauen! Und wie er sie liebte! Sein Glied pochte steif und fordernd in seiner Jeans. Er setzte eine einfühlsame Vibration in seine Finger und streichelte ihre zarten Blütenblätter, glitt in deren Tiefe. Er wusste genau, wie sie zu nehmen war. Terzia biss sich auf die Lippen, um ein Stöhnen zu unterdrücken. Verdammt! Er hatte nicht vor, sie jetzt so zu befriedigen. Jedoch im Flugzeug, selbst wenn es die erste Klasse war, konnte er nicht weiter gehen.

Er stoppte die Vibration und zog langsam die Finger aus ihrer nassen Frucht. »Toilette!«, raunte er. Röte huschte über Terzias Gesicht, aber sie nickte, ordnete ihren Rock und stand auf. Flugzeugtoiletten waren äußerst klein bemessen, das wusste er. Ob das bei seiner Größe und den breiten Schultern gutging?

Er wartete einen Moment, dann erhob er sich ebenfalls, zog seinen Pullover aus und folgte Terzia in den winzigen Raum. Auf dem Weg dorthin, schaute er nach der Stewardess, aber die räumte in der Board-Küche und hatte nichts bemerkt. Terzias Blick war umwerfend sexy, als er den Pulli auf das metallene Handwaschbecken legte, um es abzupolstern. Es würde die kleine, leichte Frau aushalten.

Meo entließ sein Glied, packte Terzia unter den Oberschenkeln und hob sie in die richtige Höhe über das Waschbecken. Sie keuchte und schlang die Arme um seinen Hals. Ohne zu zögern, drang er in sie ein und küsste sie gleichzeitig heiß und tief. Um das Gleichgewicht zu halten, stützte er sich mit der Hand an der Flugzeugwand ab, mit der anderen hielt er ihren Po umfasst.

Er war so unendlich geil, dass er jetzt gefährlich werden konnte – für die Frau und für das Flugzeug. Er wusste, er war nicht nur fähig, sie mit seinem Schwanz zu zerstören, sondern auch die Wand des Jets mit der Hand zu demolieren. Er musste sich unbedingt kontrollieren!

Langsam und bedächtig nahm er seine Bewegung auf - verzichtete auf eine Vibration. Terzia drückte ihr Gesicht an seine Schulter, um ihr Stöhnen zu dämpfen. Gut, es ging! Er entspannte sich, gab leichte Vibration auf seinen Penis. Terzias Zähne gruben sich durch das Shirt in sein Fleisch. Das war ein Reiz, der seine Entspannung zunichte machte. Er biss die Zähne zusammen – fühlte seinen Höhepunkt die Wirbelsäule hinaufklettern und Hitze in seine Lenden schießen. Schnell nahm er Terzia mit beiden Händen vom Waschbecken und presste sie fest an sich. Jetzt biss sie heftig zu! Er spürte den Schmerz kaum, denn sein Orgasmus explodierte in seinem Gehirn. Die Flut, die er in sie ergoss, schien kein Ende nehmen zu wollen. Ihr Biss ging richtig tief. Nun bemerkte er dessen flammende Schmerzwelle. Wie gut, dass ich nicht bluten kann, dachte er benommen. Und günstig, dass ich Anzüge vorführen muss und keine Bademoden. Er musste grinsen und trat er einen Schritt von dem Waschbecken zurück.

»Meo!«, keuchte Terzia und sah an sich hinunter. Sein Pullover war hin. Zerrissen und überschwemmt von seinem Saft. »Um Himmels willen«, flüsterte Terzia. »Wann hattest du denn das letzte Mal Sex?«

Er nahm sie und setzte sie vorsichtig auf den Boden, verstaute sein zufriedenes Glied. Er lächelte nur und blieb bei seiner Devise „Der Kenner genießt und schweigt".

Solutosan war stinksauer. Er hätte um sich schlagen mögen. Er hatte sich von den Gelehrten des Konsortiums für das Treffen mit dem Vorsitzenden des Serica Verbandes extra ein Gutachten erstellen lassen. Es legte genau dar, was der Wegfall der zweiten Sonne für Sublimar bedeutete. Er hatte also genügend Diskussionsgrundlagen besessen. Aber trotzdem war man ihm von Seiten der Serica-Bauern mit einem Hochmut entgegen gekommen, den ihn vor Zorn zittern ließ.

Er schickte Troyan fort, um nicht seine Wut an ihm auszulassen und saß danach mit Xanmeran auf dem Klippen-Plateau.

»Warum tust du dir das an, Solutosan?«, fragte Xan.

Eine Frage, die er sich in diesem Moment ebenfalls stellte.
»Ich hätte niemals gedacht, dass mir Paulus vorschlagen würde, die Abgabe an die Verwaltung auf acht Prozent zu senken, um die Serica Kosten gleich zu behalten! Zumal ich nach wie vor denke, dass die Bauern keinen Mehraufwand haben! Habe ich ihm nicht anhand des Gutachtens bewiesen, dass sie im Gegenteil Arbeit sparen, da sie durch die geringeren Regenzeiten die Bäume nicht mehr gegen Pilzkrankheiten behandeln müssen?«

Xan seufzte und ließ die kräftigen, roten Beine über die Kante der gemauerten Umrandung hängen. »Es hat wohl wenig Sinn zu sagen, dass du dich nicht aufregen sollst.«

Solutosan nickte. »Ich habe, verdammt noch mal, wenig Ahnung von Ökonomie, und schlage mich mit Themen herum, die das Wohl des ganzen Planeten betreffen. Ich habe mir, ehrlich gesagt, kaum Gedanken gemacht wegen der beiden Sonnen. Ich wusste, die zweite Sonne gehörte nicht an den Himmel – sie war früher auch nicht da. Es war zu heiß und die Leute beteten zu meinem Vater, er möge sie entfernen. Ich habe es geschafft, ihn dazu zu bewegen. Sie ist fort und was ernte ich? Undank! Kritik! Preiserhöhungen! An den Haaren herbeigezogene Gründe sich zu beschweren! Am liebsten würde ich den Auranern ihren Planeten vor die Füße schmeißen und wieder bei Arinon trainieren gehen, ein paar hübsche Töchter zeugen und irgendwelche Sternengötter können mir gestohlen bleiben!« Er musste dringend Dampf ablassen.

Xanmeran grinste. »Das solltest du sowieso.«

»Was? Ihnen alles vor die Füße werfen?«

»Nein, zu Arinon trainieren gehen. Er hat doch jetzt die Karateschule auf Duonalia und, soweit ich weiß, unterrichtet er dort Faust- und Schwertkampf.«

Das war eine gute Idee! Wieso war er nicht von selbst darauf gekommen? Er sah seinen Freund an. Die Sonne glänzte auf dessen roter Glatze. Er hatte die starken Arme um die Knie geschlungen und wippte hin und her. Er, der Krieger, der nie wieder kämpfen würde. Traumatisiert und den Frieden suchend. Und er Flusch saß da und konfrontierte ihn mit seiner dummen Wut!

»Das werde ich machen, Xan«, versicherte Solutosan und beruhigte sich sofort. »Ich denke mal, das wird ein guter Ausgleich zu meinem jetzigen Leben hier auf Sublimar sein.« Er erzählte nichts von Ulquiorra, denn er wusste nicht, wie Xanmeran darauf reagieren würde. Ihm war wegen den Serica-Bauern der Kragen geplatzt, das war in Ordnung. Sein Inneres hatte das nicht berührt, das war durch den Energieaustausch mit Ulquiorra ausgeglichen und gefestigt, was er lieber einfach nur genoss, als darüber zu sprechen.

»Ich bin froh, dass du hier bist, Xan«, gestand er.

Xanmeran drehte sich zu ihm und lächelte. Er, der früher nur grinsen konnte, lächelte ihn an.

Es war Nacht auf Duonalia, als Solutosan das Tor im Hof der Karateschule öffnete. Er wollte niemanden stören und ging deshalb leise in eines der kleinen Gästezimmer, um sich in seinen Ruhemodus zu begeben. Er hatte keine Lust nach Sublimar zurückzukehren, um dort Vena zu begegnen, und zuzusehen, wie Troyan um sie herumscharwenzelte. Solutosan streckte sich auf dem schmalen Bett aus.

Er hatte nach seinem Aufenthalt bei den Quinari gedacht, er hätte seinen inneren Frieden gefunden. Aber wie schnell war dieser wieder ins Wanken gekommen. Er war jetzt mächtig, die Welten standen ihm offen und trotzdem fühlte er sich unvollständig und unglücklich. Die Macht, die Kraft, die Unsterblichkeit waren Bürden, die sein Geist schultern musste. Sein Körper war stark genug. Er musste versuchen, seiner Seele etwas Gutes zu tun, um so einen Ausgleich zu schaffen, zu dem was er trug.

Einen Moment lang wünschte er, Ulquiorra wäre bei ihm, damit er mit ihm über dieses Thema sprechen konnte. Mit ihm zusammen konnte er vielleicht Wege finden. Er wollte seinem Planeten dienen, seiner Verantwortung für seine

Familie gerecht werden. Aber wie, wenn er selbst auf der Strecke blieb? Langsam glitt er in den Schlaf.

Er erwachte, weil jemand im Innenhof der Schule lauthals brüllte. Eine zweite Stimme antwortete, ebenfalls schreiend. Er lauschte. Occabellar! Ein Streit zwischen Luzifer und Slarus. Solutosan räkelte sich. Er hatte so gut geruht wie schon lange nicht mehr.

Gemächlich schlenderte er in die Küche. Halia saß ihm Morgenlicht am Tisch. Die Sonne flirrte auf ihren rotgoldenen Locken. Seine Herzen machten einen Satz!

»Daddy!« Sie sprang auf und stürmte auf ihn zu, klammerte ihre Arme um seinen Hals. Er hielt sie um Armeslänge von sich und betrachtete sie. Sie war zu einer wunderschönen Frau gereift. Ihre grünen Sternenaugen sprühten Funken. Sie sah Aiden sehr ähnlich.

»Du bist wirklich eine Schönheit geworden, Halia«, staunte er. Sie strahlte. Dann erlosch ihr Lächeln, denn das Gebrüll im Hof wurde immer lauter.

»Verstehst du was sie sagen?«, fragte er. Es war lange her, seit er sich das letzte Mal Übersetzermikroben geimpft hatte. Auranisch, Duonalisch und Englisch konnte er fließend, aber bei Occabellar hörte sein Wissen auf.

Halia horchte. »Slarus hat vergessen eine Stalltür zu schließen, und ein Eber hat einige Ferkel gefressen.« Sie seufzte.

Luzifer stapfte in die Küche, seine Augen rotglühend vor Wut. Er züngelte feurig.

»Luzifer! Nicht im Haus!« Halia funkelte ihn wütend an.

Sofort zog er die Zunge ein und entließ sie ohne Feuer.

Solutosan grinste. Halia hatte den Trenarden scheinbar inzwischen gut erzogen.

Jetzt erst nahm Luzifer ihn wahr. »Hallo Solutosan«, grunzte er. »Willst du Fleisch?« Er warf sich auf die hölzerne Bank. »Ach ja, du brauchst ja nur Dona.« Er erhob sich wieder, sein dicker, schwarzer Schwanz schleifte auf dem Boden. Das war ein Zeichen von Unmut. Er holte einen Krug Dona aus der Kühlkammer und schenkte Solutosan einen Becher ein.

»Danke, Luzifer.«

Der Trenarde schob sich getrocknetes Fleisch in den Mund und kaute langsam.

»Und wie geht es euch sonst? Macht die Warrantz-Zucht gute Fortschritte?«, fragte Solutosan vorsichtig.

»Wenn der Eber die Ferkel nicht frisst, ja«, schnaufte Luzifer.

»Wir sind ganz zufrieden, Daddy«, strahlte Halia. »Besonders die Streicheltiere verkaufen sich gut.« Sie legte dem Trenarden beruhigend die Hand auf den Arm und wuschelte ihm mit der anderen liebevoll durch die rote Mähne zwischen seinen kurzen Hörnern. Sofort veränderte sich Luzifers Miene. Ergebenheit, Liebe und eine gute Portion Geilheit huschte über sein Gesicht.

Solutosan grinste. Halia hatte alles im Griff. »Ist Arinon nicht hier? Ich wollte eigentlich einen kleinen Übungs-Kampf.«

»Einen Faustkampf?« Luzifer horchte auf.

Solutosan nickte.

»Wie wär's mit mir? Arinon ist noch auf der Erde.« Er leckte sich die Lippen.

Solutosan grinste ihn an. Den Trenarden hatte er sowieso auf der Liste. Warum nicht!

Jake war völlig betäubt. Er klammerte sich an den Hals eines Mannes, um nicht umzufallen. Dann rauschte es um sie herum. Fast hätte er vor Schreck seine Umklammerung gelöst, jedoch hielt der Mann ihn eisern fest. Das Rauschen ließ nach und Stille umfasste ihn. Er öffnete die Lider, aber alles um ihn war schwarz, als hätte er die Augen überhaupt nicht geöffnet! Nur der Körper vor ihm, sowie seine eigenen Arme erstrahlten in einem leuchtenden Gold, als hätten sich ihre Gliedmaßen in eine goldfarbene Materie verwandelt. Dann setzte das Rauschen wieder ein. Jake hörte jemanden in einer fremden Sprache sprechen, aber war zu erschöpft, um sich zu rühren. Er wurde abgelegt. Ein Bett. Schlafen, dachte er, ich muss einfach nur schlafen. Danach werde ich aus dem Alptraum erwachen!

Träge öffnete Jake die Augen. Er lag auf einem Bett in einem weiß gekälkten Zimmer mit einem kleinen Fenster, durch das fahles Sonnenlicht drang. Schwerfällig hob er die Hände. Trug er noch Handschellen? Nein. Er ließ die Arme fallen und drehte sich, um sich aufzusetzen. Er war allein. Die Tür des Raumes war vermutlich abgeschlossen.

Jake stand vorsichtig auf und ging schwankend zur Tür. Er musste ein schweres Betäubungsmittel bekommen haben. Hatten sie ihn eingeschlossen? Nein, die Tür gab nach. Wahnsinn! Er trug immer noch die Kleidung, die er anhatte, als er in das Haus der Kidnapper kam. Er stank. Wo war er wohl? Die Tür öffnete sich auf einen langen Flur mit vielen weiteren Türen. So hatte die Jugendherberge ausgesehen, in der er als Kind mal gewesen war.

Jake lief den Gang entlang und hörte Stimmen aus einem der Räume. Er musste essen und trinken. Dort waren Menschen! Vorsichtig öffnete er die Tür und erstarrte. Da war eine Küche mit hölzernen Möbeln, von der Sonne hell erleuchtet. Am Küchentisch saßen das Monster Arinon und eine menschliche, rothaarige Frau, deren Unterhaltung bei seinem Anblick abbrach. Die Frau sah ihn und lächelte.

»Willkommen auf Duonalia, Jake«, sagte sie auf Englisch.

Er schluckte. »Woher kennst du meinen Namen?«

»Arinon hat ihn mir gesagt«, antwortete sie verwundert.

»Seit wann kann der sprechen?«, fragte er.

»Ich glaube, seit meiner Kindheit, Jake«, knurrte Arinon auf Englisch. Er kaute an etwas, das wie Fleisch aussah. Er hatte sich also doch nicht getäuscht. Der Mann hatte mit ihm in dem Zimmer gesprochen.

»Möchtest du etwas essen und trinken?«, fragte das Mädchen ihn. »Ich bin übrigens Halia.«

Jake trat auf den Tisch zu, blickte auf einige Becher mit einer weißen Flüssigkeit und auf einen Teller mit rötlichen Streifen. Er nahm an, dass es getrocknetes Fleisch war. Auch ein Messer lag auf der Tischplatte, das er einen Moment lang betrachtete.

»Ach so«, meinte Arinon gedehnt. »Hier, das kann ich dir nun wiedergeben.« Der Quinari zog das Messer, das er in seinem Stiefel gehabt hatte, aus dem Gürtel und gab es ihm. Wieso gibt er mir die Waffe?, dachte er verwirrt. Ich bin doch ihr Häftling.

»Bin ich nicht mehr gefangen?«, fragte er misstrauisch.

»Nein«, erwiderte Halia. »Du kannst dich frei bewegen. Du bist hier in einer Kampfschule, die hauptsächlich Faustkampf und Schwertkunst lehrt. Arinon ist der Ausbilder. Mein Freund Luzifer und ich betreiben hier eine Tierzucht.« Sie lächelte. »Fühl dich wie zu Hause. Soweit ich weiß, wirst du eine Weile bei uns sein.«

Sie war freundlich. Er beäugte sie misstrauisch. Kampfschule? Ausbilder? Er sah Arinon an.

Der war die Ruhe selbst. »Sollten wir ihn nicht auf Luzifer vorbereiten?«, meinte der kauend zu Halia.

»Komm, setz dich erst mal, Jake!« Sie zeigte auf den Stuhl neben sich. »Ich hoffe, du magst Dona. Das ist eine Art Kefir.« Na ja, er konnte sich Leckereres vorstellen als Kefir.

»Wasser?«, fragte er. Arinon deutete auf einen Krug auf einer hölzernen Anrichte. Gierig stürzte Jake sich darauf, riss Halia den Becher aus der Hand und trank drei Becher Wasser hintereinander. Es gurgelte lautstark in seinem Magen.

»Probiere das Fleisch«, meinte Halia. »Arinon sagt, es schmeckt.« Der Quinari nickte. Vorsichtig nahm Jake einen Streifen und biss ein Stück ab. Es war faserig, aber schmeckte köstlich.

»Kau es gut, sonst bekommst du Bauchschmerzen«, riet ihm Arinon. Jake kaute, trank Wasser, aß weiter, versuchte sogar den Kefir, der gar nicht so übel war. Langsam kehrten seine Lebensgeister wieder zurück.

»Ich wusste gar nicht, dass es eine so große Kampfschule in Vancouver gibt«, meinte Jake und sah sich noch einmal in der Küche um. Arinon und Halia blickten sich an.

»Wir sind nicht in Vancouver«, erklärte Halia. »Du bist nicht mehr auf der Erde. Du bist auf Duonalia.«

»Wo?«, kaute er. Ein herrlicher Witz. Na klar, sie wollten ihn für dumm verkaufen.

»Wir sind auf dem Heimatplaneten der Männer, in deren Haus du warst, Jake«, teilte Arinon ihm mit.

Jake trank noch einen Schluck Wasser und überlegte. Was hatte der blonde Superman Adam zu ihm gesagt? »Meinst du, dass irgendjemand hier im Haus menschlich ist?«

Aber es war unmöglich zu anderen Planeten zu reisen! Dafür musste man mindestens Lichtgeschwindigkeit erreichen, und das war nach menschlichen Maßstäben nicht machbar. Ja, nach menschlichen Maßstäben, sagte eine Stimme in ihm. Und was, wenn dich wirklich Außerirdische entführt haben? Er schluckte und sah die beiden an.

Die Tür öffnete sich und ein schwarzes Wesen trat in die Küche. Ein Dämon! Der Teufel stand persönlich vor ihm! Jetzt war es um ihn geschehen! Zitternd schnappte er sich sein Messer vom Tisch, sprang auf und ging mit dem Rücken zur Wand in Deckung. Der Dämon grinste. Seine weißen Reißzähne blitzten. Halia redete mit ihm in der fremden Sprache. Der nickte und setzte sich ruhig und friedlich zu den beiden anderen, legte den langen, dicken Schwanz um die Stuhlbeine.

»Tut mir leid, dass du dich erschreckt hast, Jake«, sagte Halia. »Das ist mein Freund Luzifer. Er ist ein Trenarde und versteht kein Englisch.« Sie blickte zur Tür. »Daddy!«

Jakes Verstand erfasste kaum noch, was er sah. Ein goldener Herkules stand in der Tür. Weißes Haar wallte ihm bis auf die Hüften. Er trug eine Art Karateanzug, der scheinbar in einem Kampf gelitten hatte, denn er zeigte etliche Risse.

»Das ist mein Vater, Solutosan. Es tut dir niemand etwas. Du kannst ruhig wieder an den Tisch kommen.« Halia lächelte beruhigend.

»Hallo Jake«, begrüßte ihn der Goldene auf Englisch. Jakes Knie gaben nach.

»Er fällt um, Arinon!«, rief Halia. Der Quinari war mit einem Satz bei ihm und fing ihn auf. Wie ein Kind trug er ihn in sein Zimmer und legte ihn auf das mit weißem Stoff bezogene Lager. Er drehte sich zur Tür, um zu gehen.

»Warum?«, keuchte Jake.

Arinon kam zurück zum Bett und betrachtete ihn, die gelben Augen ruhig. »Wir waren wohl beide zur falschen Zeit am falschen Ort«, stellte er nüchtern fest. »Die Duocarns hielten sich schon lange unbemerkt in Kanada auf. Du hättest sie besser nicht entdeckt. Ich habe jetzt leider keine Zeit mehr. Meine Schüler sind da. Du wirst noch genügend Möglichkeiten haben Fragen zu stellen.« Er nickte ihm zu und ging. Jake sah auf sein Messer, das er weiterhin umklammert hielt. Seine Nerven vibrierten. Wo war er da nur hineingeraten?

Solutosan trank einen großen Becher Dona. Er grinste Luzifer an. »Nicht schlecht, Luzifer«, meinte er. »Allerdings hat der Anzug etwas gelitten. Man sollte dir die Krallen schneiden.«

»Na klar«, grunzte Luzifer. »Und den Schwanz möglichst ebenfalls.«

»Da habe ich aber auch noch ein Wörtchen mitzureden«, lachte Halia.

Solutosan lächelte entspannt und erbat sich Nadel und Faden von Halia. Sich mit Luzifer zu prügeln hatte wirklich gut getan, und hatte ihn wieder auf den Boden der Tatsachen zurückgebracht. Jetzt konnte er Xanmeran besser verstehen, der seine Probleme öfter mit Schmerzen in Griff bekommen hatte. Natürlich wusste er, dass das nur eine kurzfristige Lösung war, aber immerhin.

Solutosan sah Arinon an. »Dein Freund Jake scheint ziemlich heftige Probleme hier zu haben.«

»Er ist nicht mein Freund«, knirschte Arinon. »Es war eine Zwangsevakuierung. Er wäre sonst „Aliens, Aliens" schreiend durch Vancouver gelaufen.« Arinon knurrte unwillig. »Meine Schüler sind da.« Er wandte sich zur Tür.

Halia lachte. »Ich stelle mir das gerade bildlich vor!«

»Das ist nicht witzig, Halia«, tadelte Solutosan. »Du weißt, wie wir gekämpft haben, um dort so lange verborgen zu bleiben!« Er erhob sich. »Hast du etwas dagegen, Arinon, wenn ich beim Training zusehe?«

Der Quinari schüttelte den Kopf. »Nein, natürlich nicht.« Sie gingen zusammen durch den Gang Richtung Trainingshalle. Hinter ihnen öffnete sich eine Tür. Sie wandten sich um. Jake stand darin. Er sah grauenvoll aus.

Solutosan ignorierte das. »Möchtest du auch beim Training zusehen, Jake?«, fragte er auf Englisch. Der Mann war unschlüssig, nickte dann und begleitete sie.

Solutosan musterte ihn. Seine Kleidung war verschmutzt und stank, jedoch schien er unter ihr einen sportlichen und durchtrainierten Körper zu haben. Seine grauen Augen stachen aus dem blassen, aber ansehnlich und männlich geschnittenen Gesicht mit den Bartstoppeln hervor. In besseren Zeiten würde er vermutlich attraktiv gewirkt haben.

Die Schüler waren zwei duonalische, junge Männer in Gewändern. Beide trugen das lange Haar zu einem Zopf geflochten und banden sich die Kleider zwischen den Beinen hoch, damit sie nicht beim Kampf behinderten.

Arinon schüttelte den Kopf und schickte sie fort, um Karateanzüge anzuziehen.

Solutosan ließ sich auf eine schmale Holzbank nieder, zog die Jacke seines Karateanzugs aus, und fing an die Risse zu flicken. Er deutete neben sich auf die Bank. Jake setzte sich zu ihm. »Ich zeige dir nachher, wo du dich waschen kannst und wo die Gewänder sind«, erklärte er Jake auf seine ruhige Art.

»Ich hätte lieber so einen Anzug«, antwortete Jake. Er hatte den Blick starr auf Arinon gerichtet, der nun nur noch einen Lendenschurz trug.

»Kein Problem.« Solutosan war kein großer Nähkünstler und stach konzentriert in den Stoff.

Der Quinari hatte sich mit seinen Schülern in der Mitte der weiß gekälkten Halle postiert und erklärte ihnen einige Handgriffe. Die hellgelben Sonnenstrahlen, die durch das milchige Hallendach drangen, gaben der ganzen Szene etwas Beruhigendes.

Solutosan fühlte sich ausgeglichen und wohl – die Näharbeit machte ihm richtig Spaß.

Was tat er da eigentlich? Jake saß auf einem fremden Planeten, neben einem nähenden, goldenen Riesen, und sah zwei weiteren Außerirdischen zu, die bei einem grauen Monster ringen lernten. Na ja, Monster war Arinon ja im Grunde genommen keines. Zumindest im Gegensatz zu diesem Teufel. Der Kerl schien einem Alptraum entsprungen. Solutosan neben ihm sah bis auf seine Hautfarbe eigentlich ganz menschlich aus, fast so wie dieser Supermann Adam.

»Kennst du Adam?«, fragte Jake leise, um das Training nicht zu stören.

Solutosan stutzte. »Adam? Ach, du meinst Meodern. Ja, er ist ein Freund von mir.«

»Philipp McNamarra und David auch? Was ist mit diesem Arzt?«

Solutosan lächelte. »Wir sind vor einigen Jahren mit fünf Kriegern und einem Navigator auf der Erde gelandet. McNamarra, wie du ihn nennst, heißt Tervenarius. Der Mediziner ist Patallia. Dann gehören auch noch zwei Männer namens Xanmeran und Meodern zu uns. Meo modelt recht erfolgreich.«

Jake staunte. »Ihr habt euch sehr gut auf der Erde angepasst.«

Solutosan sah zu Arinon und prüfte, ob ihr Gespräch den Unterricht störte. »Ich merke schon, du hast viele Fragen. Lass uns in den Hof gehen.«

Jake folgte dem Mann in einen mit weißen Steinen gepflasterten Innenhof. Dort standen einige Korbstühle in der Sonne.

Solutosan setzte sich und nahm seine Näharbeit wieder auf. »Die Duocarns hatten Glück, alle recht menschenähnlich auszusehen, Jake.«

»Duocarns?«

Der goldene Mann nickte. »Ja, so nennt sich unsere Kaste. Wir sind die Krieger auf Duonalia.«

»Aber da ist doch auch noch Arinon und dieser Teufel. Außerdem lernen die Männer kämpfen.«

Solutosan nickte. »Das ist erst seit einiger Zeit so. Arinon und Luzifer kamen vom Planeten Occabellar hierher und die Kampfschule wurde von einer Menschenfrau namens Maureen gegründet.«

»Was? Wo ist sie?«, fragte Jake aufgeregt.

»Sie ist leider an Krebs gestorben«, antwortete Solutosan mit Trauer in der Stimme.

»Ist Halia kein Mensch?«, erkundigte Jake sich wissbegierig.

»Sie ist meine Tochter mit einer Menschenfrau, Aiden, die ebenfalls verstorben ist.«

»Aiden McGallahan«, kommentierte Jake tonlos.

Solutosan hob den Kopf und sah ihn mit seinen dunkelblauen Augen an. In der Iris funkelten einige Lichter.

Was für ein interessanter Mann, dachte Jake kurz. »Ihr gehört das Haus in Vancouver. Das habe ich recherchiert.« Er hatte das herausgefunden, aber gewann gleichzeitig das Gefühl, dass er gar nichts wusste.

Solutosan neigte den Kopf wieder auf seine Arbeit. »Sie ist bei Halias Geburt gestorben«, erzählte er leise.

Jake hatte so viele Fragen! Der Polizist in ihm erwachte. Die Tür hinter ihnen öffnete sich und die beiden Schüler kamen heraus. Ihre Augen blitzten. Das Training schien ihnen gefallen zu haben. Sie verschwanden durch ein zweiflügeliges Tor.

»Darf ich mich frei bewegen?«, fragte Jake.

»Natürlich«, nickte Solutosan.

»Überall?«

»Selbstverständlich«, antwortete der goldene Mann etwas verwirrt. »Duonalia ist wunderschön. Du solltest es dir anschauen. Wir haben vier Monde.« Er sah ihn an. »Such dir einen Führer, dann hast du mehr davon.«

»Wie bin ich denn eigentlich hierhergekommen? Mit einem Raumschiff?« Es konnte nur so sein.

»Dir hat jemand geholfen«, bemerkte Solutosan lediglich.

Jake merkte, dass es keinen Sinn hatte, in diese Richtung weiter zu fragen. Er würde es bei Arinon versuchen.

Der kam aus dem Haus und ging zu einem großen, in den Boden eingelassenen Steinbecken in der Ecke des Hofs. Dort betätigte er einen Hebel und Wasser strömte in das Becken. In Gedanken vertieft sah Jake dem Quinari zu, wie er sich wusch. Die roten Linien auf seinem grauen Leib verschwanden. Solutosan neben ihm nähte still. Es war sehr friedlich. Gelegentlich grunzte ein Tier in einem der Ställe gegenüber. Jake atmete tief durch. Zum ersten Mal seit seiner Entführung konnte er sich ein wenig entspannen. Halia sang im Haus hinter ihm. Die Sprache verstand er nicht. Auf irgendeine Art würde er alles erfahren und wieder auf die Erde zurückkehren. Das nahm Jake sich fest vor.

Arinon kam mit einer Schale und einem flachen Pinsel und blickte Solutosan fragend an. Der nickte. Jake stockte der Atem, als er sah, wie Arinon mit seinen scharfen Reißzähnen sein Handgelenk aufriss und Blut in das Gefäß träufelte. Er reichte Solutosan die Utensilien und legte sich auf eine kleine Eingrenzungsmauer des Hofs. Jake schluckte. Arinon war mit Blut bemalt gewesen!

Solutosan strich die Linien auf seinen grauen Leib, als hätte er nie etwas anderes getan.

Jake erinnerte sich an seinen eigenen miserablen Zustand, stand auf und ging zu dem Becken. Das Wasser war kalt, aber nicht eiskalt. Er zog sich bis auf den Slip aus und reinigte sich. Da die beiden Männer beschäftigt waren und ihn nicht beachteten, zog er auch den aus und wusch sich richtig. Was für eine Wohltat! Er wollte die verschmutzten Sachen nicht mehr tragen. Also wickelte er sich den Pulli um die Lenden und ging zu Solutosan. Der betrachtete ihn kurz und nickte. Die Prüfung durch ihn hatte er offensichtlich bestanden.

»In der Trainingshalle steht eine Kiste. Such dir einen Anzug aus«, sagte der goldene Duocarn.

Meo räkelte sich in seinem Bett im Hyatt Hotel in Mailand. Es war früher Morgen. Er musste rasch aufstehen, um rechtzeitig zum Schminken zu kommen. Terzia hatte auf ein Doppelzimmer gehofft, aber das hatte er abgelehnt. Er wollte keine erneute Beziehung mit ihr. Nach wie vor fühlte er sich Trianora verbunden. Was ja nicht hieß, dass er nicht mit Terzia weiterhin Sex haben konnte. Trianoras Schwangerschaft fordert Flexibilität von mir, dachte er grinsend.

Er trat aus dem Aufzug und sah Terzia und Lydia bereits in der Empfangshalle stehen. Terzia trug wie immer ein schwarzes, kurzes Kleid. Sie lächelte ihn erwartungsvoll an. Aha, trotz seiner Weigerung mit ihr in einem Bett zu schlafen, würde die Affäre weiter gehen. Na, genau das war ja sein Plan. Er bot ihr höflich seinen Arm und gemeinsam gingen sie zum Taxi.

»Wir hatten gestern gar keine Gelegenheit mehr uns zu unterhalten«, raunte sie. Sie saßen im Fond des Wagens, während Lydia neben dem Fahrer Platz genommen hatte.

»Was war das für ein Ausrutscher im Flugzeug?«, wisperte sie. »Ich dachte, du hättest dich für eine andere Frau entschieden. Was ist denn jetzt mit der?«

Hm, da musste er wohl Stellung beziehen. Er würde Terzia garantiert nicht die Wahrheit sagen.

»Es hat sich etwas anderes ergeben«, erklärte er vorsichtig.

»Ach?« Ihre Stimme klang leicht ironisch.

»Unser Verhältnis ist im Moment ein wenig getrübt«, flüsterte er, denn er fand, dass Lydia dieses Gespräch nichts anging.

»Streit?«

Er nickte.

Terzia seufzte. Hoffentlich gab sie sich mit dieser Erklärung zufrieden.
»Ist sie hübsch?«
Ihr Götter! Eine typische Frauenfrage! Die würde er ehrlich beantworten. »Sie ist das genaue Gegenteil von dir, Terzia.«
»Also dick, blond und hässlich?«
Verflucht! Sie gab keine Ruhe! Er nickte. Hauptsache, sie würde endlich aufhören zu fragen.
»Ich hätte nie gedacht, dass du auf so etwas stehst, Meo«, flüsterte sie.
»Können wir dieses Thema jetzt bitte beenden?«, fragte er, ergriff ihre Hand und küsste sie.

»Würdest du mir Duonalia zeigen?«, fragte Jake und sah Halia bittend an.
Sie schüttelte bedauernd den Kopf. »Ich will gleich wieder ins Silentium. Ich muss ein Referat abgeben. Aber frag doch Arinon. Der bringt heute einen Warrantz auf den nördlichen Mond.«
»Was ist denn das Silentium?«, fragte Jake neugierig.
»Dort studiere ich, Jake. Alle Wissenschaftler sind dort. Sie studieren und unterrichten.« Sie zog sich einen Schleier über den Kopf. »Sorry, aber ich muss jetzt los!«
Arinon fragen? Nun ja, das tat er ungern. Er hatte ihn ein paarmal beleidigt, als Monster beschimpft. Jedoch allein auf einem völlig fremden Planeten herumlaufen? Vielleicht gab es dort noch viel gefährlichere Wesen als diesen Teufel! Außerdem konnte er ihm sicherlich zusätzliche, wichtige Antworten entlocken.
Jake suchte Arinon und fand ihn in den Ställen. Er lehnte mit Luzifer und einem weiteren Teufel an einer Stall-Box mit unglaublich hässlichen Tieren. Die ähnelten Schweinen, aber besaßen sechs Beine. Ein paar waren gepunktet, wie Dalmatiner, andere wiederum mit dunklen Streifen übersät.

Statt eines Ringelschwanzes zierte sie ein langer, behaarter Schwanz, der auf dem Boden schleifte. Einige trugen gefährlich aussehende Hauer.

Die drei Männer blickten ihm entgegen. Jake schluckte.

»Hallo«, sagte er etwas schüchtern auf Englisch.

Der zweite Teufel mit dunkelroter Mähne und einem noch breiteren Körper als Luzifer, grunzte einen Satz in einer fremden Sprache.

Luzifer lachte keckernd – Arinon runzelte die Brauen.

»Hallo Jake«, antwortete Arinon. »Du kennst ja schon Luzifer. Der Mann neben ihm ist sein Adjutant Slarus.«

Jake versuchte sich cool zu geben, obwohl die Teufel mit den flammenden Augen ihm mehr als unheimlich waren.

»Hallo Slarus«, grüßte er.

Slarus spuckte zur Antwort glühende Lava auf den Stallfußboden. Ach du Scheiße, dachte Jake.

»Möchtest du etwas, Jake?«, fragte Arinon.

»Ja, ich wollte dich fragen, ob du mich mitnimmst, wenn du eines der Tiere wegbringst.«

Arinon nickte. »Kein Problem. Wir suchen es gerade aus. Danach können wir sofort los.«

Der Quinari diskutierte noch ein wenig mit den beiden Teufeln, stieg dann in die Box und schnappte sich einen gepunkteten Warrantz, der ihn in den Arm beißen wollte. Arinon hielt ihm die Schnauze zu und wickelte schnell einen Streifen Stoff um sein Maul. Er klemmte sich das zappelnde Tier unter den Arm und kam aus dem Stall. Jake starrte auf Arinons grauen, muskelbepackten Oberarm. Der Warrantz hatte ihm nichts entgegenzusetzen.

»Los komm.« Arinon sah ihn auffordernd an.

Gemeinsam liefen sie aus dem zweiflügeligen Tor der Schule. Ein sanfter Wind wehte. Jake sah, dass die Karateschule etwas abseits eines Dorfes mit weißen, eingeschossigen Häusern stand. Die saftig, grünen Flächen dazwischen wirkten wie Gras. Er kniete sich kurz hin. Es war Gras, aber eine Sorte, die er auf der Erde noch nie gesehen hatte – mit kantigen Halmen, an deren scharfen Kanten winzige, helle

Knötchen klebten. Er erhob sich schnell und rannte, um mit dem Quinari Schritt halten zu können.

Sie wanderten einige weiße Steinpfade entlang. Die Luft war sauber und klar. Jake reckte die Nase und atmete tief. So gute Luft hatte Vancouver nur außerhalb in den Bergen.

Sie liefen über eine Kuppe und Jake blieb gebannt stehen. Jetzt verstand er, was Solutosan mit den Monden gemeint hatte. Ein etwas größerer Hauptplanet wurde von vier Planeten umringt. Einer der Monde verdeckte in diesem Moment die gelbe Sonne zur Hälfte, so dass sein eigener Standort im Schatten lag. Er staunte! Was ihn am meisten faszinierte, waren die zartbunten, sich windenden Schleier zwischen den Monden. Flog dort etwas herum? Er konnte es aus der Ferne nicht genau sehen.

»Kommst du?«, knurrte Arinon. Er nickte und lief weiter. Nun war endgültig klar, dass er nicht mehr auf der Erde war! Sein Herz schlug bis zum Hals. Was für ein Abenteuer!

Der helle Steinpfad endete in einer Art weißem, beweglichen Transportband. Arinon bestieg das Band und blickte auffordernd zu ihm. Er beeilte sich, es ebenfalls zu betreten – lief zu Arinon, denn das Band war breit genug, dass sie nebeneinander stehen konnten.

»Das ist phantastisch, Arinon!«, staunte er. »Wie wird das Band betrieben?«

Der Quinari deutete auf wunderschönen, halbtransparenten Nebel. »Das sind Energieschleier. Die Energie entsteht durch den Druck der Monde. Jeder Mond, und auch der Hauptplanet, haben auf dem unteren Pol eine Energiestation. Die Energie nennt sich Vis.«

Jake sah ihn mit offenem Mund an. »Benutzen die Bewohner Vis kostenlos?«

Arinon sah ihn verwundert an. »Natürlich, Vis ist Allgemeingut. Alles auf Duonalia wird damit betrieben.«

Kostenlose Energie! Wahnsinn! Jake konnte sich nicht sattsehen an den Schleiern, an den Planeten. Er reckte die Nase in den Wind und fühlte sich wie Alice im Wunderland. Es hätte ihn nicht gewundert, wenn ein Kaninchen mit einer

Uhr aus dem nächsten struppigen Gebüsch gesprungen wäre.

Das Band endete an einer großen, aus weißen Steinen gemauerten Plattform.

»Das ist der Hafen«, erklärte Arinon.

»Hafen? Wovon?«

Das riesige Schiff, das auf sie zugesegelt kam und an der Kaimauer anlegte, beantwortete seine Frage. Jake stand da mit grenzenlosem Erstaunen. Er konnte nicht feststellen, aus welchem Material der Rumpf des Schiffes war. Die metallisch glänzenden Segel erinnerten ihn an eine Art silbernes Sonnensegel, das er in einer Fernsehsendung über Raumfahrt gesehen hatte.

»Komm, Jake, wir müssen einsteigen!« Arinon packte den Warrantz fester und sprang auf das Deck. Jake hechtete ihm hinterher. Es war, als geriete er in eine unsichtbare Glocke, die sich lautlos öffnete und wieder schloss. Das Schiff musste eine eigene Atmosphäre wie eine große, nicht erkennbare Blase um sich herum haben.

»Das ist ein Windschiff«, erklärte Arinon. »In den Schleiern können nur sie sich bewegen. Alle anderen Flugobjekte würden von deren Kraft zerstört.«

Staunend betrachtete Jake die Mitreisenden. Sie sahen fast menschenähnlich aus. Die meisten ähnelten den Schülern Arinons, mit langem Haar, heller Haut und weißen Gewändern. Einige trugen farbige Über-Gewänder. Es gab aber auch kleinere, dünne Wesen mit Irokesen-Haar und dunklen, durchdringenden Augen. Viele Passagiere musterten Arinon ängstlich.

»Sie haben sich immer noch nicht an uns Quinari gewöhnt«, grunzte Arinon.

Jake war das in diesem Moment gleichgültig. Er war entzückt von den Regenbogenfarben der Schleier, durch die das Windschiff fuhr. Er klammerte sich an die Bordwand und staunte wie ein Kind. Was für eine wunderschöne Welt!

Er wandte sich den Fahrgästen zu. Die dünnen Leute unterhielten sich leise. Die langhaarigen Duonalier schienen

auch zu kommunizieren. Man sah es an ihren Gesichtern. Allerdings war kein Laut zu hören.
»Wieso sind die Wesen hier so unterschiedlich, Arinon? Warum sprechen manche nicht?«
Er musste Arinon mit Fragen quälen. Alles um ihn herum war so neu und aufregend und er wollte es verstehen.
»Die Kleinen nennen sich Bacanis. Die mit den langen Haaren sind die ursprünglichen Duonalier. Sie sind Telepathen. Aus diesem Grund hörst du nichts.«
Er dachte nach. Deshalb hatte er wahrscheinlich die Gespräche im Haus in Vancouver teilweise nicht wahrnehmen können.
»Kannst du sie hören?« Arinon schüttelte den Kopf.
»Wieso sagst du, es wären ursprüngliche Duonalier?«
Arinon seufzte. »Die Bacanis hätten sie fast ausgerottet. Aber dann kamen die Duocarns von der Erde zurück. Sie haben das Gleichgewicht wieder hergestellt. Es wurden Gesetze erlassen, die Regierung erfuhr eine Neugründung. Mein Volk wurde als Gesetzeshüter eingestellt.«
»Was? Deine Leute? Wieso?«
Arinon lehnte sich gegen die Bordwand, setzte den Warrantz auf den Boden und klemmt ihn zwischen seine Beine. »Wir sind ein Kriegervolk und alle gut ausgebildet. Die Duonalier haben meinen Brüdern die Gesetze vermittelt und wie sie zu schützen sind. Beide Volksgruppen haben Respekt vor uns.«
»Und du? Bist du auch Gesetzeshüter?«, frage Jake gespannt.
»Nein, ich bin rangniedrig und Ausbilder.«
Rangniedrig. Also gab es bei den Quinari Ränge. Arinon erschien ihm nicht, als könnte er irgendwo niedrig eingestuft werden.
»Wieso hattest du gesagt, Slarus wäre Luzifers Adjutant?«
Arinon sah ihn an und zeigte eine Reihe spitzer Reißzähne. »Luzifer ist König der Trenarden.«
Okay, das alles musste er erst einmal verdauen.
»Entschuldige die vielen Fragen, Arinon«, stieß er hervor und meinte es ehrlich. Der Krieger nickte, schnappte den

Warrantz und sprang vom Windschiff, das eben an einer weiteren Plattform anlegte.

Er hatte die Verpflichtung sich um Jake zu kümmern. Arinon sah zu dem Mann, der neben ihm über die Steppe des nördlichen Mondes lief. Er unterdrückte einen Seufzer. Wäre er nicht einfach in das Wohnzimmer zu Tervenarius marschiert, wäre Jake jetzt nicht auf Duonalia, sondern in Vancouver, wo er hingehörte. Jake schien es nichts auszumachen, lange zu laufen. Er konnte dessen harte Muskulatur unter dem Karateanzug sehen.

»Hast du auf der Erde trainiert?«, fragte Arinon.

Jake nickte. »Ich war der Ausbilder und Fitness-Trainer an der Polizei Sportschule.«

Arinon sah ihn prüfend an. Hätten sie sich nicht auf so eine dumme Art kennengelernt – der Mann hätte ihm sogar gefallen. Das blonde, struppige Haar und die grauen, intelligenten Augen waren nach seinem Geschmack.

»Was lehrt man als Fitness-Trainer?«

Jake überlegte kurz. »Ausdauertraining, Gewichte, Gymnastik. Wir hatten viele Geräte wie Laufbänder, Fahrräder und spezielle Apparaturen zur Stärkung der einzelnen Muskeln.«

Das war interessant. Im Grunde beherrschte Jake die Vorstufe zu dem, was man für sein Kampftraining brauchte.

»Fitness beinhaltet auch Ernährungskunde«, fuhr Jake fort. »Ich habe Kurse in Nordic Walking gegeben für die Älteren und gelegentlich Wassergymnastik.«

Das musste er sich durch den Kopf gehenlassen. Es hätte ihn gereizt, das Angebot der Schule noch zu erweitern, um zusätzlich duonalische Frauen oder Kinder anzuziehen. Aber Jake war nur begrenzte Zeit da. Fünfhundert Zyklen. Danach wurde er wieder zu seinen Leuten gebracht. Nach Trianoras 'Behandlung' würde er nichts mehr von Duonalia und von den Duocarns wissen – und auch von ihm, Arinon, nicht.

Die Siedlung der Quinari kam in Sicht. Seine Leute waren fleißig gewesen, denn er sah, dass sich die Stallungen vergrößert hatten. Er trat mit Jake an seiner Seite in den ersten großen Stall. Aricon und Arilan waren eben dabei, die Warrantz mit blauen Rüben zu füttern. Jake blieb beunruhigt stehen.

»Was ist los, Jake?«

»Sind das Quinari?«, flüsterte er. »Sie haben Hörner.«

»Ja«, nickte Arinon. »Deshalb bin ich der Rangniedrigste – weil ich keine besitze.«

Er trat zu Aricon und reichte ihm den zappelnden Warrantz. Der befreite dessen Schnauze von dem Band und sah ihm ins Maul.

Aricon nickte. »Gut«, knurrte er auf occabellar. »Ein Sack Dona!«

»Nein, zwei«, entgegnete Arinon. »Das ist eines unserer besten Männchen.«

Aricon musterte Jake. »Dein neuer Freund?«

»Lenk nicht ab«, grollte Arinon. »Zwei!«

»In Ordnung.« Aricon gab nach. »Hol sie im Lager ab – Arishar müsste dort sein.«

Arinon wechselte ins Englische. »Komm, Jake! Wir müssen noch zwei Säcke Dona von hier mitnehmen.«

Der blonde Mann folgte ihm. Arishar war wirklich im Dona-Lager und zählte Säcke.

»Du kannst sofort zwei abziehen«, teilte Arinon dem Quinari-König auf occabellar mit. »Die nehme ich mit im Tausch für meinen Zucht-Warrantz. Habe es mit Aricon verhandelt.«

Arishar fletschte die Zähne. »Na dann hoffe ich mal, dass dein Männchen etwas taugt.« Er musterte Jake. »Ein Mensch?«

»Ja, Arishar.«

Der Quinari König kratzte sich mit der Kralle am Haaransatz zwischen seinen langen Hörnern.

»Er ist vorübergehend in der Kampfschule untergebracht. Er hatte mich auf der Erde gesehen und wir mussten ihn dort entfernen.«

»Das war unvorsichtig«, grunzte Arishar.

»Ich weiß.« Arinon senkte den Kopf. Arishar war der König und sein Wort war für ihn Gesetz. Er musste versuchen, die positive Seite hervorzuheben. »Der Mann war auf der Erde Kampftrainer. Ich denke, er kann der Schule nützlich sein.«

»Gut«, Arishar nickte Jake zu, der instinktiv ebenfalls den Kopf neigte. Gut gemacht, dachte Arinon.

»Nimmst du einen Sack?«, bat er Jake auf Englisch. Er lud sich selbst einen auf die Schulter. Arishar hatte sich bereits umgedreht und begann wieder zu zählen.

Gemeinsam verließen sie den Stall.

»Wieso hat er so riesige Hörner?«, fragte Jake, als sie mit den Dona-Säcken beladen zurück durch das windige Grasland liefen.

»Das war Arishar, König der Quinari«, antwortete er.

»Musstest du dich wegen mir rechtfertigen?«

Er überlegte. »Arishar kennt sehr wohl die Gefahr, die von den Menschen ausgeht. Aber ich habe ihn beruhigt.« Er sah Jake durchdringend an.

Es war Abend, als er mit Arinon auf den östlichen Mond zurückkam. Er hatte mit Halia gegessen und sie um einige Blatt Papier und einen Stift gebeten. Das Mädchen hatte nur Blätter aus der heimischen Donafaser, aber einen Bleistift von der Erde. Arinon hatte ihm erklärt, wie man ein Energiefeuer entzündet.

Nun saß er an dem kleinen Tisch, in seinem vom Feuer erleuchteten Zimmer, und zeichnete. Er hatte vor, die Monde zu zeichnen und ein Windschiff. Jake begann, hielt aber inne. Er erinnerte sich an Arinon, der den Warrantz unter den Arm geklemmt hatte. Das Bild vom Schiff konnte er auch später noch machen. Er skizzierte Arinons Arm, setzte dann die Schnauze des herauslugenden Tieres dazu. Das sah gut aus. Er verbesserte die Muskeln. Arinons Blutzeichnungen gingen bis zum Bizeps. Wie sah sein Oberkörper mit den Linien aus? Er zeichnete Arinons Torso, versuchte die Blutzeichnungen aus der Erinnerung darüber zu legen. Schade, er besaß keinen gelben Stift, sonst hätte er auch noch Arinons Augen gezeichnet. Erschöpft legte er den Bleistift zur Seite. Der Tag war wirklich lang und voller Eindrücke gewesen.

Jake streckte sich auf dem Bett aus. Wieso war er so zufrieden? Ihm war das Irrste passiert, das man sich nur vorstellen konnte. Er dachte daran, dass seine letzte Sauftour nur einige Tage her war. Er hatte das genaue Zeitgefühl verloren. Was hatte er in Vancouver aus seinem Leben gemacht? Nichts! Auf Duonalia war seine Lebensweise elementar geworden. Er schmeckte das Essen intensiver, atmete bewusster, nahm die Dinge wieder richtig wahr. Er war in eine Gemeinschaft aufgenommen worden. Ja, er war fast ein bisschen glücklich.

Solutosan hatte die Kampfschule frohen Mutes verlassen und öffnete das Tor mitten in seinem Wohnraum in der Residenz.

Es war früher Abend auf Sublimar. In seinem Domizil herrschte eine angenehme Ruhe. Lediglich das Wasser plätscherte im Untergeschoss in den großen Brunnen. Hatte Vena die Kleine schon ins Bett gebracht? Er schaute in Marinas Zimmer. Ja, das Kind schlief friedlich. Ob Vena ebenfalls zur Ruhe gegangen war? Solutosan öffnete lautlos die Tür zu Venas Schlafzimmer. Ja, sie schlief – er blieb starr stehen – in Troyans Armen. Er hatte es geschafft! Leise schloss er die Tür wieder. Er brauchte frische Luft.

Er stürmte die vielen Treppen hinauf zur Spitze der Klippe, keuchte, aber nicht weil er außer Atem war, sondern vor Wut. War er zornig auf Vena? Nein! Auf Troyan? Ein wenig. Am wütendsten war er auf sich selbst! Er hatte die Entwicklung gesehen und hatte es so weit kommen lassen.

Frustriert sank Solutosan auf einen der Energieblöcke. War es nicht eigentlich ein Witz, dass er als zweitmächtigster Mann seines Planeten, als unbesiegbarer Sternenkrieger, die Hörner aufgesetzt bekam? Völlig gleichgültig, sagte seine innere Stimme, du hast deine Frau vernachlässigt und sie hat sich Ersatz gesucht. Das könnte jedem Mann passieren.

Was sollte er nun tun? Er musste erst einmal Abstand zu der ganzen Sache gewinnen. Er aktivierte seinen energetischen Ring und blickte auf die Pfade in der Anomalie. Nachdenken konnte er am besten in dem Häuschen in den Mangroven. Solutosan öffnete dort das Tor.

Die Hütte lag von der blutroten, untergehenden Sonne beschienen da. Vor seinem Ring glänzte die Wasserfläche. Natürlich, es war ja Ulquiorras Pfad, der zu früh endete. Das war ihm jetzt egal. Er sprang ins Wasser vor der kleinen Terrasse, zog sich an deren Rand hoch. Beim Vraan! Er trug ja noch den Karateanzug aus Donafaser. Der hing nun wie ein nasser Sack an seinem Leib. Er zog ihn aus und hängte ihn in die Zweige zum Trocknen. Ob er wohl in dem Häuschen einen Lendenschurz hatte? Er öffnete die Tür und blieb erstaunt stehen. Ulquiorra lag auf dem Lager in der Hütte und schlief. Was hatte den Freund dorthin geführt? Vorsichtig trat er zu ihm, kniete sich neben ihn.

»Ulquiorra?«, fragte er besorgt.

Der Energetiker schlug die Augen auf. »*Ich bin eingeschlafen*«, stellte der etwas verwirrt fest. »*Solutosan? Was machst du hier?*«

»*Das Gleiche wollte ich dich gerade fragen*«, lächelte er.

Ulquiorra setzte sich auf und musterte ihn. Jetzt erst fiel ihm auf, dass er nackt war. War ihm das peinlich? Nein. Solutosan grinste.

»*Ich musste nachdenken. Im Silentium ist mir regelrecht die Decke auf den Kopf gefallen. Hier ist ein Ort des Friedens.*«

Solutosan setzte sich neben ihn auf den geflochtenen Fußboden. »*So in etwa ging es mir auch. Allerdings bin ich aus Wut hergekommen.*«

»*Wut?*«, fragte Ulquiorra und stand auf. »*Komm, lass uns eine Runde schwimmen gehen, solange es noch hell ist. Erzähle mir danach von deiner Wut.*«

Er zog sein Gewand aus, legte es auf das Lager und ging zur Tür. Das war eine ausgezeichnete Idee. Gemeinsam sprangen sie in die rot-glänzende Wasserfläche.

Ulquiorra war kein guter Schwimmer, das wusste er. Kaum ein Duonalier konnte schwimmen, denn auf dem Planeten befanden sich nur wenige, kleine Seen. Solutosan hatte sein Können seinem Zieh-Vater zu verdanken, der es ihm in früher Kindheit beigebracht hatte. Er schwamm zu Ulquiorra, die Beine zu seiner Flosse verschmolzen.

»*Komm, halte dich an mir fest.*« Er legte die Arme auf den Rücken, damit Ulquiorra seine Hände greifen konnte. Die Wucht seiner Schwimmflosse war allemal stark genug, um sie beide vorwärtszutreiben.

Solutosan beschleunigte das Tempo. Er drehte draußen auf dem Meer und schwamm mit voller Geschwindigkeit wieder zurück zur Terrasse. Dort ließ er Ulquiorra los.

Der japste nach Luft und lachte. »*Was für ein Teufelsritt!*« Übermütig spritzte er Solutosan Wasser ins Gesicht. Der ließ sich nicht lumpen und klatschte mit seiner Flosse eine heftige Woge in seine Richtung. Ulquiorra kam japsend aus der Welle hervor und stürzte sich auf ihn. Sie rauften wie die kleinen Jungs. Die Sonne war inzwischen ganz untergegangen und es wurde kühler.

Solutosan zog sich aus dem Wasser auf die Terrasse und reichte Ulquiorra die Hand – half ihm hinauf. Sein Zorn war verraucht.

»*Komm, ich mache im Ofen ein Feuer. Ich muss meinen Anzug trocknen. Ich sehe auch mal nach, ob noch Frischwasser im Reservoir ist.*« Ulquiorra nickte und folgte ihm in die Hütte. Dort streifte er sein Gewand über. Solutosan füllte den Ofen mit Treibholz-Stückchen und entzündete sie mit einem Energiestoß aus der Hand. Er hängte seinen klammen Karateanzug an die Decke über den Ofen. Im Speicher war noch Wasser. Er testete es – es war in Ordnung. Solutosan schöpfte zwei Becher voll, reichte Ulquiorra einen und setzte sich zu ihm auf die Lagerstatt. Sie schwiegen, hingen beide ihren Gedanken nach.

»*Heute musste ich einer Gerichtsverhandlung beiwohnen*«, begann Ulquiorra. »*Sie haben einen Bacani zum Tode verurteilt, der seinen Nachbarn aus Eifersucht getötet hat. Ich musste dem zustimmen.*« Seine Stimme klang verbittert. »*Aber eigentlich war das nicht der Hauptgrund, weshalb ich in die Mangroven kam.*« Er sah Solutosan an. »*Ich wollte nachdenken, bevor wir uns wiedersehen. Wolltest du nicht morgen zur nächsten Lehrstunde kommen?*«

Er nickte. »*Ja, morgen.*« Er betrachtete Ulquiorra, der mit dem Rücken gegen die Wand gelehnt saß, die Arme um die angezogenen Beine geschlungen. Sein Haar war noch feucht von ihrem ausgelassenen Bad. Die schwarzen Augen glänzten.

»*Ich bin hierher geflüchtet, nachdem ich Vena mit meinem Sekretär Troyan im Bett gefunden habe.*«

Ulquiorra stieß heftig die Luft aus. »*Was willst du nun tun?*«, fragte er.

»*Nichts.*«

»*Nichts?*«

Solutosan nickte. »*Ich war ihr kein guter Mann. Anfangs ja, aber dann nicht mehr. Es ging stetig bergab, seit die Kleine da war. Ich weiß nicht, warum das geschah. So war es auch schon bei Aiden. Ich verliere nach einer Weile die Lust an den Frauen.*«

Er blickte auf seine Hände. Was hatte sein Freund gesagt? Er wolle nachdenken, bevor sie sich wiedersahen? Wieso das auf einmal? Es war doch noch nie kompliziert zwischen ihnen gewesen. Er stand auf und legte Holz auf das Feuer. Allmählich wurde es warm in der Hütte.

Er setzte sich wieder zu seinem Freund. »*Bin ich ein Problem für dich?*«, fragte er. Im tiefsten Inneren hatte er Angst vor der Antwort.

Ulquiorra nickte. »*Seit unserem letzten Treffen bin ich aufgewühlt und kann nicht vergessen, was passiert ist*«, entgegnete er leise und verschämt.

Solutosan hob den Kopf. Da kam etwas auf ihn zu, das er nicht erwartet hatte.

»*Und was denkst du?*«, fragte er sanft.

Ulquiorra tastete nach seiner Hand.

»*Wieso ist eigentlich immer einer von uns nackt?*« Seine Augen glänzten.

Solutosan schwieg, sah ihn nur an. Er war bereit. Aber Ulquiorra musste es sagen.

»*Was hast du gedacht?*«, half er ihm erneut.

»*Ich hatte nach unserem Erlebnis darüber nachgedacht, wie es wäre dich zu küssen*«, gestand Ulquiorra verlegen.

Da war er, der Satz! Er war seinem Freund unglaublich schwer gefallen.

»*Und das hältst du für ein Problem?*«, fragte Solutosan warm. Er zog Ulquiorra zu sich heran und streichelte ihm über das Haar. Dann senkte er die Lippen auf seinen Mund. Er erinnerte sich daran, wie Aiden ihn das erste Mal geküsst hatte. Er war zurückgeschreckt. Aber sie hatte ihn langsam herangeführt.

Solutosan streichelte Ulquiorras Mund mit den Lippen, ohne ihn zu öffnen. Sein Freund musste Erfahrung im Küssen durch Maureen haben, fiel ihm ein. Also wurde er mutiger. Er drückte Ulquiorras Lippen auseinander, ließ ihn spielerisch seine Zunge spüren. Instinktiv öffnete sich das Innere seiner Brust und setzte Energie frei. Ihm entglitt die Kontrolle. Es kam ihm vor, als würde Ulquiorra sie anziehen. Die kurze Distanz vom Mund zur Brust war schnell überwunden. Er strömte, hätte auch den Kuss nicht mehr lösen können.

Ulquiorra schmolz. Er verwandelte sich in seine reine Energieform. Solutosan dematerialisierte sich ebenfalls. Sie flossen ineinander. Sie waren Ying und Yang, verschlungen, eins geworden, strahlend. So blieben sie – eine kleine Unendlichkeit.

Solutosan konnte sein Bewusstsein stabilisieren und zog es langsam aus seinem Freund. Ihre Körper formten sich. Solutosan war bis zur Ekstase erregt. Er setzte seinen Sternenstaub frei, überpuderte seinen Partner mit der erotischen Woge – ließ Ulquiorra keine Chance, seiner elementaren Kraft zu entgehen.

Wie in Trance zog er das Gewand seines Freundes hoch, um dessen Haut zu fühlen, immer noch im Kuss verbunden. Als ihre Körper sich berührten, explodierten seine Sinne. Sie schrien beide gleichzeitig vor Lust, klammerten sich aneinander, um sich stärker zu spüren. Ihre Glieder pressten gegeneinander. Nach dem spirituellen Höhepunkt verströmten sie sich in der körperlichen Leidenschaft. Zitternd kamen sie auf dem Lager der Hütte an.

Hätten wir das nicht tun sollen?, fragte sich Solutosan benommen. Sie hatten sich in Sphären begeben, die sie nur noch gemeinsam erreichen konnten. Sie hatten sich aneinander gekettet, denn diese Art der Vereinigung würden sie nur mit Ihresgleichen erleben können.

Ulquiorra keuchte. Tränen rannen ihm die Wangen hinab. Seine Gefühlswelt war aus dem Gleichgewicht. Solutosan drückte ihn fest an seine nackte Brust. Streichelte ihn. Wiegte ihn tröstend. Ulquiorras Leib schimmerte golden überpudert von seinem Sternenstaub.

»*Du siehst wunderschön aus*«, flüsterte Solutosan. »*Schau! Du bist nun auch so goldfarben wie ich*«, sagte er zärtlich. Ulquiorra hob einen Arm, tastete benommen mit dem Finger über die Haut.

Solutosans Sinne schrien jäh alarmiert! Blitzschnell zog er Ulquiorras Gewand hinab und legte warnend den Zeigefinger auf den Mund. Eine kleine achtbeinige Schildkröte krabbelte durch die Squali-Öffnung. Sie wurde größer, bog sich auseinander und richtete sich auf. Pallasidus!

»*Nein*«, herrschte Solutosan seinen Vater an. »*Du wirst dich hier nicht einmischen! Du hast bekommen, was du wolltest. Dein zweiter Sohn schläft meiner Frau bei. Hole dir deine nächsten Enkel dort!«*

»Wie du willst«, grollte Pallasidus. Er rollte sich zusammen. Die kleine Schildkröte kletterte ins Wasser und verschwand.

»*Er wird es nicht wagen, mir erneut meinen Sternenstaub zu nehmen*«, knurrte Solutosan. »*Ich werde mich wehren. Meine Energie ist aktiviert.*« Ein tiefes Grollen entwich seiner Brust.

»*Außerdem bist du nicht allein.*« Weiterhin kampfbereit fuhr Solutosan herum. Er hatte Ulquiorras Gesicht noch nie so schön gesehen. Die Haut seines Freundes strahlte blendend weiß unter dem Goldstaub und in seinen schwarzen Augen tanzten goldene Funken.

Solutosan kniete sich vor ihn auf den Boden, nahm Ulquiorras Gesicht in seine Hände und küsste ihn zärtlich. Er spürte, wie die Anspannung aus ihnen beiden wich. Pallasidus machte ihm keine Angst. Ob dieser wohl in dem kurzen Augenblick erkannt hatte, dass Ulquiorra Energetiker war?

Er setzte sich eng neben seinen Freund, streichelte versonnen eine schwarze Haarsträhne, die ihm über den Rücken floss. »*Du hast mir nie erzählt, wo die Energie in deiner Familie herkommt. Xanmeran hat sie nicht. Kommt sie von deiner mütterlichen Seite? Hatte Tarania sie auch?*«

Ulquiorra schmiegte den Kopf an seine Schulter. »*Meine Mutter hat nie viel darüber berichtet. Ich weiß nur, dass sie Angst hatte, ihre Kraft zu offenbaren und zu benutzen, denn meine Großmutter Samira ist offensichtlich irrsinnig gewesen, hat die ihr innewohnende Energie nicht verkraftet. Sie ist bei Taranias Geburt gestorben. Meine Mutter hat mir immer eingeschärft, die Kraft nie zu zeigen oder anzuwenden. Aber nur mit ihr konnte ich die Anomalie erschaffen, um euch zu finden.*«

»*Energetiker sind unsterblich, Ulquiorra. Wie kann es sein, dass deine Mutter und Grußmutter starben?*«

Ulquiorra schüttelte traurig den Kopf. »*Das weiß ich nicht, Solutosan. Ihr Licht ist einfach erloschen. Meine Mutter war krank, aber diese Krankheit war eher seelischer Natur. Sie hatte den Unfall kaum verkraftet, der ihren Körper zerstörte, als Xanmeran verschwand. Sie wollte nicht mehr leben. Ich mutmaße, dass die Energie nur in der männlichen Linie stark und konstant bleibt.*«

Das war interessant. »*Und deine Großmutter? War sie Duonalierin?*«

»Samira und ihr Wahnsinn waren ein Tabuthema, Solutosan. Ich habe bereits als Knabe versucht, von der Pflegemutter der beiden mehr zu erfahren, aber sie hat die Geschichte mit ins Grab genommen. Sie meinte damals, ich sei nicht in Gefahr und solle mir nicht den Kopf zerbrechen.«

Solutosan nahm tröstend seine Hand. Er leitete stärkende und aufbauende Energie durch sie. Es ist mir gleichgültig, wer deine Ahnen sind, sagte sein Kraftstrom. Du bist da, und nur das zählt.

»Was soll das werden?«, fragte Arinon. Jake hatte sich Steine und alte Dona-Säcke besorgt, und war nun dabei, Trainingssäcke mit unterschiedlichem Gewicht herzustellen. Er wollte dringend wieder etwas tun. Er hatte sich angewöhnt, täglich um die Schule zu joggen, erhöhte ständig die Rundenanzahl. Er wollte fit bleiben.

»Ich mache mir Gewichte zum Trainieren, Arinon«, antwortete Jake, streckte sich auf dem gepflasterten Innenhof aus und legte einen Sack auf seine Füße. Dann hob er beide Beine.

»Für die Bauchmuskeln«, erklärte er. »Die Säcke kann ich vielseitig einsetzen. Zum Beispiel auch auf die Schultern legen oder stemmen.«

»Interessant!« Arinon setzte sich auf einen der Korbstühle und legte die Hände auf die Knie. »Machst du dir dafür einen Trainings-Plan?«

Jake nickte. »Ja, habe ich vor.« Er sah zu Arinon hoch. »Was mir langsam zu schaffen macht, ist die hiesige Nahrung. Sie ist recht einseitig. Gibt es denn auf Duonalia kein Getreide, Salat oder Gemüse?«

Arinon schüttelte den Kopf. »Die Duonalier ernähren sich ausschließlich von Dona. Bacanis haben eine Nahrungsmutter im Rudel, deren Milch sie trinken, Trenarden sind reine Fleischfresser und Quinari essen alles.«

Jake überlegte. »Fliegt denn ab und zu noch jemand auf die Erde?«

Arinon musterte ihn prüfend. »Warum fragst du das?«

»Man könnte Samen mitbringen und versuchen, hier etwas anzubauen. Ich denke da an Quinoa, Möhren und Salat. Das würde auch den Speisezettel der Quinari bereichern.«

»Meinst du nicht, dass fremde Pflanzen zu stark in das duonalische Ökosystem eingreifen?«

Jake lachte. »Ein kleines, geschütztes Beet nur für uns? Ich denke kaum.«

Arinon erhob sich. »Ich werde nachforschen. Würdest du mir auch einen Plan für ein Training erstellen? Ich habe andere Methoden, aber möchte deine versuchen.«

Jake strahlte. »Das mache ich gerne. Gemeinsam trainiert es sich sowieso besser.« Er band noch einen Sack mit einer Schnur zu und prüfte dessen Gewicht.

Am Abend saß Jake wieder am Tisch in seinem Zimmer. Er begann mit den Trainingsplänen für Arinon und sich selbst. Jake steigerte die Leistung der Einheiten langsam. Er dachte an Arinons Körper. Eigentlich hatte dieser mit seinen Muskelpaketen kaum einen Aufbau nötig. Also legte er die Betonung seines Trainings auf Ausdauerübungen. Er selbst wollte noch Körpermasse zulegen. Er stützte den Kopf in die Hände. Nein, Arinon war perfekt, wie er war. Alle Quinarimänner, die er auf dem nördlichen Mond gesehen hatte, hatten diesen beeindruckenden Körperbau. Ihm gefiel das sehr.

Er nahm den Plan, ging durch den dunklen Gang zu Arinons Zimmer und klopfte an die Tür. Der Quinari öffnete ihm. Er trug lediglich seinen Lendenschurz.

»Störe ich? Ich wollte dir den Trainingsplan geben und erklären.« Arinon nickte und ließ ihn eintreten. Er hatte kein Bett, sondern schlief auf einer dünnen Unterlage auf dem Boden. Darauf lagen eine Menge kleiner Gegenstände, die Jake nicht kannte. Arinon setzte sich im Schneidersitz auf die Lagerstatt.

»Was ist das?«, fragte Jake neugierig.

»Meine Medikamente.«

Jake betrachtete die Ledersäckchen, Holzdosen, Metallphiolen, Schalen fremder Nüsse und kleinen Tuchbündel, die einen intensiven, fremdartigen Geruch verströmten.

»Bist du krank?«

Arinon hob erstaunt den Kopf. Dann grinste er. »Nein. Die Sachen sind für meine Patienten. Ich bin Heiler. Setz dich.« Er deutete auf ein flaches Kissen auf dem Boden.

Jake hatte ihn wohl verkannt. Arinon war sogar gebildet. Jetzt schämte er sich. »Es tut mir leid, dass ich dich anfangs als Monster bezeichnet habe«, stieß er hervor.

»Die Menschen verurteilen offensichtlich gern, was sie nicht kennen«, meinte Arinon schlicht.

Ja, da hatte er wohl recht. Vielleicht waren die beiden Trenarden auch nicht so übel und er hatte sich vorschnell eine Meinung über sie gebildet.

Er schluckte. »Hier auf Duonalia sind die Leute gewiss toleranter.«

Arinon packte seine Medikamente wieder in einen Sack. »Nein, Jake. Sie haben ebenfalls Angst vor dem Unbekannten. Die Quinari werden angestarrt und vor den Trenarden laufen sie weg, wenn sie können. Selbst die Duocarns haben Probleme.«

Das erstaunte Jake. »Aber sie sind doch Duonalier!«

»Ja, jedoch haben sie außergewöhnliche Talente – kriegerische Gaben. Davor hat die Bevölkerung Angst. Wie ich gehört habe, besonders die Frauen.«

Jake dachte an die Männer in dem Haus in Vancouver. Tervenarius, wie er ja eigentlich richtig hieß, und Patallia, der Arzt, waren offensichtlich schwul. Nur zu gerne hätte er mehr über Arinons Sexualität erfahren, aber er traute sich nicht zu fragen.

»Sind alle Duocarns homosexuell?«

Arinon lehnte sich mit dem Rücken gegen die Wand und streckte die Beine aus. »Wie kommst du denn darauf?«

»Na, wenn die Frauen sie nicht wollen ...«

Der Quinari kniff die Augen zusammen. »Es steht mir nicht zu, über diese Dinge zu sprechen, Jake. Am besten fragst du sie das selbst.«

Da war er wohl zu weit gegangen. Er sah Arinon an. Es gefiel ihm, dass dieser nicht geantwortet hatte. Er war klug und diskret.

»Entschuldige.« Jake schluckte. »Komm, ich zeige dir den Trainingsplan.«

»Wo ist eigentlich dein Vater, Halia?«, fragte Jake am nächsten Morgen beim Frühstück. Solutosan hatte ihm gefallen. Er hatte Ruhe und Gelassenheit ausgestrahlt – so wie Arinon.

Halia, die in der sonnigen Küche ein Glas Dona trank und dabei in ihr Datentablett tippte, sah ihn kurz mit ihren Sternenaugen an. »Der ist wieder auf Sublimar«, antwortete sie.

»Sublimar?«

Halia nickte. »Ja, ein anderer Planet.«

Jake war baff. »Ich verstehe nicht, wie sich die Leute hier zwischen all den Planeten bewegen, Halia. Wo sind denn die ganzen Raumschiffe?«

»Och«, Halia blickte von ihrem Datentablett hoch. »Raumschiffe gibt's auch – in der Sternenbasis.« Sie schlug erschrocken die Hand vor den Mund. »Ähm, ich meine, ich meine ...«

Jake merkte ihr an, dass sie keine Ausrede fand. Sie hatte ihm verraten, dass es eine Basis für Raumschiffe gab. Na, wenn das mal nicht interessant war!

»Ach egal«, überlegte Halia. Sie lächelte ihn an. »Fühlst du dich denn hier wohl, Jake?«

Er nickte. »Ja, ihr seid sehr gastfreundlich. Ich danke dir dafür.« Das war wirklich ehrlich gemeint. Eines war aber ganz klar: Er würde sich die Raumschiffe wenigstens einmal ansehen.

Jake wusste nicht, wie lang er bereits auf Duonalia war. Er hatte sich gut eingelebt. So gut, dass er manchmal sogar schon überlegte, was er auf der Erde eigentlich den ganzen Tag getrieben hatte.

Er verbrachte viel Zeit mit Arinon. Der Quinari war ein angenehmer Mann. Jake mochte seine ruhige Art. Arinon vermittelte oftmals mit wenigen Worten, wenn sie einmal unterschiedlicher Meinung waren. Jake empfand ihn wie einen Fels in der Brandung, aber vielleicht lag das an seiner grauen Haut, dachte er. Ob er wohl zu starken Gefühlen fähig war? Wenn ja, zeigte er sie zumindest nicht. Jake konnte nicht umhin, das reizvoll zu finden.

Sie hatten etliche Programme zusammen erarbeitet mit Schwerpunkten wie Schnelligkeit, Koordination, Stärkung, Ausdauer und grundlegender Fitness. Sie trainierten täglich. Einige erwachsene Schüler hatten bereits ihre Kinder zu ihnen geschickt, mit denen sie spielerisch übten. Manchmal sah er Arinon mit den Kleinen lachen. Das tat er selten und Jake freute sich jedes Mal, wenn er es durch Zufall mitbekam.

Arinon hatte an diesem Tag mit Luzifer einen Übungskampf vereinbart. Den wollte Jake unbedingt sehen.

Da der Kampf draußen vor der Schule im Grasland stattfand, lief Jake hinaus. Er hatte Arinon noch nie gerüstet gesehen und war beeindruckt. Der Quinari trug über seiner Lederhose einen Waffenrock aus stabilen Lederteilen grob zusammengefügt. Sein rostroter Schulterpanzer, ebenfalls aus dickem Leder, stramm über der grauen Brust mit den Blutlinien festgezurrt, ließ ihn noch breitschultriger und mächtig wirken. Zusätzlich hatte er ein rotes Tuch um die Hüften geschlungen und trug lederne Armschoner. Man sah den Ledersachen an, dass sie schon viele Kämpfe durchgestanden hatten, denn sie waren speckig und mit Kerben von Hieben überzogen.

Luzifer stapfte in seinem Kettenhemd heran, sein Schwert über die Schulter gelegt. Die beiden standen sich konzentriert gegenüber. Mit einem Fauchen entfachte sich Luzifers Schwert. Ein Flammenschwert! Das gibt es nicht, dachte Jake. Er lehnte im Schatten an der rauen Hauswand der Schule. Arinon schleuderte sein Schwert in die Luft. Es überschlug sich mehrmals mit blitzender Schneide. Jake stockte der Atem. Arinon fing die Waffe am Griff auf. Er nickte und ging in Stellung.

Luzifer rannte mit erhobenem Schwert auf seinen Kontrahenten zu. Ihre Waffen krachten gegeneinander, scharrten aneinander vorbei. Jake beobachtete den Kampf genau. Luzifer war schnell und sehr stark, jedoch kämpfte Arinon mit wechselnden Händen, was den Trenarden oftmals verwirrte. Arinon schlug zu, bremste, bevor er Luzifers Schulter traf – ritzte sie aber dennoch kurz. Die wechselhändige Taktik machte ihn überlegen. Luzifer knurrte etwas in der fremden Sprache. Arinon schüttelte den Kopf. Luzifers flammende Schwertspitze fuhr nur einige Zentimeter an Arinons Nase vorbei. Der sprang zurück. Sie beschleunigten das Tempo, fanden einen Rhythmus.

Jake war fasziniert. Er hatte noch nie einen Kampf gesehen, der einem Tanz glich. Beide Männer waren in etwa gleich stark. Sie schlugen präzise, vermieden heftige Verletzungen. Die blitzenden Klingen sprühten Funken, während das Flammenschwert mit glühenden Zungen den blanken Stahl von Arinons Schwert leckte.

Arinon blutete aus einer Armwunde, sein Kontrahent hatte sich lediglich die leichte Schulterkerbe eingefangen. Leichtfüßig tänzelte der Quinari schlagbereit vor dem schweren Luzifer, der in einem weiteren Anlauf auf ihn zustürmte. Arinon sprang aus dem Weg und Luzifer prallte gegen eines der niedrigen, knorrigen Gewächse nahe der Schule. Seine Waffe blieb im Stamm stecken. Arinon lachte und wischte sich mit dem Arm den Schweiß von der Stirn. Und der Trenarde? Gespannt wartete Jake, dass dieser sich umdrehte. Luzifer zog das Schwert aus dem Baum und wandte sich zu seinem Gegner um. Mit zusammengezogenen Augenbrauen starrte er Arinon finster an. Aber Jake merkte sofort, dass keine Ernsthaftigkeit in dieser Miene lag, denn augenblicklich schallte Luzifers grölendes Gelächter weit über das Grasland. Die beiden Männer reichten sich die Hände.

Jake stand fasziniert da. Was er gesehen hatte, war nicht wie die gestellten Gefechte im Fernsehen. Es war die Freude an der Waffe, Spaß an der Bewegung und an der Choreographie gewesen. Und – dieser Kampf hatte pure Männlichkeit offenbart. Erregt dachte Jake an Arinons blitzende Augen. Die Schweiß-Rinnsale auf der glänzenden Haut waren in seine Blutzeichnungen gelaufen – hatten diese zu roten Tränen vermischt.

Die beiden Krieger waren bereits wieder im Innenhof verschwunden, als Jake immer noch an der Hauswand stand. Arinon war umwerfend. Er musste es sich eingestehen. Er war der beeindruckendste Mann, dem er seit langem begegnet war. Jake fuhr sich irritiert mit der Hand durchs Haar. Arinon hatte sich endgültig in sein Herz gekämpft.

Sie hatten sich wiedergesehen. Einige Male. An ihrem einsamen Treffpunkt in den Mangroven. Ulquiorra schlug jedes Mal das Herz bis zum Hals, wenn er Solutosan durch sein Tor schreiten sah. Ihre Freundschaft hatte sich erhalten und in etwas verwandelt, das Ulquiorra nicht genau bezeichnen konnte. Eine Liebschaft? Nein, es war mehr. Sie hatten sich nun schon oft vereinigt und er kannte seinen Freund bis in die letzte Faser. Er fand ihn wunderschön – äußerlich und innerlich. Natürlich sah er auch eindeutig Solutosans Fehler. Aber gerade wegen dieser Unzulänglichkeiten liebte Ulquiorra ihn noch mehr. Was des einen Mannes Schwäche, war des anderen Stärke. Gemeinsam ergaben sie ein Ganzes.

Es ist Liebe, dachte Ulquiorra, als er auf der Terrasse saß und auf Solutosan wartete. Gelegentlich schwamm sein Freund, von seinen Squali begleitet, von der Residenz zu ihrem Treffpunkt. Ulquiorra hatte Solutosan einen kleinen Donakuchen mitgebracht, den er gern mochte.

Er legte sich lang hin, verschränkte die Arme hinter dem Kopf und starrte in das Sonnenlicht, das durch das Blätterdach der Mangroven flirrte. Er genoss die Ruhe.

Die Bacanis des Duonats hatten wieder einmal etliche Gründe gefunden, sich auf der Ratsversammlung über die Quinari-Gesetzeshüter aufzuregen, die die bacanische Bevölkerung angeblich härter behandelte, als die duonalische. Schlichten. Das war es, was er hauptsächlich tat. Zwischen den Völkergruppen vermitteln. Seit er mit Solutosan verbunden war, hatte er die Ruhe gepachtet. Was dachte er denn da? War er mit ihm zusammen? Als Pärchen? Ja, das waren sie wohl. Obwohl ihre körperliche Verbindung nicht über Küssen oder Schmusen hinausging. Sie hatten sich nie intim berührt. Ihre Verschmelzungen brauchten diese Art von Kontakt nicht.

Er überlegte, ob er seinen Freund gern so angefasst hätte, als sich Solutosan tropfnass an der Terrasse hochzog. Sein blaues Serica-Gewand trocknete sofort, aber sein weißes Haar klebte dunkel an seinem Rücken. Sie lächelten sich an. Ulquiorra rutschte an den Rand der Plattform, um Sana und Marlon zu begrüßen, die ihre nassen, glatten Nasen in seine Hand schmiegten.

»Was ist denn das?« Solutosan stand mit dem in ein Tuch gehüllten Donakuchen in der Hand da.

»Kuchen, Solutosan. Er ist für dich.« Sein Freund ließ sich auf den Boden fallen, wickelte das Geschenk aus und biss ein Stück ab.

»Man könnte nicht meinen, dass du das Oberhaupt dieses Planeten bist. Du benimmst dich wie ein kleiner Junge«, lachte Ulquiorra.

»Nur weil ich Donakuchen so gern mag?«, kaute Solutosan. »Den gibt es hier eben nicht.« Er wickelte den Kuchenrest ein. »Und was machen wir heute?«

Ulquiorra lächelte. »Ich wollte dir endlich die Handhabung der kleinen Ringe beibringen. Du wirst sicherlich irgendwann jemanden haben, zu dem du Kontakt halten willst.«

Solutosan nickte. »Es wäre praktisch, wenn Xanmeran einen Ring von mir hätte.«

»Gut, dann schau her.« Ulquiorra zog einen Energiestrang aus seiner Brust und formte mit der Hand einen etwa Handteller großen, goldenen Ring. »Mach mir das nach.«

In Solutosans Händen erschien ebenfalls ein goldfarbener Reif.

»Nun manifestiere den Ring.« Ulquiorra hielt seinen Ring in beiden Händen, materialisierte und härtete ihn. Dann warf er seinen Ring zu den Squalis. Marlon fing ihn sofort auf und schwamm stolz damit im Kreis. »Du musst deine Gedanken bündeln, Solutosan. Gib ihnen die Kraft der Materie!«

Sein Freund hielt den Energiering, drückte ihn zusammen und er verschwand. »Nein. Ich zeige es dir anders.« Er kniete sich neben Solutosan und nahm dessen Hand. »Konzentriere dich auf dein Gefühl.« Er gab Solutosans Hand die reine, goldene Energieform – transformierte sie dann wieder zurück zu ihrem ursprünglichen Aussehen.

Solutosan sammelte sich. Er formte erneut einen Energiering. Hielt ihn in den Händen und manifestierte ihn. Erstaunt betastete er das harte Material. »Er ist wie aus Metall. Aber es ist kein Gold, sondern etwas Härteres. Erstaunlich!« Er warf Ulquiorra den Ring zu.

Ulquiorra nickte und erhob sich. »Ich gehe jetzt und rufe dich. Konzentriere dich gut, dann wirst du mich aufspüren.«

»Warte, Ulquiorra! Ich finde dich doch sowieso überall. Auch ohne Reifen. Ich brauche nur deiner Energiespur zu folgen.«

»Ich weiß, aber personifiziert wird der Ring erst, wenn er in jemandes Brust eingebettet ist. Also muss dieser zu Übungszwecken reichen.«

Er erschuf sein Tor und wählte den Weg zum Quinaridorf auf dem nördlichen Mond. Dort ergriff er Solutosans Energiereif und rief ihn. Sekunden später öffnete sein Freund die Anomalie neben ihm.

»Das war leicht«, freute sich Solutosan.

Er packte Ulquiorras Hand und zog ihn zurück nach Sublimar in die Mangroven. Dort hockte Solutosan sich im Schneidersitz auf die kleine Plattform und formte einen drei Finger breiten Reifen. Gespannt setzte Ulquiorra sich neben ihn. Was hatte sein Freund vor? Solutosan nahm liebevoll sein Handgelenk, legte ihm den Ring um und manifestierte ihn. Ulquiorra betrachtete seinen goldenen Armreif. Solutosan hatte ihn mit einem komplizierten Ornament versehen. »Das sieht aus wie ein Labyrinth. Woher hast du das Muster?«

»Das ist mir eben eingefallen«, lächelte Solutosan mit einem rauen Unterton in der Stimme. Ulquiorra spürte die erotische Woge, die er verströmte.

»Ich werde ihn immer tragen, Solutosan.« Ulquiorra blickte ihm in die auffordernd glitzernden Augen. Die Luft zwischen ihnen flirrte golden. Die knisternde Spannung baute sich erneut auf. Sie konnten nicht mehr voneinander lassen ...

»Ich gehe Windschiffe zeichnen, Halia«, erklärte Jake und nahm seine Blätter und den Bleistift. Inzwischen wusste jeder im Haus, dass er gern zeichnete. Arinon hatte eines Abends nachdenklich vor den Bildern gestanden, die er von ihm gezeichnet hatte. Als Jake neben ihn trat und ihn nach seiner Meinung fragte, hatte er ihn nur mit einem seltsamen Blick gemustert, den Jake nicht deuten konnte.

Natürlich wollte er keine Windschiffe zeichnen. Jake hatte inzwischen verstanden, dass zur Mittagszeit die Planeten so günstig standen, dass man ungehinderten Ausblick auf den westlichen Mond hatte. Er hatte die Raumstation erspäht. Ihn interessierte, was da los war.

Also setzte er sich auf die Mauer des östlichen Hafens und begann zu zeichnen, den westlichen Mond ständig im Blick. Wollte er auf die Erde zurück? Nein, was sollte er dort? Er war glücklich auf Duonalia. Es gab immer etwas Sinnvolles zu tun. Das fing beim Training an und endete im gemeinsamem Warrantz-Mist schaufeln. Er verstand die Trenarden zwar weiterhin nicht, hatte aber mit ihnen eine Art Kommunikation gefunden, die aus Zeichen, Gesichtsausdrücken und Lauten bestand. Das war oftmals sehr lustig. Halia und er mochten sich. Sie war ein liebes und fröhliches Geschöpf und unglaublich fleißig. Ja, und dann war da noch Arinon.

Jake legte den Stift beiseite und träumte ein bisschen vor sich hin. Wie hatte er ihn für ein Monster halten können? Inzwischen konnte er sich den ruhigen Mann ohne seine starke Kopfplatte, die Klauen und die Raubtieraugen nicht mehr vorstellen. Er war fasziniert von Arinons urwüchsiger, maskuliner Ausstrahlung, die nie aufgesetzt wirkte. Arinon hatte als Quinari eine höhere Körpertemperatur, die er einige Male gespürt hatte, als sie sich beim Training näher kamen. Wie sich seine Haut wohl anfühlte? Ob das weiße Haar so weich war, wie es aussah? Er hätte ihn gern berührt, traute sich aber nie.

Jake fuhr hoch, und hinderte seine Zeichenblätter daran, vom Wind fortgeweht zu werden. Er wusste nichts über die Sexualität der Quinari, außer, dass ihr König Arishar offensichtlich heterosexuell war.

Er starrte auf den westlichen Mond. Wahnsinn! Da startete in diesem Moment ein Raumschiff. Er kniff die Augen zusammen, um besser sehen zu können. Ja, es war ein Raumkreuzer, dessen Größe er auf diese Entfernung nicht einschätzen konnte. Es gab also Flugverkehr dort. Wie weit die Erde wohl entfernt war? War sie mit dieser Art Raumschiff zu erreichen? Ja, das musste so sein, sonst wäre er nicht auf Duonalia. Aber dauerte so eine Reise nicht ewig? Wie lange war er betäubt gewesen?

Jake packte seine Zeichensachen zusammen. Es blieben so viele Fragen offen. Langsam wanderte er zur Schule zurück.

Arinon hatte hinter der Kampfschule ein Stückchen Grasland mit dem aus geschmolzenem Krax-Gestein gefertigten Spaten umgegraben. Im Bund seiner Lederhose trug er ein Tütchen Salatsamen, das Ulquiorra ihm von Patallia überbracht hatte. Er wollte Jake eine Freude bereiten. Aber vom Säen hatte er keine Ahnung. Das sollte Jake selbst machen.

Arinon sah ihn mit seinen Zeichensachen den Steinweg hinaufsteigen und winkte ihn zu sich.

»Was machst du denn da?«, fragte Jake erstaunt. Der Wind zauste sein inzwischen fast schulterlanges, blondes Haar.

Nun wurde Arinon verlegen. Er hatte sich das so leicht vorgestellt, hatte Jake die Samentüte in die Hand drücken und gehen wollen. Aber jetzt merkte er, dass es doch nicht so einfach war, ohne Sympathiebekundung aus der Sache zu entkommen.

»Ich habe ein Beet angelegt«, teilte er Jake mit und kratzte sich verlegen mit der Kralle am Ohr.

»Wofür denn?«

»Na wofür wohl?«, antwortete er ungeduldig. »Für dich natürlich!« Er zog die Samentüte aus dem Gürtel und drückte sie dem völlig verblüfften Jake in die Hand. »Du wolltest doch Salat, oder nicht?«, knurrte er und wandte sich zum Gehen.

»Halt!« Jake hielt ihn an der Schulter zurück. »Darf ich mich wenigstens bedanken?«, fragte er.

Das war eine unangenehme Situation. Sie standen sich gegenüber. Er hätte den Samen nicht besorgen sollen. Was war denn nur in ihn gefahren? Die Hälfte von Jakes Zeit auf Duonalia war um. Er wollte sich nicht noch näher mit ihm beschäftigen. Sie waren sich durch das Training sowieso schon zu nah gekommen. Er würde am Abend auf den westlichen Mond gehen und sich anderweitig vergnügen. Er sah Jakes liebevollen Blick. Verdammt! Er durfte das nicht erwidern!

»Ich kann nicht, Jake«, stieß er hervor.
Der Mann verstand ihn ganz genau.
»Warum?«, fragte er, sah ihn immer noch hoffnungsvoll an.
»Du wirst fort sein, wirst alles vergessen haben.«
Ihr Götter, das hätte er nicht sagen dürfen! Jakes Gesicht fiel regelrecht zusammen.
»Ich soll weg? Aber warum sollte ich das denn alles vergessen?«
Arinon schwieg. Sein Herz in der Brust wurde tonnenschwer, als er sah, wie das Begreifen und die Qual in Jakes Gesicht zurückkehrten.
»Ich bin nach wie vor euer Gefangener«, presste der hervor. »Bin euer Spielball, mit dem ihr macht, was ihr wollt.« Dann kehrte Wut in seine Züge ein. »Und ich dachte, wir wären Freunde!«
Was sollte er dazu sagen? »Es tut mir leid, Jake.« Er wandte sich zum Gehen.
»Ist das alles?«, schrie Jake verzweifelt hinter ihm her.
Arinon schloss die großen Flügeltüren des Innenhofs und lehnte sich von innen dagegen. Am liebsten wäre er zurückgelaufen und hätte Jake an sich gerissen. Ihm gesagt, dass es doch nicht so schlimm wäre. Dass er ihn beschützen würde. Dass er mit den Duocarns alles klären würde, und Jake bei ihm bleiben könnte auf Duonalia. Dass niemand ihm seine Erinnerungen rauben würde. Er fühlte sich so schlecht wie schon lange nicht mehr.

Jake sah auf seine Hände. Sie zitterten. In der rechten Hand hielt er das zerknäulte Samentütchen. Er ließ es fallen. Er hatte sich Illusionen gemacht! Die ganze Freundlichkeit der Leute in der Schule hatte nur ihm als Menschen gegolten, den man möglichst ruhig halten musste. Danach plante man, ihn woanders hinzubringen und ihm wahrscheinlich mit irgendwelchen Drogen das Gehirn zu zersetzen, damit er nur nicht den Standort der Außerirdischen auf der Erde preisgab. Warum hatten die Duocarns das nicht sofort gemacht, sondern ihn erst in die Schule gebracht? Aus Sadismus? Er fühlte sich zerstört. Und Arinon? Der hatte das alles gewusst. Er spürte, wie bittere Tränen in ihm hochstiegen. Er hatte schon ewig nicht mehr geweint. Irgendwann als Kind das letzte Mal. Und er würde es auch jetzt nicht tun. Nein, er würde den Duocarns die Suppe versalzen. Nun wusste er genau, was er zu tun hatte!

Er kehrte in die Schule zurück und ging in sein Zimmer. Jake suchte unter der Matratze nach seinem Messer. Danach nahm er alle seine Bilder und rollte sie. Er fand eine Schnur, band sie zusammen und schnürte sich diese an seinen nackten Bauch unter den Karateanzug. Dann verließ er die Schule. Er blickte sich nicht mehr um. Sein Ziel war die Raumstation. Er wollte einen Start zur Erde erzwingen!

Jake lief schnurstracks zum Hafen und nahm ein Windschiff. Die Raumbasis war gigantisch und nicht zu verfehlen. Er würde nicht das willige Duocarns-Opfer sein. Sie hatten die Rechnung ohne ihn gemacht! Jake kroch in ein großes Belüftungsrohr der Basis und hockte sich hin, die Arme um die Knie geschlungen. Dort wollte er in dem Versteck warten, bis es dunkel genug war.

Es war kalt in dem Rohr. Er krümmte sich frierend zusammen, steckte die Hände zwischen die Schenkel. Aber dadurch wurde es kaum wärmer. Die Monde hatten sich günstig verschoben und der westliche Planet lag fast im Dunkeln. Die duonalischen Insekten hatten ihr lautes, nächtliches Konzert begonnen. Es quiekte, zirpte und pfiff überall im Grasland. Die Laute vereinten sich zu einem intensiven Geräusch, das ihn an ein riesiges Orchester erinnerte, das dabei war seine Instrumente zu stimmen. Es war Zeit zu gehen. Jake sprang auf und lief los. Es war nicht leicht sich zu orientieren. Er krabbelte unter einem schützenden Holzzaun hindurch und spähte in die Dämmerung. Die Schiffe lagen offensichtlich in mehreren gigantischen Hallen, die nur durch schmale Durchgänge getrennt waren. Rund um diese Bauwerke schaukelten vereinzelte Lampen im Wind. Er entschied sich für den größten Hangar. Da musste er hin. Vorsichtig drückte Jake sich mit dem gezogenen Messer am Schatten der Gebäude entlang. In der Ferne liefen einige dünne Männer, die er als Bacanis erkannte. Die kleinen Bacanis hatten ihm ja wohl kaum etwas entgegenzusetzen. Er musste versuchen, einen zu finden, der ein Raumschiff fliegen konnte. Er sah genau hin. Die Männer trugen alle helle Overalls. Er fiel also mit dem weißen Karateanzug nicht auf. Das machte ihn mutiger.

Die Tür des Hangars öffnete sich und ein Bacani verließ die Halle. Er wartete, bis dieser außer Sichtweite war, drückte vorsichtig die Tür auf und glitt in den beleuchteten Hangar. Da standen sie! Drei metallisch blinkende Raumkreuzer. Soweit er beurteilen konnte, waren zwei baugleich. Der Dritte schien kleiner und sah irgendwie vertrauenserweckend aus. Um ein großes Raumschiff zu steuern, brauchte man bestimmt eine Menge Besatzung. Also entschied er sich für das Kleinste. Woraus waren die Schiffe nur? Er betastete die Wand des Kreuzers, in dessen Schatten er lehnte. Das fühlte sich an wie Stahl. Aber eigentlich gab es auf Duonalia kein Metall.

Er hielt die Luft an, denn soeben öffnete sich eine Luke im Bauch des kleinen Raumschiffs. Ein Bacani in einem Overall. Er musste es einfach riskieren! Hoffentlich verstand der ihn überhaupt! Jake machte einen riesigen Satz auf den Bacani zu, packte den völlig überraschten Mann am Kragen und schleifte ihn in das Schiff zurück. Im Inneren hielt er ihm das Messer an die Kehle.

»Kannst du das hier fliegen?«, raunte er ihm auf Englisch zu. »Wo sind die Kapitäne?« Der Mann blickte ihn mit seinen schwarzen Augen an. Jake konnte deren Ausdruck nicht deuten.

Der Mann in seinen Händen veränderte sich. Es war wie in einem Alptraum. Jake sah mit Entsetzen, wie sich das Irokesen-Haar des Bacanis verbreiterte. Blitzschnell zog es sich über den Körper, der den weißen Overall sprengte. Der Mann legte an Größe, Gewicht und Masse unglaublich zu. Jake fiel das Messer aus der Hand. Er starrte wie hypnotisiert auf das pelzige Ungeheuer mit den gefletschten Fangzähnen, die aus der spitzen Schnauze ragten. Ein ellenlanger, behaarter Schwanz peitschte auf den Boden. Das Messer schlitterte unter dessen Schlägen aus seinem Sichtfeld. Das Wesen brüllte erbost! Sein Messer! Er war wehrlos! Er sah den riesigen, mutierten Körper auf sich zu fliegen. Dann wurde alles schwarz.

Er versuchte, nicht an Jake zu denken. Halia hatte ihn in sein Zimmer gehen sehen. Das war gut so. Arinon wusch sich kurz und lief los. Er hatte vor, die Männerwelt zu besuchen, also tat er es auch. Der Plan stand ja schon fest, seit er auf der Erde von Smu abgewiesen worden war. Smu.

Arinon sprang auf das Windschiff, das wegen der einbrechenden Dämmerung seine Energiefeuer angezündet hatte. Es sah so wunderschön aus mit den beleuchteten Segeln. Damals hatte er mit Smu Hand in Hand am Hafen gestanden, um die Schiffe zu bewundern. Die Sache mit ihm hatte er wohl verarbeitet, aber sie hatte einen kleinen Riss in ihm hinterlassen. So liebeskrank wie seinerzeit wollte er nie wieder werden. Er war ein Krieger und hatte gelernt, derartige Gefühle zu unterdrücken.

Seufzend lehnte Arinon sich an die Reling, denn es war niemand in der Nähe, der ihn hören konnte. Jetzt war da wiederum ein blonder Mann in seinem Leben. Ein sensibler, grauäugiger Mann, der ebenfalls wie Smu eine große Gefühlswelt beherbergte. Jake war aus seiner Welt entführt und mit Ungeheuerlichem konfrontiert worden. Arinon hatte dessen gesamte Emotionspalette gesehen. Er war davon gerührt, begeistert und – ja, etwas verliebt.

Aber es war sinnlos sich an Jake zu binden. Er stand bei den Duocarns auf der Abschussliste – wegen ihm.

Er stapfte durch den kleinen Wald und fluchte. Er fluchte immer noch, als er an dem großen, verschnörkelten Tor der Männerwelt ankam und von den beiden hübschen Jünglingen begrüßt wurde.

Ihr Götter! Er musste sich beruhigen. Am liebsten hätte er sich den Blumenkranz, den die jungen Männer ihm aufs Haupt drückten, wieder heruntergerissen. War er denn überhaupt in der Stimmung zu kopulieren?

Frustriert ließ er sich an einem der Feuer mit dem Rücken gegen einen Baum sinken und beobachtete die Männer beim Tanzen. Alles war wie gewöhnlich. Er sah die Pärchen in dem kleinen, roten Wäldchen verschwinden, sich an den Händen haltend, manche lachten leise. Ja, es war wie immer – entspannt und geil. Einige begehrliche Blicke trafen ihn. Er brauchte nur zu wählen. Er schloss die Augen. Sah Jakes Gesicht vor sich, voller Verzweiflung mit traurigen Augen.

Er schüttelte den Kopf, als ein Mann mit langem, braunem Haar auf ihn zu trat, und erhob sich. »Nein, danke, heute nicht«, stieß er schnell auf duonalisch hervor und verbeugte sich entschuldigend. Die Augen des Mannes blitzten verstehend auf und er verneigte sich ebenfalls.

Mit festen Schritten ging Arinon zum Tor zurück. Die Jünglinge sahen ihn leicht erstaunt an, streichelten dann seinen Arm und küssten ihn tröstend auf die Wange. Nein, an diesem Abend würde er niemandem gerecht werden können. Er verspürte Erleichterung. Das war die richtige Entscheidung gewesen.

Gemächlich lief er durch das mit seinen Blättern leise klappernde Wäldchen zum Hafen. Gleichgültig, von welcher Seite er das alles durchdachte – die ganze Geschichte war nicht fair. Und Jake war das Opfer. Er sah das Windschiff ablegen, als er aus dem Wald trat. Er seufzte. Egal – er würde das nächste nehmen.

Er stieß in der Dunkelheit mit dem Fuß gegen etwas Weiches. Ein Körper? Er beugte sich nach vorne und roch Blut. Menschliches Blut. »Ihr Götter!« Da lag Jake blutüberströmt am Hafen des westlichen Mondes! Wie kam er dort hin? Er konnte nichts sehen. War Jake stark verletzt? Er musste ihn unbedingt zur beleuchteten Hafenmauer bringen und untersuchen.

Arinon hob Jake vorsichtig auf und trug ihn schnell zur Mauer. Er hielt den Finger an seine Halsschlagader. Er lebte noch, aber das Blut pulsierte langsam. Sein Karateanzug war zerfetzt, die Brust völlig aufgerissen, wie von Krallen. Blut strömte aus den tiefen Wunden. Das nächste Windschiff würde erst in einer Weile kommen. Er musste unbedingt irgendwie die Blutung stoppen!

Kurz entschlossen zog er seine Lederhose aus und riss sie mit den Zähnen in Fetzen. Die Blutung in der Herzgegend war besonders schlimm. Hoffentlich war das Herz nicht verletzt. Er wickelte die Streifen fest um den Oberkörper. Mehr konnte er in diesem Moment nicht tun. Er horchte auf Jakes leise Atmung. Wann kam das nächste Schiff nur? Er hatte keinen eigenen energetischen Ring. Also war er nicht fähig Hilfe zu rufen. Er musste darauf bauen, dass Jake noch nicht zu viel Blut verloren hatte. Bis zum Silentium war es zu weit. »Jake! Kannst du mich hören?« Arinon strich ihm das blutverkrustete Haar aus der Stirn. Wenn Jake jetzt starb, war das ebenfalls seine Schuld. Der Mann musste nach ihrem Gespräch irgendeine Dummheit gemacht haben. Ihm wurde ganz schlecht, wenn er daran dachte. Fast wäre Jake am Hafen gestorben, während er nur ein kurzes Stück davon entfernt kopulierte. Das Windschiff legte an und Arinon trug ihn behutsam an Bord. »Halte durch, Jake!«

Solutosan sortierte die Papiere auf seinem Schreibtisch in der Residenz. Troyan hatte gut gearbeitet. Bis auf die Tatsache, dass dieser in schöner Regelmäßigkeit mit Vena schlief, hatte er eigentlich nichts an ihm auszusetzen. Aber sollte er, ausgerechnet er, über die beiden richten? Ganz gewiss nicht.

»Schau mal!«, rief Vena von der Tür des Kinderzimmers. Sie ließ Marina los, die mit ihren kleinen Beinchen auf ihn zugewankt kam. Solutosan sprang mit einem Satz auf, hockte sich einige Meter von ihr entfernt auf den Boden und lockte sie.

»Komm, noch ein Stückchen!« Marina mühte sich ab und fiel dann in seine Arme. »Was bist du doch für ein großes Mädchen!« Er lachte und schwang sie durch die Luft. Marina jauchzte. Solutosan fühlte ihre kleinen Händchen kribbeln und drehte vorsichtig eine Hand, um die Handfläche zu betrachten. Sie schimmerte in der Tiefe golden.

»Ihr Götter!« Marina war Energetikerin. Ganz am Anfang wohl, aber sie hatte Energie in sich. Er ließ sich auf seinen Schreibtischstuhl fallen und streichelte ihre Ärmchen. Ob Vena das ebenfalls aufgefallen war?

Sie trat neben ihn. »Du hast es auch gesehen?«, fragte sie gespannt.

Er nickte. »Sie wird so wie mein Vater und ich.«

»Ja«, antwortete Vena. »Deshalb lässt dein Vater sie bewachen und kommt selbst so oft.«

Von einem Wächter hörte er das erste Mal. Aber klar – dafür kam ja nur einer in Frage.

»Schick mir bitte Troyan, wenn du ihn siehst«, knarrte er.

»Das muss ich sowieso«, flüsterte Vena. »Wir haben dir nämlich etwas zu sagen.«

Solutosan sah sie mit gerunzelter Stirn an. »Wenn du eure vergnüglichen Nächte meinst – das weiß ich längst!«

Venas Schuppen am Hals verfärben sich violett. »Du nimmst das so gelassen?«

»Ja, Vena«, antwortete er ruhig. »Ich sehe dich immer noch als meine Freundin, wenn auch nicht als meine Frau oder Geliebte. Dein Liebhaber arbeitet gut und zuverlässig. Wir müssen Marina versorgen. Warum also soll ich euch Steine in den Weg legen?«

Aufatmend ließ Vena sich auf den Stuhl vor dem Schreibtisch fallen. Solutosan kitzelte Marina mit seiner Schreibfeder, die sie kichernd erhaschen wollte. Er gab ihr die Feder in ihr Fäustchen und setzte sie auf den weichen Flechtteppich vor seinem Tisch.

Vena druckste herum. »Und was würdest du sagen wenn, ähm wenn ...«

»Wenn was, Vena?«

Was kam denn jetzt noch? Vena blickte zu Boden. Die Farbe ihrer Schuppen hatte sich in ein dunkles Violett verändert. Na das ließ ja tief blicken. Das war Verlegenheit pur. Dann verstand er. Die Nächte mit Troyan hatten eine Frucht getragen. Er fuhr sich durchs Haar. Allmählich wurde seine Situation wirklich bizarr.

»Auf der Erde würde man uns als Patchwork-Familie bezeichnen«, meinte er mit einem Anflug von Galgenhumor. »Das neue Kind hat dann eben zwei Väter. Pallasidus wird sich freuen.«

Vorsichtig, aber schnell, trug Arinon Jake zur Schule. Er legte ihn auf sein Bett und konnte ihn nun endlich richtig versorgen. Langsam löste er ihm die zerstörte Kleidung vom Leib. Auch der Unterleib war aufgerissen. Arinon sah, dass die Kralle haarscharf an seinem Glied vorbei gefahren war. Die Unterleibsverletzung ging durch das Bauchfell, hatte aber offensichtlich keine Organe berührt. Arinon bereitete die Brustverletzung mehr Sorgen. Er inspizierte deren Tiefe. Es sah so aus, als hätte eine Rippe den größten Schaden abgewendet. Er prüfte die Rippen. Sie waren auf der Herzseite gebrochen oder zumindest angeknackst.

Er rannte, um seinen Heiler-Sack zu holen, und setzte als erstes desinfizierenden Blutstiller ein. Eigentlich waren seine Medikamente ja für Quinari, aber jetzt konnten sie zeigen, was in ihnen steckte. Die Wunden mussten genäht oder geklammert werden. Er war es gewöhnt, Verletzungen aus Kämpfen zu versorgen – zu klammernde Fleischwunden waren keine Seltenheit.

Arinon arbeitete sorgfältig und mit Bedacht. Immer wieder kontrollierte er Jakes Atmung und Blutdruck. Die Blutungen hatten aufgehört, die Klammern saßen. Er fand ein sauberes Laken und deckte Jake damit zu. Er hielt nicht viel von dicht schließenden Verbänden. Mit seinem Riechfläschchen holte er Jake aus seiner Bewusstlosigkeit, um ihm ein schmerzstillendes, entzündungshemmendes Medikament einzuflößen. Jake schluckte, nahm ihn aber nicht wahr.

Jetzt konnte er nur noch warten. Arinon holte seine Unterlage aus seinem Zimmer und legte sich neben Jakes Bett. Er würde nicht schlafen, sondern sofort zur Stelle sein, sollte dieser sich rühren.

Wie war Jake nur zum westlichen Hafen gekommen? Die Frage ließ ihm keine Ruhe. Er stand auf und lief in die Küche, schenkte sich einen Becher Dona ein. Halia kam mit wirrem Haar und verschlafenen Augen in den Raum getappt.

»Sag mal Halia«, fragte er, einer Eingebung folgend. »Hast du Jake erzählt, wo der Raumhafen ist?«

Halia nickte und gähnte. »Er wollte es wissen. Ich dachte, es macht nichts. Er würde da ja wohl kaum ein Raumschiff klauen.«

Arinon schlug sich vor die Stirn. Doch, das würde Jake, verzweifelt, wie er war. Und das erklärte auch die Klauenspuren. Er war sich nun fast sicher, dass Jake zum Raumhafen getigert und dort den Bacanis in die Hände gefallen war! In diesem Fall hatte er wahnsinniges Glück gehabt, denn normalerweise schlugen die Bacanis sofort in die Halsschlagader und das Opfer war tot.

»Warum fragst du?«, gähnte Halia und trank einen Schluck Wasser.

»Weil er genau das gemacht hat!«

Halia fiel der Becher aus der Hand. »Sag das noch mal!«

»Ich habe ihn schwer verletzt am westlichen Hafen gefunden. Er scheint den Bacanis der Raumstation in die Hände gefallen zu sein!«

»Ihr Götter!« Jetzt war Halia wach. »Kann ich helfen? Brauchst du etwas? – Ich kann alles aus dem Silentium holen. Du weißt doch, dass ich Medizin studiere.«

»Dann komm mal mit.« Halia lief mit in Jakes Zimmer. Er erklärte ihr seine Diagnose und was er getan hatte.

»Ich finde, das sieht gut aus«, bestätigte Halia leise. »Willst du ihn nicht verbinden?«

»Nein, das könnte die Klammern in die Haut drücken, die ich dann wieder lösen muss. Oder hast du steriles Nähgarn?« Halia nickte stolz. »Bestens! Her damit!« Es würde eine lange Nacht werden.

Jake kam zu sich. Wo war er? Das Energiefeuer brannte. Er war in seinem Zimmer in der Schule. Warum war er nicht auf einem Raumschiff? Das Monster! Er war auf der Raumbasis einem Werwolf begegnet, und der hatte ihn fertiggemacht. Er versuchte durchzuatmen. Seine Brust brannte wie Feuer. Jake drehte langsam den Kopf. Neben seinem Bett auf dem Boden lag Arinon und schlief. Wie war er in die Schule zurückgekommen? Arinon? Der Quinari, den er liebte, und der ihn verraten hatte. Jake konnte nicht verhindern, dass ihm Tränen aus den Augen drangen und kitzelnd in sein Ohr liefen. Seine Flucht war gründlich missglückt. Es war völlig blauäugig gewesen, unvorbereitet in den Hangar zu stürzen. Eine echte Kurzschlussreaktion. Aber er hatte einfach nur fort gewollt von all den scheinheiligen Freunden. Arinon richtete sich auf. Jake konnte die Tränen nicht bremsen. Arinons Blick flackerte.

»Es tut mit so schrecklich leid, Jake!« Er nahm ein weiches Tuch und versuchte, ihm die Tränen abzuwischen, jedoch drangen sie immer wieder nach. Vorsichtig, um die Matratze nicht zu bewegen, setzte Arinon sich auf die Bettkante.

»Du bist schwer verletzt und musst längere Zeit ruhig halten.«

»Du hättest mich besser sterben lassen.« Er konnte nicht richtig sprechen. Sein Mund war völlig ausgetrocknet.

Arinon flößte ihm vorsichtig etwas Wasser ein. »Ich lasse niemanden sterben, Jake.« Er machte eine Pause. »Und einen Freund schon gar nicht.«

»Freund!«, keuchte er. Seine Brust fühlte sich an als stünde sie in Flammen.

»Streck die Zunge heraus!« Arinon träufelte ihm einige Tropfen eines herben Medikaments in den Mund. »Es wird gleich besser.«

»Ja, im Betäuben seid ihr alle gut«, knirschte Jake verbittert. »Ich wäre lieber tot, als irgendwann mit zermatschtem Gehirn irgendwo herumzulaufen.«

»Bleib ruhig«, mahnte Arinon ihn.

»Ruhig? Ich bin ein Gefangener, einer mir völlig unbegreiflichen Willkür ausgeliefert!« Seine Brust hob und senkte sich stark, der Schmerz war unbeschreiblich. Er ächzte.

»Hör zu Jake.« Arinons Gesicht war sehr nah an seinem. »Du bist bei mir. Ich werde nicht zulassen, dass dir jemand etwas tut. Ich habe mich lange genug zurückgehalten!« Langsam neigte Arinon sich ganz über ihn und küsste ihn sanft auf die aufgesprungenen Lippen.

War es das Medikament oder Arinons Kuss? Ruhe breitete sich in ihm aus. Ja, er sollte sich wirklich entspannen. Er war versorgt. Arinon hatte ihm Salatsamen beschafft. Garantiert mit etlichen Schwierigkeiten. Der Quinari hatte so viel Zeit mit ihm verbracht. Nein, er war ein Ehrenmann. Das war alles nicht geheuchelt gewesen. Und der Kuss eben war auch keine Lüge.

»Ich habe den Salatsamen fallenlassen«, murmelte Jake.

»Er ist noch da. Du kannst ihn bald säen. Du musst erst einmal gesund werden«, flüsterte Arinon an seinem Ohr.

Als er das nächste Mal erwachte, saß Halia mit ihrem Datentablett an seinem Bett. Sein Magen knurrte außerordentlich laut. Halia hob den Kopf und strahlte ihn an.

»Hast du Hunger? Luzifer hat gesagt, am schnellsten würde man durch Fleischbrühe gesund. Ich habe dir eine gekocht. Ich weiß aber nicht, ob die gut schmeckt. Ich konnte Luzifer nicht probieren lassen. Er ist ein solcher Vielfraß!« Sie lachte. »Warte, ich komme sofort!«

»Wo ist Arinon?«, fragte er.

Halia trat zurück an sein Bett. »Der ist auf der Erde, Jake. Ich soll dir von ihm bestellen, dass du dich nicht aufregen sollst. Er wird die Sache nun endgültig mit Tervenarius regeln.«

»Wieso mit Tervenarius?« Was hatte dieser McNamarra mit dem allem zu tun?

»Terv ist der Führer der Duocarns. Wusstest du das nicht?«

Er schüttelte den Kopf. Das erklärte die Autorität, die der Mann ausstrahlte.

»Mein Daddy war es Äonen lang, hat dann aber die Führung an ihn abgegeben, da er auf seinen Heimatplaneten ging.«

»Sublimar«, krächzte Jake.

»Genau«, nickte Halia. »Ich hole deine Suppe.«

Arinon war zur Erde geflogen? Wegen ihm? Wollte er abwenden, was man mit ihm vorhatte? Was hieß denn überhaupt Äonen?

Halia half ihm, sich vorsichtig aufzurichten. Dann legte sie ihm ein Tuch auf die Brust und fing an, ihn mit Suppe zu füttern. Sie war heiß und schmeckte wunderbar.

»Aus Warrantzfleisch?«

Halia nickte. »Ich weiß noch von der Erde, dass man eigentlich Gemüse mitkocht, aber das habe ich nicht.«

»Wenn ich gesund bin, säe ich Salat, Halia«, stellte er fest.

»Den wirst du wohl alleine essen müssen«, lachte Halia. »Es sei denn, Arinon mag ihn auch. Luzifer und Slarus werden sicher kein Grünzeug anrühren.«

Jake lächelte. Ja, dachte er, er würde gern auf Duonalia bleiben. Zusammen mit Arinon.

»Wieso hast du eigentlich eben **Äonen** gesagt?«, fragte er. »Wer lebt schon Äonen?«

Halia hielt mit dem Löffel in der Hand inne.
»Die Duocarns, Jake. Die fünf Krieger sind unsterblich. Und, soweit ich weiß, Mercuran auch.«
»Mercuran?«
Sie nickte und gab ihm noch etwas Suppe. »Ja, du kennst ihn unter dem Namen David.«
Ach du meine Güte! Jake verschluckte sich vor Schreck. Der Schmerz in der Brust brachte ihn sofort auf den Boden der Tatsachen.
»Das ist doch bestimmt ein Märchen, Halia«, meinte er.
Sie lächelte und legte ihm die Hand auf den Arm. Die Stelle wurde augenblicklich eiskalt.
»Wie hast du das gemacht?«, fragte er erstaunt.
»Ich kann Dinge vereisen, Jake. Was glaubst du, wie ich mit meinem feurigen Luzifer zu Rande komme? Ich kühle ihn einfach ab.« Sie strahlte in Gedanken an ihren Trenarden. »Jeder Duonalier hat zwei Gaben.«
Sie legte den Löffel weg, erhob sich und ging zur Tür. Er blinzelte. Halia stand plötzlich in einer goldenen Staubwolke, hob die Hand und zog die Wolke hinein.
»Was war das?«
»Das ist Sternenstaub. Ich kann ihm verschiedene Funktionen zuordnen. Ich könnte dich damit umbringen, dich betäuben oder«, sie lächelte, »dich erotisieren. Ein Erbstück meines Vaters.«
Jake hatte ihr mit offenem Mund zugehört. Das war Wahnsinn!
»Solutosan hat auch Sternenstaub?«
»Ja«, bestätigte Halia und half ihm den Kopf wieder zurückzulegen. »Er ist allerdings weitaus mächtiger als ich – ein Sternenstaub-Krieger.«
»Ich sollte ein Buch schreiben«, ächzte Jake. Das waren doch ein bisschen viele Informationen auf ein Mal. »Aber vorher schlafe ich noch eine Stunde.« Die Augen fielen ihm einfach zu.

Seine Blase weckte ihn. Wie lang lag er nun schon in seinem Zimmer? Tage? Wochen? Er erinnerte sich, dass Arinon ihm bereits etliche Male eine Urin-Flasche gebracht hatte. Sie stand auf dem Tisch neben seinem Bett. Schwerfällig angelte er danach. Dann fiel ihm ein, dass Halia ja vielleicht im Raum sein könnte. Nein, er war allein. Er erleichterte sich und stellte den Behälter zurück. Alle bemühten sich um ihn. Das taten sie garantiert nicht, weil er der böse Denunzianten-Mensch war. Langsam kehrte sein Vertrauen in die Bewohner der Karateschule zurück.

Arinon kam in sein Zimmer. Wie immer mit nacktem Oberkörper, aber – er trug eine Jeans.

»Eine Jeans«, bemerkte Jake erstaunt.

»Ja«, nickte Arinon. »Meine Lederhose hat leider als Verbandsmaterial herhalten müssen.« Jake blickte beschämt auf seine weiße Bettdecke.

»Das ist nicht schlimm«, lächelte Arinon. »Sie war sowieso nicht mehr zeitgemäß.«

Jake brannte es auf der Seele. »Sag mal, habe ich das geträumt oder hast du mich wirklich geküsst?«

Arinon war mit einem Sprung bei ihm und beugte sich zu ihm hinab. »Was denkst du?«, fragte er. Seine scharfen Zähne blitzten wie die eines Raubtiers. Sein Atem war verführerisch.

Jake spürte, wie sich seine Bettdecke in der Mitte leicht anhob. »Ich habe es gehofft«, sagte er leise.

Arinon beugte sich zu ihm und küsste ihn. Anfangs mit sanft streichelnden Lippen, dann tiefer und fordernder. Dabei drückte seine Hand gegen die Wölbung der Bettdecke. Jake keuchte. Wie lange hatte er keinen Sex mehr gehabt? Er konnte es schon in Jahren bemessen. Zwei Jahre? Drei Jahre? Er hatte das Gefühl in Flammen zu stehen. Dieses Mal war nicht die Verletzung daran schuld.

»Ich wusste nicht …«, fing er an. »Ich habe mich nicht getraut zu fragen ob …«

Arinon lockerte die Hand auf seinem Glied. »Ich bevorzuge schon immer Männer.«

Jake stöhnte erleichtert auf. Was gab es Schlimmeres, als sich in einen Hetero zu verlieben? Das war ihm ein einziges Mal passiert – und hatte ihm endloses Leiden beschert.

»Dir scheint es ja bereits besser zu gehen«, lächelte Arinon. »Morgen fangen wir mit dem Aufstehen an. Erst mal nur kurz. Wir müssen deinen Blutkreislauf wieder in Schwung bringen!« Er sah Jake an, der einfach nur glücklich lächelnd auf seinem Kissen lag. »Du fragst mich ja gar nicht, wo ich war.«

»Ich weiß schon«, grinste Jake verschwommen. »Du warst auf der Erde.«

»Und das regt dich nicht auf?«

»Nein, Arinon. Ich vertraue dir. Außerdem war mir wichtiger zu klären, wie du zu mir stehst. Ich glaube, das wird mir in Zukunft immer wichtiger sein als alles andere.«

»Hört, hört«, Arinon grinste. »Das ist auch gut so, denn ich habe bei Tervenarius die Hand für dich ins Feuer gelegt.«

»Und das heißt?«, fragte Jake gespannt.

»Das heißt, du bist frei.«

»Frei?« Er ließ dieses Wort langsam auf der Zunge zergehen. »Ich kann auch wieder auf die Erde zurück? Wird mein Gedächtnis gelöscht?«

Arinon legte den Kopf schief und sah ihn gespannt an. »Du kannst ungehindert gehen, wohin du willst. Niemand wird dir zu nahe treten.«

»Aber – aber wieso?«

»Ich habe mich für dich verbürgt, Jake.« Arinon sah ihn ernst an. »Ich denke, ich kenne dich inzwischen gut genug, um zu wissen, dass du keinesfalls Wert darauf legst, die ganze Geschichte in der menschlichen Öffentlichkeit breitzutreten. Außerdem, solltest du in deinen Polizisten-Job zurückgehen, können dir die Duocarns wahrscheinlich noch nützlich sein. Sie sind viel zu wichtig. Sie halten seit Jahren das Gleichgewicht zwischen den Außerirdischen und den Menschen aufrecht, denn es sind ja nicht nur die Duocarns auf der Erde. Sie kontrollieren auch die dortigen Bacanis.«

»Was?« Die Vorstellung, dass Bacanis auf der Erde waren, war entsetzlich. Mit Grauen dachte er an die Mutation des Bacanis in einen Werwolf.

»Jake, die Bacanis sind inzwischen so in der menschlichen Wirtschaft verzahnt, dass man sie dort kaum noch entfernen kann. Sie haben sich als Geschäftsleute etabliert. Die Duocarns waren seit Äonen ihre Jäger und sind nun ihre Wächter. Mach deine Arbeit und lass sie ihre tun.«

Er sah Arinon nachdenklich an. »Das wusste ich alles nicht. Ich habe mich in Vancouver dumm verhalten. Aber ich war von deinem Erscheinen völlig überrascht. Im Grunde hätten die Duocarns mich einfach umbringen können. Tervenarius hat Alternativen gesucht. Ich glaube, dass die Duocarns Ehrenmänner sind. Auch, dass sie nun deinem Wort vertrauen und mich freilassen, zeigt das. Ich werde sie nicht enttäuschen. Und dich ebenfalls nicht, Arinon.«

Er nahm Arinons Hand und streichelte vorsichtig über die scharfen Klauen, wanderte über die Finger zu der warmen, weichen Handfläche.

Arinon schloss genießerisch die Augen. »Ich werde dich vermissen«, bekannte er.

»Warum?« Jake tat erstaunt.

»Wenn du nicht mehr da bist, Jake.«

»Na ja«, meinte er lächelnd. »Du wirst mich ja wohl einmal eine Stunde entbehren können, wenn ich draußen meinen Salat oder meine Möhren jäte.«

Arinon öffnete die Augen. »Das heißt, du bleibst auf Duonalia?«

»Möchtest du das denn?«

Arinon antwortete nicht mehr. Er küsste ihn, die Lippen heiß und hart. Jake schlang vorsichtig die Arme um ihn. Er konnte kaum glauben, was geschehen war. Zwei Welten standen ihm offen. Er war frei wie ein Vogel! Nur, dass sein Herz jetzt gefangen war. In dem wärmsten Käfig, den er sich vorstellen konnte.

Arinon löste sich vorsichtig von ihm. »Ich glaube, ich weiß was du brauchst. Das wird deinen Kreislauf anregen.«

Wieder Medizin? Arinons Augen schimmerten verdächtig. Er streifte die Bettdecke zur Seite und legte seinen Unterleib frei. Jake merkte, wie sich sein Schwanz unter Arinons Blick zu ihm erhob.

»Versprich mir, dass du ruhig liegen bleibst.« Jake nickte. Für das, was jetzt kam, hätte er alles versprochen!

Arinon küsste die Spitze seines Glieds, verwöhnte es mit der Zunge. Jake legte den Kopf weit zurück, seine Hände suchten Halt in der Matratze, krampften sich hinein. Die Hitze von Arinons Mund überraschte ihn trotzdem. Er keuchte. Er war in einem Backofen gefangen. Arinon entließ seinen Schwanz.

»Alles in Ordnung?«

»Hör nicht auf!« Er konnte vor lauter Gier kaum sprechen. Dann spürte er nichts mehr. Keine Schmerzen, nicht das Zerren der Nähte in seinem Leib. Da waren nur noch Arinon und seine erfahrenen Lippen, seine Hände, die den Schaft umfassten. Arinon, der ihn zart mit seinen spitzen Zähnen reizte und mit der weichen Zunge besänftigte. Eine Mischung aus Qual und Liebkosung, der Jake nach seiner langen Enthaltsamkeit nichts entgegenzusetzen hatte. Der starke Orgasmus schoss von seinem Glied in sein Gehirn. Er erfasste seinen ganzen Leib. Jake verströmte sich wollüstig.

Viel zu schnell zog die Schwere seines Körpers ihn wieder auf das Bett zurück. Die Nähte in der Brust spannten nun besonders stark. Zärtlich bedeckte Arinon ihn mit der Decke, kam zu ihm hoch und sah ihm in die Augen. Was war denn das für ein Ausdruck? Arinon beugte sich über ihn und küsste ihn. Tief fuhr seine Zunge in seinen Mund. Dann gab er ihm seinen Saft zurück. Ließ ihn langsam in ihn laufen, verwöhnte seine Zunge. Jakes Gehirn setzte erneut aus. Unfassbar, dachte er noch kurz, als sein Verstand nochmals berauscht hinweg glitt.

Arinon beendete seinen langen Kuss, streichelte ihm über das Haar, nahm seine zitternden Hände. »Beruhige dich. Sonst mache ich so etwas nie wieder«, lächelte er. »Schlaf nun.« Jake hörte nur noch entfernt, wie Arinon die Tür schloss, dann schwebte er ins Traumland.

Arinon lief barfuß im Karateanzug den weißgetünchten Gang der Karateschule zu Jakes Zimmer. Er musste Jakes Kreislauf in Bewegung bringen. Es war an der Zeit.

Die Sonne strahlte durch das kleine Fenster des Raumes, als Arinon an sein Bett trat. Jake schlug sofort die Augen auf und lächelte ihn an. Ja, er musste sich nun bewegen.

»Es ist nun notwendig hochzukommen. Komm, ich helfe dir beim Aufsetzen.« Arinon fasste unter seine Arme und half ihm hoch, bis seine Beine über den Bettrand hingen. Er sah Jakes flehenden Blick und gab ihm seine Urinflasche, ging ans Fenster und wartete, bis sein Freund sich erleichtert hatte.

»So, nun vorsichtig auf die Füße stellen.« Er gab sich erst zufrieden, als Jake mit schmerzverzerrtem Gesicht aufgerichtet neben ihm stand. »Bist du kleiner geworden?«, witzelte er, um Jake aufzumuntern.

»Wahrscheinlich durch deine Näherei«, knurrte Jake. »Von dir würde ich mir garantiert kein Kleid nähen lassen.«

»Trägst du denn gern Kleider?«, fragte Arinon neugierig.

»Nein!«, schrie Jake, und nun mussten sie beide lachen.

»Na, das war doch schon ganz gut«, lobte Arinon. »Du hast übrigens Besuch.« Er half Jake, sich ins Bett zu setzen. »Ulquiorra ist hier.«

»Wer?«, fragte Jake erstaunt.

Arinon schob sich auf die Bettkante. »Ulquiorra ist der Marschall Duonalias, das heißt, er ist das Oberhaupt der Regierung. Er ist ein enger Freund der Duocarns. Seit einiger Zeit gibt es Gesetze auf Duonalia, die das, was du getan hast, verbieten.« Er hob die Hand, als Jake etwas einwenden wollte. »Sie untersagen natürlich auch, was die Bacanis im Gegenzug mit dir gemacht haben.« Jake nickte. »Es wird über diese Sache niemals irgendwo gerichtet werden, Jake, aber ich möchte, dass Ulquiorra, der den Gerichtsvorsitz hat, darüber Bescheid weiß.«

»Du hast extra das Oberhaupt des Planeten für mich gerufen?«, staunte Jake. »War das denn nötig?«

»Er kennt dich schon«, erwiderte Arinon. »Er hat dich von der Erde hierher gebracht. Bist du bereit, ihm die Sache zu erzählen?«

»Ja, sicher«, antwortete Jake etwas verwirrt.

»Gut! Es ist wichtig, dass Ulquiorra solche Dinge weiß. Ich werde dir nun eine Spritze geben. In ihr sind Übersetzermikroben. Du wirst ab sofort duonalisch verstehen und sprechen können.«

»Was?« Jake sah ihn mit bleichem Gesicht an. »So etwas gibt es? Das glaube ich nicht.«

Arinon zog die kleine Druckpistole aus der Tasche seiner Jeans, setzte sie Jake an den Hals und drückte ab.

»Aua!« Jake sah ihn finster an.

»Hat das weh getan?«, fragte Arinon scheinheilig auf duonalisch.

»Ja«, antwortete Jake, ebenfalls auf duonalisch. »Das war brutal.« Er riss die Augen auf und schlug die Hände vor den Mund.

Arinon grinste. »Ich gehe Ulquiorra holen.«

Er lief in die Küche, in der der Energetiker gemütlich am Küchentisch saß und mit Halia plauderte, einen großen Becher Dona in der Hand.

»Er ist jetzt bereit, Ulquiorra«, sagte er.

Der stand auf und folgte ihm. Jake saß ordentlich zugedeckt in seinem Bett und musterte den hochgewachsenen Mann mit dem langen, schwarzen Haar.

Ulquiorra lächelte ihn an und setzte sich zu ihm auf die Bettkante. »Ich höre, dass es dir bessergeht, Jake«, begann Ulquiorra. »Möchtest du mir erzählen, was passiert ist? Es wäre für mich wichtig zu wissen, wie die Bacanis in der Raumbasis vorgehen.«

Jake nickte und erzählte die Geschichte. Wie er erfahren hatte, dass sein Gedächtnis gelöscht werden sollte, und er davor fliehen wollte. Er beschrieb die für ihn grauenvolle Verwandlung des Bacanis und seinen Angriff auf ihn, und wie er in der Schule wieder wach wurde.

Ulquiorra lauschte, strich sich das Haar aus der Stirn. Sein goldener Armreif glänzte. Arinon hatte diesen noch nie an ihm gesehen. Er trat ein wenig näher. Der Reif war über und über mit Linien und Zeichen übersät. Nein, er würde nicht danach fragen. So etwas war privat.

»Du und die Bacanis – ihr habt euch gleichermaßen strafbar gemacht. Die Bacanis wegen der Körperverletzung und du wegen versuchten Diebstahls.« Ulquiorra grinste schelmisch. »Das Raumschiff, das du stehlen wolltest, ist Eigentum der Quinari. Es wäre niemals abgehoben, da es über keinerlei Energie verfügt. Du hättest also besser eines der anderen Schiffe genommen.«

Arinon sah Ulquiorra erstaunt von der Seite an. Der Energetiker war entspannt wie nie. Ihn humorvoll zu erleben war ebenfalls neu. Es scheint ihm sehr gut zu gehen, dachte Arinon.

»Ich danke dir, dass du mir das erzählt hast.« Ulquiorra erhob sich. »Sollte jemals von Seiten der Bacanis die Rede darauf kommen, bin ich informiert.« Er sah Jake durchdringend mit seinen schwarzen Augen an. »Allerdings kannst du von Glück sagen, dass du noch lebst.«

Jake sah beschämt auf seine Bettdecke und nickte.

»Ach so.« Ulquiorra zog zwei Samentüten aus der Tasche seines Gewands. »Das soll ich dir geben mit Grüßen von Patallia. Du wüsstest schon, was damit zu machen ist.« Er reichte ihm die kleinen Tüten. »Solltest du zur Erde wollen, komm ins Silentium und gib mir Bescheid.«

»Danke Ulquiorra«, antwortete Jake. Sein Blick huschte zu Arinon. »Ich werde auf Duonalia bleiben.«

Ulquiorra bemerkte den Blickwechsel. Er lächelte. »In Ordnung.« Ulquiorra schloss leise die Tür.

Jake saß in seinem Bett und strahlte die Samentüten an. »Möhren und Quinoa! Das wird dir auch schmecken. Am liebsten würde ich sofort hinausgehen und säen!« Er schwenkte den Arm, was er augenblicklich bereute. Arinon setzte sich auf die Bettkante.

»Ulquiorra ist ein wirklich cooler Typ«, begann Jake versonnen.

»Cool?«, fragte Arinon irritiert.

»Na ja«, schwärmte Jake verträumt. »Gutaussehend, elegant, intelligent«. Er sah ihn lauernd an. »Freundlich, führungsstark ...«

Nun wurde es Arinon doch zu viel. »Jetzt übertreibst du aber«, schnaufte er.

Jake lachte ihn an.

»Na warte! Wenn du gesund bist, zeige ich dir, wer hier führungsstark ist!« Es schien Jake wirklich besserzugehen, wenn er sich so fröhlich benahm. Arinon zog ihn vorsichtig an sich.

Jake hob langsam die Arme und umfasste seinen Kopf, kraulte seinen Haaransatz in der Mitte der Stirn. »Oh Gott! Deine Haare sind ja wirklich so weich, wie sie aussehen.« Arinon bog willig den Nacken, bis sich ihre Lippen berührten.

Troyan stand hoch erhobenen Hauptes vor ihm. Solutosan klopfte ungeduldig mit den Fingerspitzen auf seinen Schreibtisch im Tempel. Da kein Besucher anwesend war, konnte er das ungehindert tun.

»Ich weiß, dass du mein Halbbruder bist, Solutosan«, presste Troyan hervor, »aber erhebe dich nicht zu hoch.«

Solutosan stand auf und baute sich vor Troyan auf. Er überragte ihn an Höhe und Breite. »Ich bin in keiner Weise überheblich, Troyan. Ich will lediglich endlich die Wahrheit aus deinem Mund! Was, zum Vraan, ist dein Auftrag bei mir?«

»Pallasidus hat angeordnet, dass ich Marina beschützen soll. Deshalb mag ich überhaupt nicht, dass wir hier im Tempel erneut Sozialdienste leisten. Arbeit an Leuten, die es nicht wert sind.«

»So also denkst du über deine eigenen Landsleute«, knirschte Solutosan. »Aber du lenkst schon wieder ab. Warum sollst du Marina beschützen?«

»Weil sie so ist wie du, Solutosan, und sie sich selbst nicht verteidigen kann.«
»Gegen wen denn?« Solutosan marschierte erbost auf und ab. »Wer will dem Kind Böses? Du weißt es und Pallasidus weiß es ebenfalls.« Er stutzte. »Die Piscanier«, mutmaßte er. »Aber warum?«, brüllte er. Es war ihm inzwischen gleichgültig, ob die Tempelwächterinnen ihn hörten.
Troyan schwieg. Es war sinnlos.
»Geh, tu deine Pflicht! Geh auf die Kleine aufpassen! Und sag den Wächterinnen, dass ich heute niemanden mehr empfange.« Er setzte sich wieder an den Schreibtisch und stützte den Kopf in die Hände. Troyan schloss leise die Tür.
Jemand hatte es auf Energetiker abgesehen. Pallasidus, Ulquiorra und er waren zu mächtig, also war das Kind in Gefahr! Das war das Einzige, das offensichtlich war. Ob Vena mehr wusste? Er grübelte. Wer wusste von Marinas Kraft? Er, Vena, Pallasidus und Troyan. Nein, er hatte Gregan vergessen, der sich der Kleinen genähert hatte. Dieser Warrantz! Also kam die Gefahr höchstwahrscheinlich doch aus Richtung der Piscanier. Was hatte ein Energetiker? Energie. Das hieß, jemand brauchte Energie. Aber wozu?
Er stand auf. So kam er nicht weiter. Er würde die Reise nach Piscaderia in Angriff nehmen müssen. Wen hatte er zur Unterstützung? Die Duocarns, die sich auch unter Wasser bewegen konnten: also Xanmeran, Meodern und Tervenarius, dazu Maurus und seine acht Krieger. Wären Troyan und Pallasidus eine Hilfe? Wenn es um Marina ging, bestimmt. Und dann war da natürlich Ulquiorra, der wohl in seiner körperlichen Form atmen musste, sich jedoch auch ohne weiteres lange in seiner dematerialisierten Gestalt bewegen konnte. Vielleicht war dieser als Energetiker ebenfalls auf irgendeine Art in Gefahr? Er würde Ulquiorra warnen müssen.

Solutosan benutzte sein Tor und ging direkten Weges ins Silentium, da Ulquiorras Energiespur ihn dorthin zog. Im Labor war er nicht, also lief Solutosan weiter in den Wohntrakt und klopfte an dessen Tür. Niemand antwortete. Aber er spürte Ulquiorra im Raum. Er öffnete die Tür. Sein Freund lag im Ruhemodus auf seinem Lager. Solutosan trat näher und betrachtete ihn. Sein Gewand betonte im Liegen seinen schlanken, wohlgeformten Körper. Das schwarze Haar floss über das Kopfkissen. Sein aristokratisches Gesicht mit den feinen Gesichtszügen war gelöst und entspannt.

Hatte er sich in Ulquiorra verliebt? Wozu hatte er Lust, wenn er ihn so sah? Solutosan schluckte. Er würde ihn entkleiden wollen. Das war die Wahrheit. Er würde seinen weißen Leib verwöhnen – ihn immer wieder in Ekstase versetzen wollen. War es nur die Wollust, die ihn regelmäßig zu seinem Freund führte? Nein, sicher nicht. Aber die Leidenschaft war zu ihrer Freundschaft hinzugekommen und war nun nicht mehr fortzudenken.

Entschlossen streifte Solutosan sein Gewand ab und stand nun nackt vor Ulquiorras Bett. Er würde nun einen Schritt weiter gehen als bisher. Er wollte es ganz einfach wissen. Ihm war klar, dass Ulquiorra ihn längst wahrgenommen hatte, denn seine Energie pulsierte buchstäblich im Raum und seine Erregung verstärkte sich, je weiter er in diese Richtung dachte.

Ulquiorra schlug die Augen auf. Er musterte seinen nackten Leib – sah in sein fragendes Gesicht. Solutosan wartete gespannt.

Ulquiorra lächelte und streckte die Arme nach ihm aus. Solutosans drei Herzen klopften bis zum Hals, als er sich vorsichtig über seinen Freund schob. Mit dem Kopf zu Ulquiorras Füßen stützte er sich auf Armen und Beinen ab. Er präsentierte Ulquiorra seine Genitalien, während er erregt mit einer Hand dessen Gewand bis zu den Lenden hochstreifte. Er hörte Ulquiorra scharf die Luft einziehen. Ja, was er da machte, war gewagt. Besonders, weil er es mit einem erklärten Heteromann tat. Aber dessen Grenzen hatten sich sowieso schon völlig verschoben. Trotzdem war Solutosan sich nicht sicher, ob sein Verhalten nicht zu offensiv war. Deshalb wartete er auf die nächste Reaktion seines Freundes.

Ulquiorra umfasste mit beiden Händen sein Geschlecht und streichelte es. Solutosan presste vor Erleichterung seinen Kopf in dessen Schoß. Sie würden es versuchen. Jetzt erst konnte er den Anblick, der sich ihm bot, richtig genießen. Alle anderen Gedanken waren auf einen Schlag fortgewischt. Ulquiorras Geruch, Geschmack, die unglaublich zarte Haut seines Glieds, berauschten ihn. Im Gegenzug verwöhnte Ulquiorra ihn. Er brachte seinen Penis zu einer pochenden Härte.

Das war der Moment an dem Solutosan sich instinktiv öffnete. Er zog seine Energie in den Mund und leitete sie, erst langsam, dann immer stärker werdend, durch das empfindliche Genital seines Freundes. Er spürte seine Kraft durch Ulquiorras Lippen in sein Glied zurückfließen. Ulquiorra nahm seinen eigenen Energiestrom und sandte ihn als zweiten Kreislauf dazu. In den beiden mächtigen Zirkulationen gefangen, hoben sie träge von der Unterlage ab. Sie verwöhnten sich gegenseitig und steigerten die Stärke ihrer Energieströme immer weiter. Die sexuelle und geistige Ebene wogte in einem kraftvollen Kreislauf vereinigt. Solutosans Körper vibrierte. Er konnte die physische Form nicht mehr aufrecht halten, zerfloss, manifestierte sich wieder, spürte Ulquiorras wollüstige Zärtlichkeit – verlor die Kontrolle über seinen Samenfluss. Schmeckte das Sperma seines Partners in seinem Mund und ließ es mit in den Energie-Sog gleiten. Sie schwebten, von Leidenschaft und Ekstase geschüttelt, vereinigt in einer goldenen Flut, die alles hinweg riss, bis ihr Innerstes blank gewaschen war, rein und klar.

Schwer atmend kamen sie auf Ulquiorras Bett an. Schauer liefen in Wellen durch Solutosans Körper. Er lag mit seinem ganzen Gewicht auf Ulquiorra, stützte sich schnell ab, drehte sich und ließ sich neben ihn fallen.

Ulquiorras Schlafstatt war sehr schmal. Deshalb nahm Solutosan ihn fest in seine Arme, damit er nicht herunterkippte. Er sah Ulquiorra prüfend ins Gesicht. Die Augen seines Freundes waren weit aufgerissen. In der schwarzen Iris bewegten sich wild einige goldene Punkte. Seine Miene wirkte wie aus Stein gemeißelt.

»*Geht es dir gut?*«, fragte Solutosan besorgt. Er selbst fühlte sich phantastisch. Gereinigt und erleuchtet. Er hätte Bäume ausreißen, singen und tanzen können. Wenn da nur nicht das betroffene Gesicht seines Partners gewesen wäre.

»*Ich bin homosexuell*«, ächzte Ulquiorra. Solutosan starrte ihn an. Es war an der Zeit, dass er genau sagte, was er empfand. »*Das ist doch überhaupt nicht das Thema*«, stellte er fest. »*Wäre ich eine energetische Frau, hättest du jetzt mit mir das gleiche Erlebnis gehabt: ein Austausch von Energie und Körperflüssigkeit.*« Er musste wider Willen grinsen.

»*Wie kannst du das nur so kühl auf einen solchen Nenner bringen?*«, fragte Ulquiorra fassungslos.

»*Ich bin nicht kühl*«, antwortete Solutosan bestimmt. »*Ich sehe Erotik eher als das, was es ist – ein Austausch mit einem geliebten Wesen – ohne Bewertung.*« Er nahm den Kopf seines Freundes in beide Hände. »*Hat es dir denn nicht gefallen?*«

Ulquiorra schloss die Augen. Solutosan sah ihm an, dass er die Nachwehen des Erlebten genoss, denn sein Körper zuckte noch zart.

Solutosan streichelt ihm liebevoll das Haar. »*Denk doch bitte nicht wie die ganzen Moralisten. Sind wir darüber nicht längst hinaus? Es gibt nur uns beide. Lass einfach los, Ulquiorra. Befreie dich von der Meinung anderer und genieße, was wir haben.*« Er lehnte sich zurück, zog Ulquiorras Kopf auf seine Brust.

»*Ich hätte dich vielleicht nicht so überrumpeln sollen*«, überlegte er laut.

»*Oh nein!*« Ulquiorra setzte sich energisch auf. »*Jetzt bringe ich dich noch dazu zu bedauern! Ohne deinen Mut wäre so etwas Schönes nie passiert! Ich bin dumm! Und ich mache mir völlig unnötige Gedanken! Ich bin frei und du tust mir gut!*« Ulquiorra schnaufte. »*Ja und? Wem sind wir Rechenschaft schuldig?*« Er gestikulierte und der Ring an seinem Arm glänzte.

Solutosan sah ihn verblüfft an. Ulquiorra würde wohl eine Weile brauchen, um das alles zu verkraften. Solutosan räkelte sich, spannte zufrieden seinen goldenen Leib. »*Es war einfach wunderbar*«, schwärmte er. Dann fiel ihm übergangslos ein, wieso er bei Ulquiorra war.

»*Beim Vraan!*« Solutosan fuhr hoch. »*Ich bin doch deswegen überhaupt nicht hier! Aber als ich dich so im Bett sah, da ...*«

Sein Freund zog die Beine in den Schneidersitz. »*Warum bist du denn hergekommen?*«

»*Jemand macht Jagd auf Energetiker. Jagd ist vielleicht etwas zu hart ausgedrückt. Tatsache ist, meine kleine Tochter hat die Energie ebenfalls in sich, und mein Vater hat ihr einen Leibwächter zur Seite gestellt. Ich weiß nicht genau, von wo die Gefahr droht. Ich vermute jedoch, dass die Piscanier irgendetwas damit zu tun haben. An uns traut sich niemand heran, aber sei trotzdem wachsam, Ulquiorra. Vielleicht sollten wir uns nicht mehr auf Sublimar treffen, sondern hier, in der Kampfschule oder auf der Erde.*«

Ulquiorra nickte. »*Ich mochte den überraschenden Besuch deines Vaters nicht besonders. Manchmal denke ich, jemand beobachtet uns in den Mangroven. Und wenn wir verschmolzen sind, sind wir angreifbar.*«

Solutosan kratzte sich am Kopf. So hatte er das noch nicht betrachtet. »*Das Silentium ist kein guter Ort für Erotik, Ulquiorra. Lass uns in der Karateschule oder in Seafair treffen.*«

»*Apropos Schule*«, Ulquiorra blickte versonnen. »*Erinnerst du dich an Jake, den Menschen? Er und Arinon sind ein Paar und er wird auf Duonalia bleiben.*«

Solutosan legte den Kopf schief und betrachtete ihn. »*Und wir?*«, fragte er. »*Was sind wir?*«

Ulquiorra lächelte.

Personenliste:

Die Duocarns:

Solutosan – der Sternenkrieger (verbittet sich Abkürzungen und Nicknames) ehemaliger Chef der Duocarns, Energetiker, goldene Haut, hüftlanges, weißes Haar, sternenäugig, bisexuell, dominant, humorvoll, sensibel, Waffe aber auch Aphrodisiakum: Sternenstaub. Kanadischer Name: Bruce Farner.

Xanmeran – der Ätzende (Spitzname Xan)
heterosexuell, zwei Meter groß, Bodybuilder, schwarzäugig, wild, Glatze, rote Hautstreifen (Dermastrien), die er als Waffe und beim Liebesspiel benutzt. Experte für Sprengungen. Kanadischer Name: Bill Angels.

Meodern – der Schnelle (Spitzname Meo)
heterosexuell, blonde, stachelige Haare, grünäugig, goldhäutig, Frauenheld, kann seinen Körper zum Vibrieren bringen, Schnelligkeit bis Lichtgeschwindigkeit. Meoderns zweite Gabe ist seine tiefe Verbindung zu Pflanzen. Kanadischer Name: Pierre Malcolm

Tervenarius – der Giftige (Spitzname: Terv)
Chef der Duocarns, homosexuell, goldene Augen, silbernweiße Mähne, fungider Hybride. Er simuliert fast alle Pilzarten. Kanadischer Name: Philipp McNamarra.

Patallia – der Heiler (Spitzname Pat)
Mediziner, homosexuell, grau/violette Augen, Glatze, weißhäutig bis durchsichtig je nach Emotion. Er kann sämtliche Medikamente in seinem Körper herstellen und per Hand verabreichen und hat ein Sprachtalent. Kanadischer Name: Patrick Mulhern.

Die Erdlinge:

David Martinal/Mercuran – schlanker, dunkelhaariger Häusermakler mit Hang zu exotischen Fischen und Pflanzen, stahlblaue Augen, hartnäckig, sensibel, homosexuell, Partner von Tervenarius.

Samuel Goldstein – (Spitzname Smu), Jude, Privatdetektiv, blond (wenn nicht gerade verrückt gefärbt), grüne Augen, gepierct, frech und unkonventionell, homosexuell, Partner von Patallia.

Jake Michaels – Polizist aus Vancouver, blond, grauäugig, homosexuell, Hobbygärtner, sportlich, sensibel, häuslich, tolerant.

Daisy Madison - Prostituierte und Partnerin von Bar. Dunkelhaarig, vollbusig, clever, zielstrebig.

Buddy – Leibwächter von Bar, riesig, gutmütig, treu, ergeben, mäßig intelligent.

Die Bacanis:

Bar – Chef einer Unternehmensgruppe und Kopf der Bacanis auf der Erde, intelligent, brutal, korrupt, nervenstark, nach Verwandlung graublaues, dickes Fell, mit spitzer Schnauze und langem Schwanz. Alias Brad Butler.

Krran – Bars rechte Hand, verschlagen, obrigkeitshörig, gierig, nach Verwandlung rotbraunes hartes Fell, kurze, kraftvolle Schnauze, langer Spiralschwanz. alias Wesley Trum.

Psal – Frau von Chrom, schlank, beweglich, intelligent, humorvoll, violette Augen (Telepathin), sehr schnell, nach Verwandlung grau-violett meliert, spitze Schnauze.

Chrom – Bacani, violette Augen, Telepath, Pelz gelb-grau gestromt, arbeitet auf Seiten der Duocarns, blitzschnell, intelligent, warmherzig, Computerfreak, Navigator.

Die Duonalier:
Ulquiorra – Sohn von Xanmeran, Atomphysiker am Silentium, Marschall von Duonalia, groß, schlank, dunkles Haar, schwarze Augen, Energetiker, ruhig, ausgeglichen, zielstrebig, stark.

Trianora – Genetikerin am Silentium, zierlich, blond, zurückhaltend, silberne Augen, kameradschaftlich, selbstbewusst, Assistentin von Ulquiorra, beherrscht „Das Vergessen".

Halia – Tochter von Solutosan und Aiden, grüne Sternenaugen, rot-goldene Locken, temperamentvoll, intelligent, studiert Medizin und Philosophie, beherrscht Sternenstaub, kann Dinge vereisen.

Die Auraner
Vena – Jägerin, grüne, schuppige Haut, riesige grüne Augen, goldenes Haar, meist zu Zöpfchen geflochten. Freiheitsliebend, stolze aber gutherzige Bewohnerin Sublimars.

Troyan – Halbbruder von Solutosan und Sohn einer Sirene, berückende Schönheit, silbern-schuppige Haut, grünes Haar, kritisch, ruhig, kühl, edel, verführerische Gesangsstimme.

Die Occabellarner
Arishar - König der Quinaris, grauhäutig, stark gehörnt, ungeheuer stark, Schwertkämpfer, Erdwesen, gerecht, trotzig, feinfühlig, väterlich. Waffe: Zweischneidiges Schwert und Kampfaxt.

Arinon – Kampftrainer der Quinaris und Heiler, keine Hörner, intelligent, stark, ruhig, ausgeglichen, sensibel, eigenwillig, homosexuell.

Maurus – König der Aquarianer, durchscheinende Alginat-Haut, Wasserwesen, langes, blaues Haar, guter und starker Kämpfer, familiär, aristokratisch und edel. Waffen: Achatschwert und Kristallquarz-Wurfring

Luzifer – König der Trenarden, schwarzhäutig, rote Mähne, kurze Hörner, glühende Augen, flammende Zunge, Feuerwesen, wild, ungebändigt, dauergeil, lieb. Waffen: Flammenschwert und flammender Wurfring

Leseprobe Duocarns – Ewige Liebe

Tervenarius kam zurück ins Duocarns-Hauptquartier und warf seinen Autoschlüssel auf den Küchentisch. War Mercuran schon zu Hause? Er ging zum Kühlschrank und nahm sich sein abendliches Glas Kefir. Eigenartig, er hatte den Eindruck, als ob jemand nebenan im Wohnzimmer war, obwohl es dort dunkel war und auch kein Fernseher lief. Terv reckte den Kopf um die Ecke. Es lag nur ein schwaches, goldenes Leuchten in der Luft. Er spürte ihn, bevor er ihn sah. Sofort wechselte er zur Telepathie. »*Solutosan!*«

Der ehemalige Duocarns-Chef stand am Fenster im Wohnzimmer in Seafair und sah auf den kleinen, winterlichen Garten.

Tervenarius trat neben ihn. »*Ist etwas passiert?*«

Solutosan war lange nicht mehr in Vancouver gewesen, hatte ihm die Leitung auf der Erde vor einigen Jahren übertragen.

Er sah Tervenarius an. Die winzigen Sterne in seinen Augen glitzerten. »*Ich muss mit dir sprechen – weiß aber nicht so recht, wo ich anfangen soll.*«

Tervenarius musterte ihn. Er trug sein blaues Serica-Gewand, das weiße Haar hing ihm lang den Rücken hinunter.

»*Warum stehst du hier im Dunklen?*« Terv war verwirrt. Solutosan verhielt sich anders, als er es von ihm gewohnt war. Er wirkte geheimnisvoll und verwandelt.

»*Lass uns einen Spaziergang machen, Terv. Ich gehe mich kurz umziehen.*«

»*Okay*«, er nickte. »*Du weißt, dass es draußen richtig eisig ist?*«

Solutosan drehte sich zu ihm um. »*Mache ich einen so zerstreuten Eindruck? Ich wandere zwar von Planet zu Planet, weiß aber doch, dass ich im Moment auf der Erde bin.*« Er lächelte und Tervenarius blickte gebannt auf seine weißen Zähne in der Dunkelheit. »*Ich bin gleich wieder da.* Langsam, wie in einem Traum, ging Solutosan aus dem Wohnzimmer die Treppen hinauf.

Tervenarius kratzte sich am Kinn. So wie Solutosan sich verhielt – da kamen offensichtlich interessante Dinge auf ihn zu. Er trug nur eine gefütterte, kurze Jeansjacke und musste sich ebenfalls einen warmen Mantel holen. Er sprang die mit weichen Teppichen belegten Stufen hoch in den ersten Stock und öffnete die Tür ihres Zimmers.

Mercuran hatte die Arme um die Knie geschlungen, hockte in einem kuscheligen Ohrensessel vor dem Fernseher und strahlte ihn an. »Ich wollte eben „Strapped" ansehen. Das ist doch einer deiner Lieblingsfilme?« Er streckte die Hand nach ihm aus.

»Ich habe leider keine Zeit, David. Solutosan ist hier und möchte mit mir sprechen. Ich gehe mit ihm an den Strand.«

»Solutosan?« Mercuran reagierte genau so erstaunt wie er. Dann nickte er. »Soll ich mit dem Film auf dich warten?«

Tervenarius ging zu ihm, beugte sich hinab und küsste ihn zärtlich auf die Augenlider. »Nein, aber sei im Bett, wenn ich wiederkomme.« Sie lächelten sich liebevoll an. Mercuran sah ihm zu, wie er einen dicken, pelzgefütterten Parka und eine Mütze aus ihrem Kleiderschrank nahm. »Bis gleich.«

Solutosan wartete bereits am Treppenabsatz auf ihn. Auch er war inzwischen warm eingepackt mit Jeans, Stiefeln, Lammfellmantel und Wollmütze. Jetzt sah er wieder menschlich aus – nicht wie der Sternengott eines fremden Planeten. Lediglich seine goldene Haut und die dunkelblauen Sternenaugen, die unter dem Mützenrand hervorlugten, wollten nicht so ganz zum Gesamtbild passen.

Tervenarius verließ an seiner Seite das Haus. Der eisige Wind erfasste sie sofort. Auf dem Boden festgefrorene Schneereste knirschten unter ihren Stiefeln. Sie wanderten über die schmale Straße zum Strand. Der Mond hing voll und blendend weiß, mit einer zarten Korona umgeben, wie ein großer Lampion über dem Meer. Unzählige Sterne glitzerten in der kristallklaren Luft. Das fahle Mondlicht ließ die kleinen, weißen Schaumkrönchen der Brandung aufleuchten.

Solutosan atmete tief ein. »*Ich habe wirklich vergessen, wie rau das Klima in Vancouver ist.*« Er lief neben ihm her, gegen den Wind gebeugt, den Kopf gesenkt. »*Ich weiß wirklich nicht, wo ich anfangen soll, denn du musst so viele Sachen erfahren. Vielleicht werden die Duocarns zukünftig involviert sein. Zuerst einmal das Wichtigste. Meine Tochter Marina ist Energetikerin. Natürlich ist sie noch ein kleines Kind, aber sie wird einmal stark werden. Mein Vater, Pallasidus, scheint das geahnt zu haben. Er sprach einmal vom Schicksal des Kindes – schweigt sich aber aus, wenn ich ihn nach Einzelheiten frage. Er hat mir einen Leibwächter für die Kleine geschickt, denn er nimmt an, dass sie in Gefahr ist.*

Nur wenige wissen von Marinas Gabe. Leider hat es ein piscanischer Spion geschafft, sich ihr zu nähern. Gregan war von meinem Vater in die Residenz beordert worden, um mir zu helfen. Ich nehme an, Pallasidus wusste nichts von dessen Doppelzüngigkeit.«

Er blieb kurz stehen und drehte sich so, dass der Wind ihm in den Rücken blies. »*Im Inneren Sublimars lebt ein Volk, das sich Piscanier nennt. Sie sind symbiotisch mit dem Planeten verwoben, das heißt, sie überwachen die Kernwärme, die unter hohem Druck steht. Sie reparieren die Adern, denn wenn diese platzen würden, hätte der Planet unter Druck- und Wärmeverlust zu leiden. Gleichzeitig nutzen sie die Kernwärme-Adern um ihre Eier ausbrüten zu lassen. Was ich damit sagen will – das Volk ist wichtig für Sublimar.*

Die Piscanier verbergen viele Geheimnisse. Mich würde das nicht weiter kümmern, käme nicht die Gefahr für Marina höchstwahrscheinlich aus deren Richtung. Aus Pallasidus und Gregans Verhalten kann ich nur schlussfolgern, dass die Piscanier hinter Energetikern her sind.

Nach meinen Erkenntnissen gibt es nur vier von uns. An Pallasidus trauen sie sich nicht heran, an mich und Ulquiorra auch nicht. Also versuchen sie vermutlich das schwächste Glied der Kette zu erwischen.«

Tervenarius hatte schweigend zugehört. So wie sein Freund nun sprach, verhielt er sich wie immer. Ihm war klar, dass Solutosan auf Sublimar neue Erfahrungen sammeln würde. Dass er nun zu ihm kam, um mit ihm darüber zu sprechen, freute ihn. Er schien seinen Rat zu brauchen.

Solutosan fuhr fort. »*Bevor du fragst, nein, ich weiß nicht warum, Terv. Es sieht so aus, als benötigten die Piscanier Energie. Aber wofür? Okay, ich fahre fort.*« Er zog sich die Mütze tiefer über die Ohren.

Gemeinsam liefen sie weiter gegen den eisigen Wind an. »*Der von Pallasidus eingesetzte Leibwächter heißt Troyan. Troyan ist mein Halbbruder. Seine Mutter ist eine Sirene aus dem Südmeer Sublimars. Ich glaube, Troyan weiß viel, sagt mir aber nichts. Er lügt, denn er erwähnte weitere Halb-Geschwister, stritt sie dann jedoch auf meine Nachfrage hin wieder ab. Da muss noch jemand sein!*« Er machte eine bedeutsame Pause. »*Außerdem ist Troyan Venas Liebhaber. Vena bekommt ein Kind von ihm.*«

»*Was?*« Tervenarius blieb stehen. »*Aber Vena ist **deine** Frau!*«

»*Wir haben uns getrennt, Terv. – Vielmehr, ich hatte das Interesse an ihr verloren. Da hat sie sich einen Ersatz in ihr Bett geholt. Ich bin ihr deswegen noch nicht einmal böse.*«

Tervenarius schlug mit den Armen, um sich zu wärmen. Seine Pilzschicht hatte er bereits verstärkt, was nicht viel half. »*Komm, lass uns umkehren.*«

Der Rückweg war angenehmer, denn der harte Wind blies nun von hinten und trieb sie schneller vorwärts.

Tervenarius versuchte, das Erfahrene auf einen Nenner zu bringen. »*Du lebst also nun mit Marina, deiner Exfrau Vena und deren Liebhaber Troyan, der eure Tochter bewachen soll, in der Residenz auf Sublimar?*«

Solutosan nickte. »*Ich bin froh, dass Xanmeran auch bei mir ist. Außerdem sind da noch die Aquarianer. Maurus und seine Krieger wohnen im westlichen Riff. Ich sehe sie als Verbündete.*«

Tervenarius sah ihn prüfend an. »*Hast du vor, in die Piscanier-Stadt zu gehen? Ich denke, das solltest du. Wenn dein Vater sich ausschweigt, musst du selbst versuchen, etwas in Erfahrung zu bringen.*«

Solutosan verzog unzufrieden den Mund. »*Ich verspreche mir wenig von einem Nachbarschaftsbesuch. Da werden höfliche Floskeln ausgetauscht und man bekommt nur das zu sehen, was sie einem zeigen wollen. Aber, du hast recht. Ich muss trotzdem hin, um zu versuchen, Licht in die Sache zu bringen. Die Frage ist: Wen* nehme ich in die Unterwasserstadt mit? *Vena ist der Meinung, dass ein Aufgebot an Kriegern den piscanischen König provozieren könnte.«*

Tervenarius überlegte. »*Das finde ich nicht. Ich würde an deiner Stelle Troyan und Xanmeran mitnehmen. Behalte Troyan im Auge, beziehungsweise hefte ihm Xanmeran an die Fersen. Vielleicht kann er ihn aushorchen. Du bist das Oberhaupt der Auraner. Also ist es völlig in Ordnung, wenn du Freunde und Geleitschutz mitbringst. Leih dir von Maurus zusätzlich zwei Krieger aus. Eventuell will Meodern ja auch mit. Aber was ihn angeht, bin ich mir nicht sicher, da er im Moment genügend eigene Probleme hat.«*

Solutosan gab seinen Gencode in die Tür des Duocarns-Hauses ein. »*Was ist mit ihm?«* Sie traten ein und entledigten sich der Mäntel und Mützen.

Tervenarius zuckte die Achseln. »*Weibergeschichten. – Und Trianora bekommt ein Kind von ihm.«*

»*Von Meo?«* Solutosan stöhnte. Gemeinsam schlenderten sie in die Küche. »*Ob das eine gute Idee ist?«*

»*Ich denke nicht, Solutosan. – Es war auch bestimmt nicht beabsichtigt.«* Tervenarius nahm sein Kefirglas, das er hatte stehenlassen, und schenkte Solutosan ein frisches Glas ein.

Der setzte sich an den Küchentisch und fuhr sich gedankenverloren durchs Haar. »*Xanmeran und Meo sind die einzigen Duocarns, die auch unter Wasser kämpfen können. Deine Pilzsporen sind dort nicht einsetzbar.«*

»*Ja, das mag sein«*, erwiderte er, »*aber vergiss nicht, dass ich eine Nahkampf-Ausbildung habe. Sollte es hart auf hart kommen, bin ich auch unter Wasser nicht ganz wehrlos, Solutosan. Du kannst mich also einplanen!«*

Die Duocarns-Saga:

Alle Bücher sind als Taschenbücher
und Ebooks erhältlich.

Band 1 - "**Duocarns – Die Ankunft**"
ISBN: 978-3-943764-05-5 – 236 Seiten

Band 2 - "**Duocarns - Schlingen der Liebe**"
ISBN: 978-3-943764-00-0 – 198 Seiten

Band 3 - "**Duocarns - Die Drei Könige**"
ISBN: 978-3-943764-10-9 – 212 Seiten

Band 4 - "**Duocarns - Adam, der Ägypter**"
ISBN: 978-3-943764-02-4 – 204 Seiten

Band 5 - "**Duocarns - Liebe hat Klauen**"
ISBN: 978-3-943764-13-0 – 216 Seiten

Band 6 - "**Duocarns – Ewige Liebe**"
ISBN: 978-3-943764-14-7 – 228 Seiten

Band 7 - "**Duocarns - Alien War Planet**"
ISBN: 978-3-943764-17-8 – 276 Seiten

Band 8 - "**Duocarns – Nice Game**"
ISBN: 978-3-943764-49-9 – 204 Seiten

Band 9 - "**Duocarns – Edoculus**"
ISBN: 978-3-943764-58-1 – 228 Seiten

Band 10 - "**Duocarns – Final War**"
ist in Arbeit und beendet die Duocarns-Saga

Eigenständiges Buch:
"Duocarns – David & Tervenarius"

ISBN: 978-3-943764-42-0 – 240 Seiten

Die Kurzgeschichten zu den Duocarns:
"Duocarns – Suspiricons"
ISBN: 978-3-943764-43-7 – 116 Seiten

Die Duocarns Sammelbände:
"Duocarns – Die fantastischen Sternenkrieger Collection 1-3"
ISBN: 978-3-943764-52-9 – 628 Seiten

"Duocarns – Die fantastischen Sternenkrieger Collection 4-6"
ISBN: 978-3-943764-55-0 – 632 Seiten

Weitere Bücher von Pat McCraw

Historischer Liebesroman:
"Der schwarze Fürst der Liebe"

Bartel ist Söldner, Dieb und Wegelagerer: Rau, ungehobelt und schlagkräftig. Er führt seine Räuberbande mit harter, aber gerechter Hand. Sein Leben verändert sich, als er eine Hexe vom Pranger entführt. Engellin beeinflusst das Leben der ganzen Bande und treibt einen Keil in die Freundschaft zu seinem besten Freund Rudger. Der Wirbel der Ereignisse reißt alle in die Tiefe, bis nur noch wenige übrig bleiben.

Die historische Helden-Saga beschreibt temporeich, spannend und gefühlvoll eine Männerfreundschaft, Liebe, Eifersucht, Intrige, Kampf, Tod, Schuld und Sühne. Pat McCraw würzt diesen Reigen mit einer dezenten Prise Erotik.

www.ingramcontent.com/pod-product-compliance
Lightning Source LLC
Chambersburg PA
CBHW022356040426
42450CB00005B/211